台北・歴史建築探訪

日本が遺した建築遺産を歩く

1895~1945 増補版

片倉佳史 文・写真

ウェッジ

台北・歴史建築探訪

日本が遺した建築遺産を歩く　増補版

はじめに

■台湾の歴史を見つめる目線

昨今、台湾では「歴史建築巡り」が流行している。日本が台湾を統治下に置いた半世紀、官庁舎を中心に数多くの建築物が設けられた。そして、当時、整えられた産業基盤と施設は、今もなお、台湾の社会を支えていることが少なくない。

こういったものは、敗戦によって日本が台湾の領有権を放棄した後、新来の統治者としてこの地に君臨した中華民国・国民党政府によって接収された。そして、国民党による一党独裁時代は日本統治時代の事績を排除する政策が採られ、史実が隠されたり、改竄されたりすることが少なくなかった。当然ながら、建築物は撤去されたり、改築を受けたりすれば、元の姿に戻ることはない。往年の様子を知る人々の記憶と史料の中に面影を留めるのみである。

その後、戒厳令が解除され、長らく続いた言論統制の時代は終わった。1990年代を迎えると、民主化が強力に進められるようになり、これに伴って言論の自由を得た人々は「郷土への思い」を強め、積極的に表現するようになった。日本統治時代の半世紀についても、冷静で、かつ客観的な視点で評価し、研究が続けられるようになった。

■現代に生き続ける老建築たち

同時に、敗戦から半世紀以上の歳月が過ぎると、建物の老朽化は免れず、取り壊されていくものも増えていった。それでも、1990年代から老建築が歴史遺産として保存される事例が多く見られるようになった。

特に2000年頃からは史跡に指定されている老建築以外にも、廃虚と化した建物を修復・整備の上で再利用し、公共空間やカフェ、レストランなどにしたところも増えている。今や、歴史建築は「観光資源」としての側面も強くなっている。

■建築遺産から何を学ぶか

本書では台北市内に残る歴史建築を大小350件ほど紹介している。これらの多くは保存対象となっており、市民の関心も高い。

私はこういった建築遺産を通じて、台湾という土地の歴史、そして、日本との関わりについて考察したいと思った。そして、台湾の人々が歩んできた道のりと、土地の表情に照準を合わせ、まとめあげたのが本書である。

建築は風土や文化、時代を雄弁に物語る存在である。言わば、歴史の証人であり、台湾という土地を学ぶ上で欠かせない「教材」であるとも言えよう。

台湾に残る建築遺産を見ることは、台湾を知るばかりでなく、「日本」を知ることでもある。そして、過去に限らず、台湾という国家の今の姿に向かい合い、今後の発展を想像するという意義もある。本書がそういった思索を促す1冊になることを著者として願ってやまない。

取材に当たっては、著名な大型物件のみならず、名もなき遺構や民家などにも目を向けるように努めた。こういった調査は史実の断定が難しく、綿密な聞き取りを行なうことでしか取材は進まない。私はこれによって、建築物を手掛けた人々の思い、そして、本来の姿を守り続ける人々の意志について触れていくことを心がけている。

■無数の証言によって紡がれていく歴史

本書の執筆にあたり、私は多くの古老や引揚者、そして遺族を訪ね、証言を集めてきた。そういったものを通じて、いかなる建造物にも「歴史」は刻まれており、その姿を留めるかぎり、老家屋は台湾の地で生き続けているという事実を何度となく思い知らされた。

本書は多くの方々の協力をなくしてはあり得ない1冊である。様々な事情から、部外者の立ち入りを禁じているところや、内部の撮影を拒んでいるところがある中、特別な計らいを受けることは多く、また、自ら案内役を名乗り出てくれた人にも数多く出会ってきた。本書の刊行にあたり、改めて感謝の気持ちを表したい。

最後に、本書増補版の出版の機会を与えてくれた株式会社ウェッジと、編集を担当してくれた新井梓氏に感謝の気持ちを伝えたい。同時に、本書を見せることができないまま、旅立っていった日台の諸先輩方に、本書を捧げたいと思う。

台湾に真の平和と幸福が宿ることを祈りつつ

２０２３年7月1日　片倉佳史

目次

5. 帝国大学とともに発展した文教エリア

國立臺灣大學（旧台北帝国大学）周辺 133

6.

新興開発地に点在する歴史建築たち　台北市東部　173

7.

「勅使街道」を中心に発展した市街地　台北市北部 221

8.

台湾ならではの風情を残す家並み　迪化街・圓環周辺 269

11. 温泉郷に残る日本統治時代の建築群　北投・陽明山　337

凡例

●地名については、日本統治時代に従ってふりがなを付している。
●年号については日本統治時代（1895〜1945年）についてのみ、元号を併記した。
●漢字に関しては日本統治時代の名称は新字、現在、台湾で使用されている名称は旧字（繁体字・正字）としている。
●本書に掲載した古写真は、戦前に発行された書籍・雑誌・絵葉書から複写したものが多い。筆者が個人で所有するもの以外は提供者・収蔵者の氏名を記した。
●古地図については、「地理資訊科學研究專題中心」の提供によるものを含む。
●本書掲載のデータについては2023年7月の時点に準じる。
●ルビについては公用語とされている「國語（台湾華語・台湾式北京語）」についてはカタカナで、台湾の土着言語であるホーロー語（台湾語）についてはひらがなで付している。

1.

總統府周辺

官庁建築が点在する行政エリア

總統府（16ページ）を中心としたエリアは、今も昔も変わることなく行政の中枢として機能している。日本統治時代に建てられた建築物が高密度で残っており、建築散歩が楽しい。エリアとしては第2章とともに「城内」に含まれる。ここは終戦まで、「内地人」と呼ばれていた日本本土出身者が多く暮らしていたが、戦後は中国から「外省人」と呼ばれる人々が移り住んできた。散策は徒歩で気軽に楽しめる。目を引くのは大型の官庁建築だが、戦前に建てられた商店建築も少なくないので、台湾の首位都市である台北の歴史をじっくりと観察してみたい。二二八和平公園の脇にあるMRT「臺大醫院」駅か、「西門」駅を起点にすると回りやすい。

總統府 ―旧台湾総督府

「辰野式」で知られた台湾の最高統治機関

❶中央塔は高さが60メートル。竣工時は台北の最高地点だった。

ここは日本統治時代の台湾を語る上で欠かせない存在の建物である。日本時代はもちろん、戦後も台湾統治の最高機関として君臨してきた。その壮麗なたたずまいは今も色褪せていない。

建物の総床面積は2100坪で、当時としてはまれに見る大型建築だった。そのデザインは新領土・台湾を管轄する官庁舎として、風格が重視された。上棟式は1915（大正4）年6月25日に行なわれ、竣工は約3年後の1919（大正8）年。第7代台湾総督の明石《あかし》元二郎《もとじろう》の時代だった。

この建物を前にすると、まず目に入ってくるのは中央に置かれた高塔であろう。これは高さ60メートルを誇り、当時は市内のどこにいても、その姿を確認できたという。

この建物のデザインは日本初とも言

われる全国規模の懸賞金付きコンペ（設計競技）によって決められた。28名の参加者から7名が入選し、長野《ながの》宇《う》平治《へいじ》の案が採用されたが、特選は該当なしとなっている。審査員は辰野金吾、妻木頼黄《よりなか》、伊東忠太、塚本靖、野村一郎などが務めた。

長野案では中央塔がそれほどの高さではなかったが、総督府の側から「より権威を強調したデザインが望ましい」という要求が出され、長野案に森《もり》山松《やままつ》之《の》助《すけ》が手を加えて現在のデザインとなった。

戦後を迎え、建物は中華民国・国民党政府に接収され、総統府として使用されるようになった。戦後の台湾では国民党政府の一党独裁体制が続いたが、戒厳令の解除により、言論統制の時代は終焉を迎えた。さらに1990年代、李登輝《りとうき》総統時代に進められた民主化政策によって、台湾の人々は言論の自由を得た。同時に、この建物を取り巻く環境も大きく変わった。

現在、この建物は「開かれた空間」となっている。平日の午前中には1階部分が一般公開されており、台湾の歩

臺灣總督府廳舍新築

設計懸賞募集廣告

臺灣總督府廳舍新築設計を懸賞の方法に依り帝國内に在住する者より第一次及第二次に分ち募集す

第一次應募者中より十人以内の優等者を撰拔し第二次の競爭をなさしむ

●期限　第一次募集に在ては明治四十年十一月一日より同三十日正午迄に第二次は明治四十一年十二月一日より同二十五日正午迄に其設計を提出せしむ

●審査委員

東京帝國大學名譽教授　工學博士　辰野金吾

東京帝國大學工科大學教授　工學博士　中村達太郎

大藏省臨時建築部技師　工學博士　妻木頼黄

臺灣總督府技師　長尾半平

臺灣總督府技師　野村一郎

東京帝國大學工科大學教授　工學博士　塚本靖

東京帝國大學工科大學教授　工學博士　伊東忠太

●賞金

第一次優等者　各賞金壹千圓

第二次優等者　甲賞金參萬圓　乙賞金壹萬五千圓　丙賞金五千圓

●建築費　約金壹百五拾萬圓とす

注意　本募集に關する詳細は五月廿七日の官報を見るべし

明治四十年六月　臺灣總督府

❷正面玄関を抜けた先には大きなホールがある。採光についても格別な配慮がなされていた。館内はどこにいても思いのほか明るい。特別開放日には大ホールも参観可能。

❸台湾総督府のデザインは日本初ともいわれる懸賞金付きのコンペによって決められた。長野宇平治の作品が選ばれたが、後に森山松之助によって修正が加えられた。

❹幻の長野宇平治案。実際の設計は森山のほか、当時の営繕課長・野村一郎が関与していると思われる。

❺建物は「日」の字型をしており、日当たりや風通しが考慮されていた。日本時代に発行された絵はがき。

❻夜空に浮かび上がった総統府。戦前、戦後を通じて台湾の最高統治機関となってきた官庁建築である。
❼一部の部屋の取っ手には「菊の紋章」が入っている。

んできた道のりや民俗・文化についての展示がある。また、年に数回設定される特別参観日には、大ホールをはじめ、内部の見学も可能になっている。外国人でもパスポートを携帯していれば参観は可能となっている。

現在、この建物は「國定古蹟（国家が管理する史跡）」とされている。日本語ボランティア解説員もおり、流暢な日本語で館内を案内してくれる。竣工以来、「権力の象徴」だった建物は、今や台北を代表する観光スポットへと生まれ変わった。平日は内部の撮影が禁止されているが、特別参観日なら館内の撮影も許される。売店もあり、記念品が販売されているほか、庁内郵便局には風景印（図柄入り消印）も用意されている。

❶かつて正面上部の中央塔には瓦が葺かれていた。戦時期に見られた「帝冠様式」のスタイルを踏襲していた（台湾では「興亞式建築」と呼ばれる）。
❷館内は複数の会議室を擁しており、高い天井が落ち着いた雰囲気を醸し出している。館内には台湾北東部産の大理石がふんだんに使われている。

司法大廈―旧台湾総督府高等法院・台北地方法院

浅緑色のスクラッチタイルが輝く司法庁舎

この建物は總統府の南側に位置している。竣工は1934（昭和9）年。台湾における最高司法機関として開かれ、内部には台北地方法院のほか、検察局などが入っていた。設計を担当したのは、当時、台湾総督府官房営繕課長の地位にあった井《い》手《で》薫《かおる》だった。

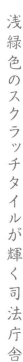

建物を前にすると、整然と並んだ小窓が印象的である。分厚さを感じさせる壁面に半円状のアーチが並んでいる。いわゆるロマネスク風のデザインである。そして、現在は改修されていて、痕跡を留めないが、中央塔の屋根の部分には和風の装飾が施されていた。いわゆる「帝冠様式《ていかんようしき》（帝国冠帽様式）」に分類される建物だった。

この建物は旧台湾総督府と同様、東を向いている。これが「本土」である日本の宮城《きゅうじょう》に向かい、国家に忠誠を誓うという意味を含んでいたのは言うまでもないだろう。また、正面中央の最

❸今も台湾の司法機関として君臨する。建物は東を向いているので、午前中が順光となる。浅緑色の壁面が南国の青空に美しく映える。タイルは北投で製造された。

も目立つ場所には、終戦まで、菊の紋章が嵌め込まれていた。これは戦後に取り外され、大時計に変わっている。そして、1965年には4階部分に増築が施され、現在の姿となった。

石材には大理石が多く用いられたが、その大半が台湾産だったことにも注目したい。台湾の官庁建築には外国産の大理石が用いられることがあったが、昭和時代に入る頃を境に、台湾産の大理石が多く用いられるようになった。多くは台湾北東部の蘇澳《すおう》産だったが、この建物を建設するにあたり、専用の石切工場が設けられたとも伝えられる。調達は台湾石材株式会社が請け負った。

壁面にはスクラッチタイルが貼られている。これは表面に縦型の引っ掻き傷を付け、これを模様としたものである。台湾では昭和時代に入った頃から多用されるようになった。この建物の場合、「国防色」と呼ばれた浅緑色のタイルが貼られている。これは空襲を想定し、光を吸収することを考慮して採用された色であった。

現在は外観のみの公開となっている。

重厚かつ優美な雰囲気をまとった総督の官邸

臺北賓館 ―旧台湾総督官邸

この建物はかつて台湾総督の官邸だった。広大な敷地の中にあり、瀟洒な西洋建築がどっしりとした構えを見せている。3階建ての建物で、煉瓦と石材を混用して造られている。デザインはフランス風バロック様式と呼ばれるもので、荘重な印象が建物全体を包み込んでいる。左右が非対称で、曲線を多用して美しさを追求するスタイルだ。こういった様式は台湾では希有な例となっている。

初代の官邸は1901（明治34）年に落成していたが、白蟻の害に遭い、わずか10年あまりで改築されることとなった。増改築の意匠は台湾総督府土木部営繕課の森山松之助と八坂志賀助が担った。建物の竣工は1913（大正2）年3月31日だった。

全体が暗めの色合いで覆われているため、華やかさのようなものは感じられないが、その分、周囲を威圧するよ

❶厳かな雰囲気に包まれている館内。1階は公務と接待の空間、2階は居住空間となっていた。
❷現在の様子。高い天井が印象的な館内。一般公開日にはボランティアガイドが日本語で案内してくれる。
❸初代の建物も壮麗な建物だったが、蟻害に遭って改築された。ヒノキ材をも食い荒らす台湾の白蟻の存在は、大きく話題となり、その後、研究が進められた。

❶

❷

❻

❹

❺

❼

うな風格を漂わせている。建物の四方にベランダが設けられていることも特色とされていた。

館内には真紅の絨毯が敷かれ、上からはシャンデリアが迫ってくる。ここは官邸であると同時に、台湾総督府の迎賓館も兼ねていたので、台湾へやってきた賓客たちは、必ずここを訪れ、総督府主催の晩餐会に招待された。

官邸本館の脇には一軒の木造家屋が残っている。これは1920(大正9)年、久邇宮《くにのみや》邦彦王《くによしおう》の渡台に際して設けられた。同年8月に田健《でんけん》治郎《じろう》総督の指示で工事が始まり、10月14日に竣工。総督家族はそれまで暮らしていた本館からこの木造家屋に移り、本館を来賓用の宿泊所とした。ちなみに、来賓一行は10月20日に基隆港に到着し、各地を視察。11月1日に台湾を離れている。

1923(大正12)年4月、当時、皇太子だった昭和天皇は、摂政として台湾を行啓し、ここに宿泊している。その際、皇太子が集まった民衆に手を振ったというお立ち台は今も残っている(写真❺の右手3階部分)。そこからは官邸の敷地内に繁茂する緑と、完

成して間もない台湾総督府の庁舎が眺められた。皇太子は集まった民衆を前に、何を思い、何を感じたのか。興味の尽きないところである。

周囲には高い壁が設けられているため、建物の全容を目にすることはできない。しかし、お立ち台に関しては、堀の外からでも見ることができる。現在は年に数回の開放日が設けられ、館内の見学が可能となっている。これに日程を合わせて台湾を訪れる外国人旅行者も少なくない。

❹迎賓館としても機能し、内外からの賓客を迎え入れた。食事は洋食が基本で、食器類はすべて舶来物で統一されていた。
❺台湾総督官邸正面図。國立臺灣圖書館所蔵。
❻庭園側にはテラスがある。終戦後は中華民国外交部（外務省に相当）の管轄下に入り、迎賓館として使用されてきた。
❼各部屋には英国製の暖炉が設けられている。総数は17。デザインはすべて異なっており、比較が楽しい。
❽後方には台湾の植物を植えた庭園があった。衛生状態と治安が不安な時代、視察に訪れた要人がここを歩くだけで台湾の自然に触れられるようにという配慮だった。
❾日本統治時代の様子。庭園は来賓の散策コースとして親しまれていた。『古写真が語る台湾日本統治時代の50年』より。
❿第8代総督・田健治郎の時代になって、新たに1棟の日本家屋が設けられた。以降、通常時はここに暮らす総督が多くなり、官邸本館は迎賓館としての機能が強まっていったという。

昭和天皇即位を記念して設けられた公共建築

中山堂—旧台北公会堂

　ここは台湾随一の規模を誇った公共建築である。昭和天皇の即位を記念し、１９２８（昭和３）年に建造が発議されている。１９３２（昭和７）年11月23日に地鎮祭が挙行され、12月15日に起工式が催された。

　１９３５（昭和10）年6月13日には上棟式が行なわれ、この時は台湾総督府総務長官の平塚廣義や台北州知事だった野口敏治などが参列している。式典は午前8時から屋上で行なわれ、祝宴は2階の食堂で行なわれたという記録が残る。建物の竣工式は１９３６（昭和11）年12月15日に行なわれた。

　設計を担当したのは台湾総督府技師の井《い》手《で》薫《かおる》。建物は地上4階建てで、総面積は１２３７坪あまりとなっていた。この大きさは当時、東京、大阪、名古屋の各公会堂に次ぐものだった。

　この建物は全体に幾何学的な模様が施されている。重厚な印象の中にも繊細さが感じられるデザインで、整然と並んだ窓も印象的だ。細部を凝視してみると、日本風の窓枠や中国式の瑠璃瓦なども採用されており、多様な様式が混在しているのがわかる。

❶建物全体がすっきりとしたデザインとなっている。竣工時は台湾最大の公共建築物と謳われた。井手薫の代表作とされる建物である。

❷玄関ホール。1階には事務所、携帯品預かり所、履き物の預かり所、電話室2カ所、手洗室2カ所を擁していた。

❸日本統治時代の様子。『古写真が語る台湾日本統治時代の50年』より。

❹広い廊下はこれを有効利用し、芸術作品の展示や台湾茶・中国茶などが楽しめる空間となっている。

館内には3つのホールがあり、中でも大ホールは2056席と大きかった。ここは現在、「中正廳」という名が付けられている。そして、2階の西寄りには大宴会場があった。ここは吹き抜けとなっており、高い天井が自慢だった。この宴会場は着席時に1100名、立席の場合は2000名もの収容が可能だったという。現在は「光復廳」と呼ばれている。

オープン以来、公会堂では毎日のように演劇や舞台の公演が催された。表彰式のほか、各種式典も多かったという。そして、1945（昭和20）年10月25日、台湾が日本の支配から離れることとなった台湾地区の降伏受諾式典もここで開かれた。

現在、この建物の前は広場となっており、そのはずれには孫文の銅像が建っている。その台座はかつて西門のロータリーにあり、祝《いわい》辰巳《たつみ》民政長官の銅像が載せられていたものである。つまり、銅像の部分だけが取り外され、台座をこの場所に移し、流用しているのである。

台湾を代表する重厚な銀行建築

臺灣銀行總行

旧台湾銀行本店

かつての台湾銀行本店。台湾を代表する銀行建築の1つで、台北屈指の大型建築としても名を馳せていた。

台湾銀行は新領土台湾における中央銀行としての機能を持ち、台湾の経済界に君臨していたのはもちろん、日本の中国大陸や南洋への進出にも大きく関わっていた。

言うまでもなく、銀行は安定と信用が第一である。それは日本統治下の台湾でも同様だった。現在、台湾には日本人が手がけた銀行建築がいくつか残っているが、それらを訪ねてみると、ある共通点に気づかされる。いずれも表面が石造りで、ギリシャ風の列柱を擁しているのだ。その意味は、堅固な石壁で安定感を表現し、柱で高さを強調することで威厳を示すというもの。全体的に厳つい雰囲気を感じてしまうのはそのためであろうか。ここはそう

❶成熟しつつあった昭和期の建築界を印象づける銀行建築。玄関上部の疑似列柱が印象的な造りとなっている。

いった銀行建築の代表例ともいうべき存在である。

正面に立って建物を眺めると、玄関の上に8本の列柱が存在感を放っている。重厚感を感じさせるネオ・ルネサンス様式のデザインで、施工は大倉土木株式会社が請け負った。竣工は1937（昭和12）年6月末日という記録が残る。そして、営業が始まったのは、同年9月13日からだった。

設計は勧業銀行建築課長を務めた西《にし》村《むら》好時《よしとき》の建築事務所が担った。西村は古典主義様式の作品で知られる建築家で、老いても設計の仕事を離れなかったという人物である。ここはその西村の代表作に挙げられる建物である。

建物は地上3階建てで、館内は吹き抜けとなっている。水洗便所のほか、空調設備も完備していた。また、不要紙幣の焼却炉があったことも銀行建築らしい。さらに、地下には大きな金庫室が設けられていた。

昭和期の台湾の建築物は、台湾産の石材が多く用いられたが、ここもその例に漏れない。用材には台湾東部産の花崗岩が多く含まれていたという。

❹銀行建築は石組みで堅固さを表現し、吹き抜けで威厳を表現したものが見られた。

❷扉には「獅子」をモチーフにした取っ手が設けられている。

❸玄関脇の外壁には送水口が残っている。そこには「KENSETSUKOGYOSHA（建設工業社）」の文字が確認できる。

高さが強調されたモダンな造り

臺灣銀行文物館

旧帝国生命保険株式会社台北支店

❶高さを強調するのは当時の銀行建築によく見られるスタイルである。建物の中ほどまで樹木の緑に覆われている。交差点を挟んだ向かい側に立つと、優雅さが際立つ。

ここは旧台湾総督府の後方に位置する建物である。際立った装飾が施されているわけではなく、目立つ存在でもない。しかし、地味なデザインの中にも、どことなく優雅さがちりばめられているように感じてしまう建物である。

終戦を迎えるまで、この建物は帝国生命保険株式会社の台北支店として使用されていた。残念ながら、詳細な記録は残っていないが、この場所に帝国生命が事務所を構えたのは１９１０（明治43）年のことだったという記録が残っている。

初代の社屋は尖塔を抱いた美しい木造建築だったという。しかしながら、この建物は台湾特有ともいうべき「蟻害」に遭って、建て直されることとなった。台湾の白蟻はこの時期、多くの木

❷建物の頂部に見られる独特な装飾。建物全体にアクセントを付けている。

❸玄関部などは石組みを模しており、安定感が強調されている。なお、石材は台湾東部で切り出されたものが用いられた。

造家屋を蝕んだ。そして、日本からやってきた建築家たちは、その対処に追われた。結果、台湾の白蟻研究は建築技術の進化を大きく促すこととなった。

　この建物は1930年代によく見られる機能性を重視した造りである。外観はシンプルなデザインに見えるが、細部に眼を向けてみると、精緻な装飾が施されているのがわかる。玄関部などは石組みで安定感が強調されており、石材は旧台湾銀行本店と同様、台湾東部で切り出されたものが用いられた。

　また、頂部には王冠を模したような装飾が見られる。これは台北市内に残る建物においては他に例を見ず、独自の存在となっている。

　終戦を迎え、日本人が引き揚げると同時に、この建物は中華民國・国民党政府に接収された。現在は臺灣銀行がこの建物の所有者となっており、その文物展示館となっている。開館は不定期となっているが、訪れてみたいところである。

　なお、帝国生命は戦後、国内で朝日生命保険相互会社となって現在に至っている。

昭和期に主流となった学校建築のスタイル

臺北市立第一女子高級中學

旧台北第一高等女学校

ここは台湾を代表する名門校である。歴史は1904（明治37）年に遡り、その前身となったのは日本語教員を養成するために設けられた台湾総督府国語学校だった。ここはその「第三付属学校」として開設された。

清国統治時代、この場所には孔子廟（文廟）があった。学校はそれを取り壊して建てられている。ちなみに、向かいには武廟と呼ばれた関帝廟があった。そのため、この一帯の町名は「文武町」となっていた。

現在の校舎は1933（昭和8）年から使用されている。1923（大正12）年9月1日に首都圏を襲った関東大震災に教訓を得て、地震に対して万全の策が施された。未曾有の被害を出した震災を経て、台湾の建築基準も厳しいものへと変わった。この校舎もまた、鉄筋コンクリート構造の堅固な造

①

②

③

❶日本統治時代の正門と校舎の様子。戦後に増築が施された。

❷校門の脇にはかわいらしい雰囲気をまとった木造家屋が残っている。ここはかつて守衛室だった。

❸生徒の大半は内地人（日本本土出身者）が占めていた。台湾人学生の入学は難しく、台北第一中学校（114ページ）と同様、当時の教育状況を物語る現場でもあった。中田芳子氏所蔵。

りとなっていた。

　校舎はモダニズムを踏襲するシンプルなデザインである。外壁には装飾がほとんど見られず、すっきりとした印象だ。水平曲線を駆使し、整然とした雰囲気が表現されている。

　終戦を迎え、日本人が台湾を去ると、学校は中華民国政府に接収された。そして、校舎には「光復樓」という名が付けられた。「光復」とは中華民国への復帰を意味する言葉で、終戦間もない頃から国民党政府が多用してきた言葉である。言うまでもなく、中華民国による台湾接収を正当化するために喧伝された表現である。

　現在、校舎は3階までが史跡として扱われ、保存対象となっている。校舎以外にも、校訓碑や守衛室なども残り、往年の姿を留めている。

❹1934年に創立30周年を記念して建てられた校訓碑。戦後は遺棄されていたが、現在は校史を伝える史跡となっている。

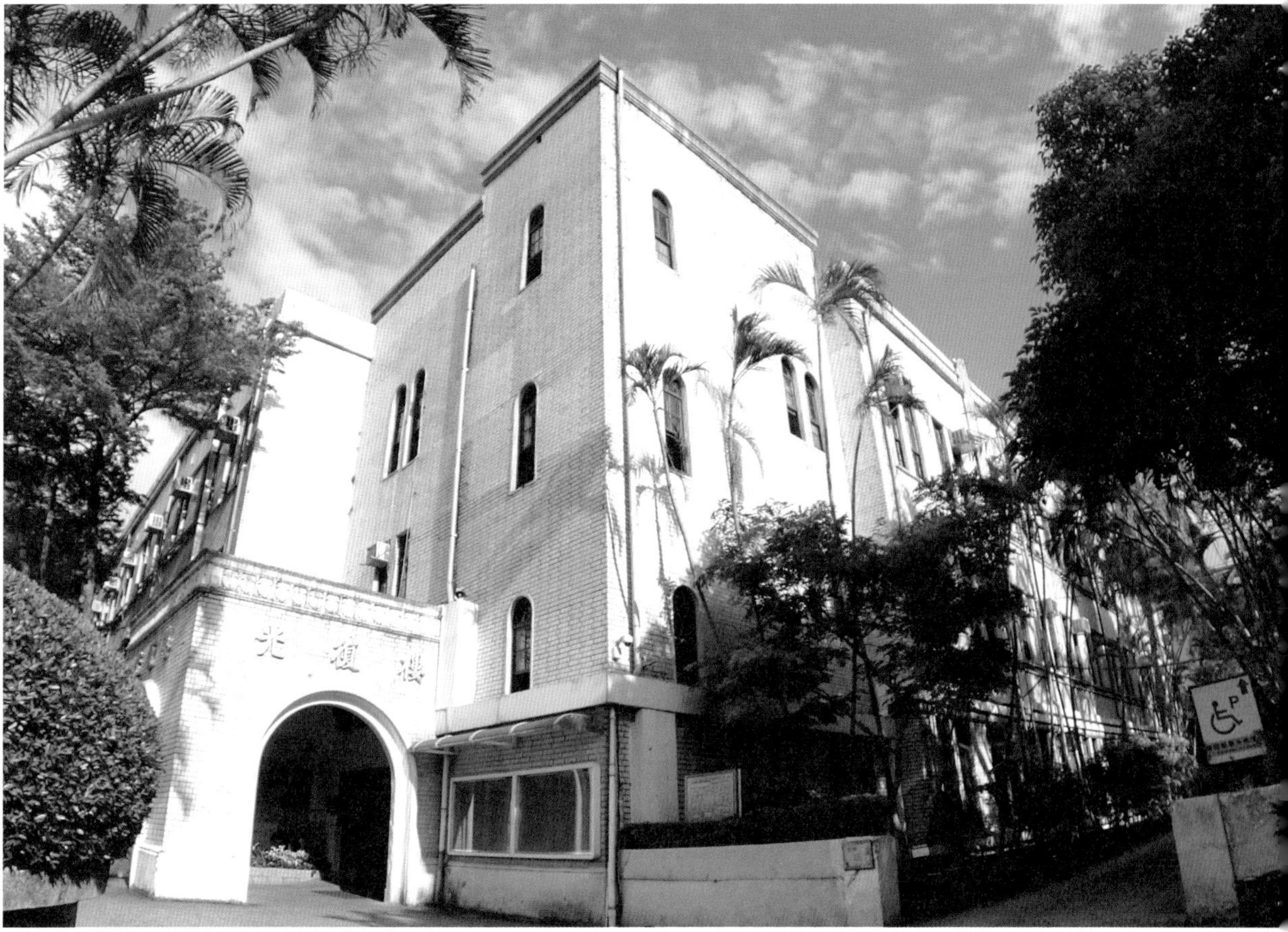

❺光復樓は1966年に4階部分が増築された。モダニズムの流れを汲むスタイルで、整然とした雰囲気となっている。

台湾の交通と通信を担った官庁建築

國史館總統副總統文物館

旧台湾総督府 交通局逓信部

❶訪問者は少なく、ひっそりとした印象の館内。台湾の生活史を紹介した展示がある。

❷2階には竣工時の様子を再現した建築模型が展示されている。

ここは總統府の後方に位置する建築物である。竣工は1925(大正14)年。設計者は台湾総督府営繕課技師の森山松之助だった。

台湾日日新報の記事によると、1923(大正12)年3月18日には上棟式が行なわれている。当時、この建物は台北でも指折りの大型建築だったが、同年9月1日に首都圏を襲った関東大震災の経験から、地震や火災対策がしっかりと施された。なお、当時としては非常に珍しかったエレベーターも備わっていた。

建物の正面に立ってみると、中央に設けられた半円状の入口部と、その上方に並んだ12本の列柱が印象的だ。玄関部分は庁舎としての規模を考えると、やや小さいように思える。しかし、石

❸旧台湾総督府に少し後れて完成した建物である。
壁に埋め込まれたイオニア式の疑似列柱が見える。

組みのアーチは堅固な印象を与えており、存在感を放つ。そして、建物の正面中央を見上げると、採光を意識した出窓構造となっている。これもまた、さりげないアクセントとなっている。

日本統治時代の古写真を見ると、当初は3階建てだったことがわかる。戦後、屋上部に最上階が設けられ、この増築によって、頭上に大きな荷物を置かれたような形になり、不格好な印象となってしまった。

戦後を迎え、この建物は中華民国交通部の庁舎となった。終戦までは台湾総督府交通局逓信部を名乗っていたが、両者の機能は似ており、ともに各種交通機関の管理から電信・電話、郵便と幅広い部署を管轄している。当然ながら、多くの職員が勤務し、1000名近い職員が出入りしていたという。

2006年11月10日、交通部は新しいビルに移転し、この建物は國史館(国家の正史を司る機関)に移管された。現在は「總統副總統文物館」として公開されている。場所はわかりやすいので、總統府見学の際にはぜひ立ち寄ってみたい。

フクロウがいる個性的な銀行建築

合作金庫銀行城内分行

―旧台北信用組合

ここは終戦まで台北信用組合として使用されていた建物である。日本統治時代、衡陽路一帯は「栄町《さかえまち》」と呼ばれ、台北を代表する繁華街であった。ぎっしりと商店が並び、その様子は絵葉書などでも定番の構図となっていた。

この建物は特別な大きさを誇っているわけではないが、長い歳月を経て、ほどよく色褪せた壁面の色合いが印象的だ。近代的な町並みの中で、独自の存在感を放つ老建築である。

建物の竣工は1927（昭和2）年。金融機関だけあって、左右に疑似列柱を配して威厳を添えている。中央には半円アーチ窓が並んでいる。電話は2508番、4193番の2回線を持っていたが、そのほかに貸付係専用回線として3138番があるのは金融機関らしいところである。

そして、正面上部を見ると、フクロウが通りすがりの人々を見おろしてい

❶現在は合作金庫銀行として使用されている。色合いは地味な建物だが、その分、どっしりとした存在感を醸し出している。
❷旧栄町通り周辺の様子。台湾始政40周年記念博覧会に合わせて発行された記念地図。1935年当時の様子。故三田裕次氏提供。
❸屋根に据え付けられたフクロウ。庶民の財産を守るという意味合いを含んでいる。
❹栄町通りは台北随一の繁華街だった。戦後は上海出身の外省人が多く移り住むようになった。奥に見えるのは市内最大の菊元百貨店。『古写真が語る台湾日本統治時代の50年』より。

る。フクロウが智慧の象徴として扱われるのはよく知られているが、商売にはこういった智慧が必要ということだろうか。大きな眼を見開いて愛嬌を振りまくフクロウだが、夜行性のフクロウは、「昼は職員が、夜はフクロウが顧客の財産をお守りします」といった夜警の意味を含んでいるという。そんな建築家の遊び心というべきものが注入された建築物である。

装飾を排し、機能性が追求された庁舎

中華電信博愛服務中心

旧台湾総督府電話交換局

❶整然と並んだ窓枠や、壁面に沿って湾曲する庇などがすっきりとした印象を与えている。少し離れて眺めると、その美しさが際立つ。

❷『台湾建築会誌』に掲載された古写真。機能性が重視された建物だった。

ここはかつての電話交換局である。建物が使用され始めたのは1937（昭和12）年からで、電報と電話を扱う交換局として設けられた。設計を担当したのは台湾総督府営繕課技師の鈴置良一であった。現在は中華電信の営業所として使用されている。

当時、台湾の建築界はモダニズムの潮流を迎えており、この建物もその影響を受けている。水平に伸びた庇《ひさし》が湾曲する側面に沿い、緩やかな楕円を描く輪郭が美しい。また、鉄筋コンクリート構造で地震対策が施されていることも特色に挙げられる。

残念ながら、戦後に4階部分が増築されたため、建物が持つ本来の美しさは失われてしまった。しかし、黄昏時、夕陽に照らされ、建物が刻一刻と表情を変えていく様子は今も見られる。そこにはモダニズム建築に特有の精悍さのようなものが感じられる。

旧台湾電力株式会社社長官邸

緑豊かな敷地を擁した個性的な邸宅

❶広い庭園を従えた洋館。洋館でありながらも黒瓦が存在感を示す。戦後の一時期、台湾省主席の公邸になっていた時期もある。

❷側面の部分は幾何学的なセンスも加味された独自のスタイル。日本時代の高級官舎は和洋折衷のスタイルが大半を占めた。

ここは台湾電力株式会社の社長官舎だった邸宅である。白亜の壁面が美しい洋館で、現在は同社を引き継いだ臺灣電力公司が管理している。

竣工は1909（明治42）年前後と推定される。設計を担当したのは台湾総督府の土木部だった。1919（大正8）年7月31日に台湾電力株式会社が設立されると、同社に移管された。

少し離れて眺めると、四方のいずれもが異なったデザインをしていることに気づく。窓の形にもこだわりが感じられ、柱部にはギリシャ風の装飾が施されている。派手さはないが、全体としてはコロニアル建築の雰囲気である。

戦後は中華民国・国民党政府が管理者となり、「中央招待所」と改められた。特別な場合を除くと一般に公開されることはないが、接待などで用いられることはあるようで、警備員が常駐している。

國防部後備指揮部 ― 旧台湾軍司令部

「閉ざされた空間」は瀟洒なコロニアル建築

❶鬱蒼とした樹木があるために、敷地外から建物の全容を目にすることは難しい。建物は完全な左右対称となっている。
❷ほぼ手付かずの状態で日本統治時代の軍隊建築が残るケースは少ない。建物は採光と風通しが考慮された造りだった。

ここは日本統治時代の台湾軍司令部である。建物の竣工は1920（大正9）年。美しい煉瓦造りで、3階建ての大型建築である。現在は中華民国の國防部が使用しており、一般公開される機会はない。また、正面に常葉性の樹木が繁茂しているため、その姿を見ることは難しい。

戦後、この建物は国民党が接収し、警備総司令部が長らく管理者となっていた。当初は台湾省行政長官で、台湾警備総司令官を兼任した陳儀《ちんぎ》が主《あるじ》となっていた時期もある。

38年間続いた戒厳令の時代、この建物は国民を監視する機関であった。その後、蒋経国《しょうけいこく》総統時代末期の1987年7月15日に戒厳令は解除されたが、国民党による一党独裁時代、台湾の人々は長らく言論の自由を奪われてい

❸日本統治時代に撮影された俯瞰写真。『日本地理風俗体系』より。
❹敷地内には数カ所の防空壕が残っている。
❺建物の正面と同様、後面もまた、美しい姿となっている。建物全体が緑に包まれている印象だ。

た。そういったこともあり、この建物に近づく人は少なかった。そして、國防部に移管された後も、閉ざされた空間となっていた。

日本統治時代の台湾軍司令部は台湾における各部隊を統轄する存在だった。台湾総督府に置かれた陸軍部がその前身で、1919（大正8）年8月20日に台湾軍司令部となった。その目的には帝国南方の防衛と台湾の治安維持を掲げていた。

敷地面積は約7200坪と広い。敷地内にはいくつかの棟があったが、空襲で狙われたこともあり、日本統治時代に建てられたものは、現在、この1棟だけとなっている。しかし、大きな改修を受けることもなく、往年の姿を保っている大正期の建物は非常に珍しく、史跡に指定されている。

この建物に関する情報は戦前戦後を問わず、非常に限られている。日本統治時代に撮影された古写真は残っているものの、その閉鎖性ゆえ、建物内部の様子をうかがい知ることは、今も昔も困難を極める。現在は国家の安全を担う国防安全研究院もここに入っている。

ベランダを擁した南国仕様のコロニアル建築

臺灣臺北地方法院寶慶院區

旧台北陸軍偕行社

總統府の裏手に位置するこの建物は、陸軍の士官や幹部の親睦組織である「偕行社」として建てられた。清国統治時代は台北最大の学問所である「登瀛書院」があったが、1899（明治32）年に官民倶楽部「淡水館」となり、後に陸軍偕行社となった。

竣工は1913（大正2）年で、明治期によく見られた「ベランダ・コロニアル」のスタイル。1階は回廊のようになっており、2階にもベランダが設けられている。実際に使用されたのは翌々年からだったという。

戦後は長らく「中華婦女反共抗俄聯合會」（後に中華民國婦女聯合會と改名）が使用し、蒋介石夫人の宋美齢の下、さまざまな活動が行なわれていた。現在は台北地方法院が管理者となっており、一般公開はされていない。

❶軍関連施設にはコロニアル風のスタイルが多かった。1階、2階ともに会議室とホールがあった。落成式には第5代台湾総督・佐久間左馬太も臨席した。

❷赤煉瓦と石材を混用し、軍関連施設らしい堅固な造りだった。敷地面積は12240平方メートルと広い。暖色系の色合いの壁が周囲の緑に溶け込んでいる。

2.

島都・台北市の中心街を歩く

國立臺灣博物館周辺

清国統治時代の台北は城壁に囲まれていた。その内側を日本人は「城内」と呼び、領台当初から家並みを整えていった。城壁の跡地は「三線道路」となり、現在の忠孝西路、中華路、愛國西路、中山南路となっている。かつて目抜き通りであった栄町通り（現・衡陽路）をはじめ、京町通り（現・博愛路）、本町通り（現・重慶南路）、表町通り（現・館前路）などには、戦前の商店建築がいくつか残る。散策の中心となるのは「國立臺灣博物館」（44ページ）だが、旧台北郵便局（56ページ）を起点にしてもいい。「台北車站」（台北駅）か、MRT「臺大醫院」、「西門」の各駅を起点にすると便利だ。建築物のみならず、新旧が入り混じった都市の風情も堪能してみたいエリアである。

児玉源太郎と後藤新平の銅像が残る

國立臺灣博物館

旧台湾総督府博物館

❶正面の大きなドームが印象的な外観。台湾を代表する大型建築とされていた。

中央にドームを抱いた大型建築。現在は國立臺灣博物館となっているこの建物は、台湾における近代建築の白眉とされる存在である。

1908（明治41）年、台湾総督府民政部殖産局附属博物館が設けられた。開館式は10月23日に開かれ、縦貫鉄道の開通式典で台湾を訪れていた閑院《かんいん》宮《のみや》載仁《ことひと》親王が臨席した。初代館長にはマリモの命名者としても知られる川《かわ》上瀧彌《かみたきや》が就任した。

その後、第4代台湾総督であった児《こ》玉源《だまげん》太郎《たろう》と民政長官・後藤新平が台湾を離れた際、その治績を記念し、現在の場所に新しい建物が設けられた。名称は「児玉総督及び後藤民政長官記念館」となっていた。

建物が完成したのは1915（大正4）年3月のことだった。4月18日に開館したが、移転の準備に奔走していた盛大な式典が挙行され、8月20日に開館したが、移転の準備に奔走していた

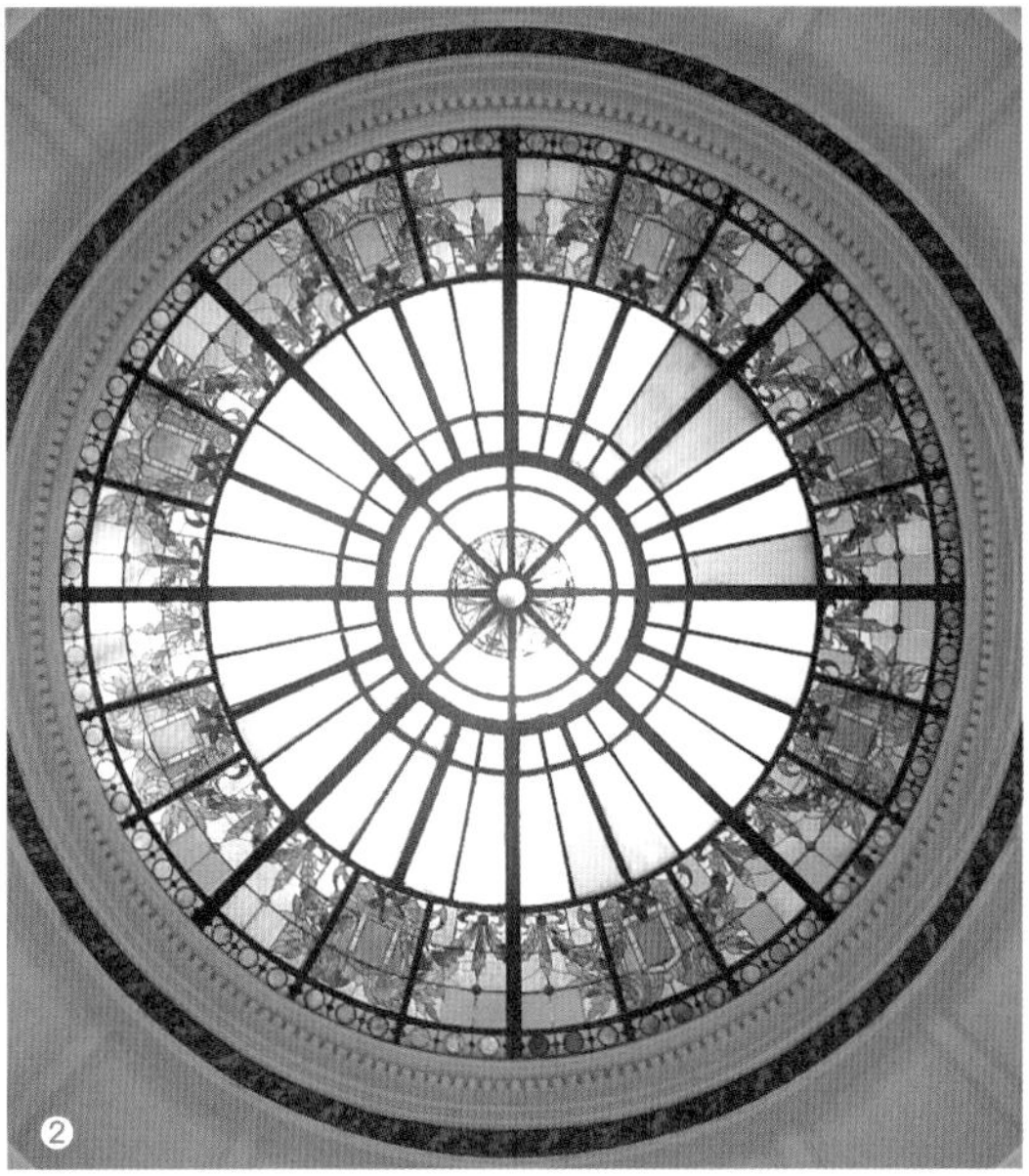

❷ドームに見られるステンドグラスは児玉家の家紋である「軍配団扇」と後藤家の家紋である「下がり藤」を組み合わせた紋様になっている。
❸正面ホールに置かれていた児玉源太郎総督と後藤新平民政長官の銅像。現在は3階に展示されている。
❹ホールにあるライトには後藤家の家紋である「下がり藤」が見える。

館長の川上は、過労が祟って病に倒れ、開館翌日にこの世を去るという悲しいエピソードも残っている。

当時、この建物は台湾唯一のギリシャ風建築として話題を集めた。正面を下から見上げてみると、上部に設けられたペディメントが目を引き、神殿のような雰囲気である。設計を担当したのはこの時期に台湾総督府技師として活躍していた野村一郎と助手の荒木栄一であった。

余談ながら、野村は朝鮮総督府の設計にも携わっている。1926（大正15）年10月に竣工した同庁舎は、基本設計をドイツ人技師のゲオルグ・デ・ラランデが行なったが、ラランデは大正3年に他界しており、その後は野村が國枝博とともに強い関わりをもった。

ドームを抱き、瀟洒なメインホールやステンドグラスなど、台湾総督府博物館との共通点は多かった。朝鮮総督府庁舎は1995年に取り壊されてしまったが、興味深いところである。

台湾総督府に招かれた賓客は必ずここへ案内されたと言われている。その中には1923（大正12）年4月に摂

❺壮麗な雰囲気に包まれたホールの様子。整然と並んだ列柱が気品を感じさせる。
❻民政長官・後藤新平の銅像。戦後は長らく倉庫に眠っていた。新海竹太郎の作。
❼日本統治時代の様子。新公園では幼稚園児の運動会なども開かれていた。『台北幼稚園アルバム』より。斎藤毅氏提供。

政の立場で台湾を訪れた昭和天皇（当時皇太子）も含まれていた。

なお、台湾は現在、世界的な大理石の産地に数えられており、建築物にもふんだんに大理石が使用されている。しかし、この建物に限っては台湾産の大理石は用いられていない。すべてがイタリアから運び込まれた船来物だったという。まさに、贅沢のかぎりを尽くした一大建築だった。

現在、3階にはかつてメインホールを挟んで置かれていた児玉源太郎と後藤新平の銅像が残されており、展示されている。そのほか、台湾原住民族の文化や台湾固有種の動植物の紹介などもあるので、ゆっくり参観してみたい。

機能性が追求された戦前のオフィスビル

旧三井物産株式会社台北支店

三井物産株式会社（三井合名会社）の台北支店は昭和期に流行したモダニズムを踏襲した建物だった。装飾の類はほとんど見られず、すっきりとした印象の建物である。

竣工は１９４０(昭和15)年。オフィスビルらしく、機能性が重視された造りとなっており、外壁の色合いも非常に地味なものである。しかし、水平に並んだ窓枠と庇、そして、垂直に切り立った柱模様が幾何学的なデザインをなしている。また、地上からは確認しにくいが、後方上部には尖塔が設けられている。

戦後は長らく、臺灣土地銀行が管理者となっていた。その後、２０００年に台北市が管理する史跡となった。現在は國立臺灣博物館古生物館とともに、「古蹟區（史跡エリア）」という名で整備されているが、内部を参観できる機会は少ない。

❶建物後方には小さな尖塔が設けられている。
❷表町通り（現・館前路）。奥に台湾総督府博物館、脇に三井合名会社の旧社屋が見える。『旅行草書・台湾旅行』より。

❸機能性が重視され、外観もいたって地味なオフィスビルである。

高い吹き抜けの空間は恐竜の展示室に

國立臺灣博物館古生物館

旧日本勧業銀行台北支店

ここは日本統治下の台北において、台湾銀行本店とともに銀行建築の双璧とされた建物である。日本勧業銀行の台北支店として建てられ、支店を名乗ってはいるものの、実際は台湾における本店機能を併せ持っていた。

日本勧業銀行は主に農業方面の振興を支援することを目的に、1897(明治30)年に設立された。台湾には台北、新竹、台中、台南、高雄と、5つの支店があり、現在は台北支店と台南支店の建物が残っている。この両者は似た造りとなっており、鉄筋コンクリート造りで、整然と並ぶ列柱と、石組みの壁面が特色となっている。

建物は「威厳を強調したスタイル」とも言える。これは戦前の銀行建築によく見られたもので、道路に面して8本の大列柱が並ぶ様子は壮観だ。外壁には花崗岩や大理石が用いられ、一見して堅固な造りであることがわかる。

竣工は1933(昭和8)年。設計は日本勧業銀行営繕課が担当した。

大列柱については、上方の柱頭の部分に注目したい。そこには石造の仮面とライオンの顔が彫られている。そして、建物の脇にはマヤ風の渦模様が付けられている。これらはアクセントとなって、建物の風格を支えている。

日本勧業銀行の各店は、終戦を迎えると、中華民国体制に取り込まれ、「臺灣土地銀行」と改められた。この建物は1989年、老朽化を理由に、一度は建て替えが決まったが、熱心な保存運動が起こり、取り壊しを免れた。

長らく店舗としては使用されず、放置されていたが、3年にわたる修復工事を経て、2009年12月26日に「國立臺灣博物館古生物館」として再オープンを果たした。またの名を「土銀展示館」。吹き抜けの館内には、恐竜の展示がなされている。

❶台湾を代表する銀行建築。どっしりとした印象の建物である。日本勧業銀行は台南にも同系デザインの支店を設けていた。

③

④

⑤

❷吹き抜けの高い天井を利用して、館内には恐竜の骨格レプリカが展示されている。
❸列柱を用いて高さを強調するという手法は戦前の銀行建築によく見られたものである。
❹壁面にはさりげなく装飾が施されている。マヤ絵画を参考にしたという渦巻き状のデザインが印象的だ。
❺台湾の銀行史を紹介した展示室もある。日本統治時代の史料も少なくない。

②

二二八和平公園——旧台北新公園

領台初期に設けられた台湾初の都市公園

❶日本統治時代、そして、台湾の近代史と民主化の過程が学べる場所である。

「大都会の中のオアシス」という表現がふさわしい都市公園。市街地の中に濃い緑が繁茂する様子は、訪れる者の心を和やかにしてくれる。面積7万1520平方メートルという大きな公園である。

ここは歴史の舞台としても、枢要な位置を占めている。公園の開設は1908（明治41）年。当時、すでに圓山《まるやま》に公園があったため、「台北新公園」と呼ばれた。台湾初の欧州式都市公園で、この呼称は1996年まで用いられた。現在は戦後の台湾を運命づけた二二八事件にちなんで、「二二八和平公園」と改称されている。

敷地内にある國立臺灣博物館の裏手には池があり、その畔には日本式の石灯籠が残っている。一部が破損した状態ではあるが、原形を留めている。なお、この池も戦前からあるもので、「太鼓橋」と呼ばれた橋も残っている。こ

❷1935(昭和10)年の台湾始政四十周年記念博覧会に合わせて持ち込まれた銅牛。その経緯には諸説ある。
❸池の畔には日本式の石灯籠が残っている。下は戦前に撮影されたカット。内田勝久氏所蔵。

❹台湾護国神社(現・忠烈祠)の神馬が移設されている。腹の部分には護国神社の神紋が確認できる。
❺孔子の像が置かれている場所には台湾銀行の柳生一義頭取の像があった。

❻博物館の前には台湾を走った最初の蒸気機関車騰雲号と、日本本土から持ち込まれた9号機関車が静態保存されている。
❼「太鼓橋」と呼ばれた石組みの橋で写真を撮ったという引揚者は少なくない。

こは当時、子供たちが記念撮影をする定番の場所だった。

さらに、1934（昭和9）年にラジオ放送局が設けた放送台も史跡として保存されているほか、二二八紀念館（旧台北ラジオ放送局）や、静態保存されている蒸気機関車、水牛の像など、日本に関わりのあるものも少なくない。台湾が歩んできた道のりを知る上で、避けては通れない空間である。

緑との調和を意識したスペイン風コロニアル

臺北二二八紀念館

旧台北ラジオ放送局

ここは台北ラジオ放送局の建物だった。台北新公園（現・二二八和平公園）の敷地内にあり、亜熱帯の植物に囲まれるように建っている。現在は「臺北二二八紀念館」となっている。

台湾で最初にラジオ放送が実施されたのは1925（大正14）年6月17日のことだった。これは「台湾始政三十周年記念博覧会」の時のもので、NHKの前身である東京放送局の創設と同年である。台湾総督府交通局逓信部による試験放送が始まったのは1928（昭和3）年11月1日。本放送は1931（昭和6）年1月15日から始まった。

放送局の建物はスペイン風コロニアル様式に分類されるスタイルである。大きなベランダとクリーム色を基調とした明るい色合いが特色で、屋根の部分には瓦を用いて東洋趣味が施されている。元々、放送局は郊外の海山郡板橋街（現・新北市板橋区）にあったが、

①

こちらに新しい局が設けられ、ラジオの本放送が始まった。設計者は台湾総督府技師の栗山俊一であった。

周囲の緑と調和した壁面が南国の陽光を浴びて眩しく輝く。日本が台湾を統治した半世紀、多くの官庁舎が建てられたが、多くは威厳が強調され、厳つい雰囲気の建物だった。そんな中、この建物だけは公園内にあったためか、異色の存在となっている。

二二八事件は戦後の台湾を襲った最大の悲劇である。その混乱は長らく社会に影を落とし、人々は苦難の日々を送ることになった。館内には二二八事件と、その後に続いた白色テロについての展示がある。ぜひとも足を運び、台湾の民主化の歩みについて触れてみたい。

❷日本統治時代の様子。周囲の緑との調和が意識された建物だった。

❶屋根の部分には東洋趣味が施され、「瑠璃瓦」がアクセントとなっている。戦前の建築では珍しいオレンジ色の瓦である。
❸館内の様子。戦後の台湾と民主化の歩みを学べる空間である。展示物は豊富だ。
❹公園内に残る放送台。正面にはかつて、「JFAK」という文字が彫られていた。終戦時、台北(JFAK)、台南(JFBK)、台中(JFCK)、嘉義(JFDK)、花蓮港(JFEK)の5カ所の放送局があった。
❺建物の前方にある「寶泉」と記された噴水も日本統治時代のものである。

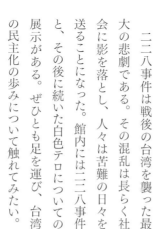

❶台湾医学の中枢。赤煉瓦の壁面に白い帯。「牛の目窓」がアクセントとなっている。

熱帯病理学の研究機関でもあった病院建築

國立臺灣大學附設醫院舊館

旧台湾総督府台北医院

ここは台湾最大の病院建築であり、同時に最大の医療研究機関でもあった。竣工は１９１６（大正５）年。台湾総督府や専売局と並び、台北を代表する建造物としても名を連ねていた。

　建物の前に立ってみると、赤煉瓦の外壁に白石を帯状に配したデザインが美しい。いわゆる「辰野式」のスタイルで、この時代の台湾でよく見られたものである。設計を担当したのは近藤十郎。西門町市場の八角堂（現・西門紅樓）とともに、彼の代表作とされる。

　この病院は設備、スタッフともに高いレベルを誇り、東洋随一とも称されていた。１９３７（昭和12）年時、院内には内科、外科、眼科、小児科、産婦人科、耳鼻科、皮膚科、歯科、理学治療科があった。

　中央通路が敷地を貫き、いくつかの建物が並んでいる。中央通路を背骨に喩えると、各棟が左右対称に肋骨のよ

❷館内の様子。台湾総督府とほぼ同時期に設計された建築物である。「一度に500人分の食膳を用意できる」とも言われた大型医院だった。
❸日本統治時代の様子。医療研究機関という位置づけにあった。『台湾写真大観』より。
❹渡り廊下や通路についても凝った造りである。
❺ホールの2階には螺旋階段が残っている。窓の奥に總統府(旧・台湾総督府)が見える。

うに並んでおり、人間の骨格を模しているようだと言われていた。

これは風通しと日当たりをよくするための工夫で、基礎土台は1メートルあった。つまり、建物全体が中二階のような高床式となっていた。正面玄関も石段を上った場所にある。これもまた、湿度を嫌ったためであるという。

ここは病院としての機能だけでなく、研究機関としても名を馳せていた。特に熱帯病理学については世界的な権威となっていた。1874年の台湾出兵(牡丹社事件)によって、日本人は初めて熱帯病の恐ろしさを知った。そして、台湾を統治するに当たり、マラリアやコレラといった疫病の対策に全力をあげた。その中で、この建物は医療研究の中枢と位置付けられていたのである。

終戦後は國立臺灣大學の付属病院となった。1991年には中山南路を挟んだ場所に新館が完成し、主役の地位を譲ったが、この建物の風格は色褪せていない。台湾医学界のシンボルとして、その存在感を今も見せつけている。参観は自由にできるので、ぜひ一度は訪れてみたい。

壁面が燦然と輝く郵政庁舎

郵政博物館臺北館（郵政博物館北門分館）

旧台北郵便局

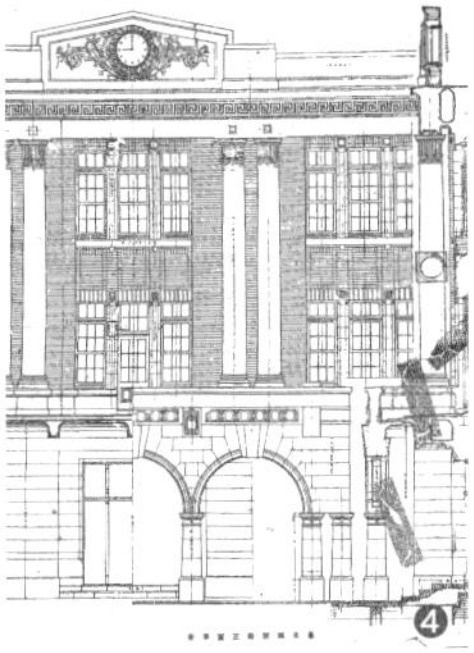

❶カウンターに用いられているのは蘇澳で産出された大理石だった。2014年撮影。
❷吹き抜けの天井が印象的な館内の様子。
❸中華郵政のマスコットキャラクターは高い人気を誇る。
❹『台湾建築会誌』に掲載された図面。日本統治時代は3階建てだった。
❺地味な色合いながらも美しい輝きを見せる壁面。

この建物は台北のみならず、台湾の全域を管轄する中央郵便局であった。領台当初、日本人は北門のすぐ前に位置するこの場所に野戦郵便局を設けた。これはのちに一等郵便局に指定され、台湾における郵政事業の本拠地として君臨することとなった。

当初の建物は木造家屋だったが、1913（大正2）年3月23日に火災に遭ってしまう。その後、新しい庁舎が建てられたが、再度建て替えられ、1930（昭和5）年6月に現在の建物が落成した。設計を担当したのは台湾総督府技師の栗山俊一だった。

建物は3階建てだったが、戦後に増築され、4階建てとなった。壁面は落ち着いた色合いで、晴れた日には、強い日差しを浴びて、燦然と輝く。

屋内は高い天井が開放的な雰囲気を演出している。また、カウンターは日本統治時代のもので、用いられた石材

⑥竣工以来、台北の中央郵便局となってきた。どっしりとした外観が印象的だ。

は台湾北東部の蘇澳《すおう》方面で採掘された大理石である。

外壁の表面にはスクラッチタイルが貼られている。これは台北の北郊に位置する北投で焼かれたものだった。昭和時代を迎え、台湾の建築界では、舶来物ではなく、台湾産の用材がごく普通に用いられるようになっていた。

現在は再開発の計画が進行中で、全体が郵便局として使用されているわけではない。かつて窓口があった吹き抜けの空間は公共スペースとなっている。

建物後方にある駐車場と仕分け作業場は4000坪の広さがあるため、ここに高層ビルを建て、30階と50階のツインタワーとする計画がある。タワーには商業施設やオフィス、展示空間のほか、ホテルや大学なども入る予定となっている。

この計画は旧東京中央郵便局を再開発したJPタワーをモデルとしており、庁舎は郵便をテーマとした博物館になる予定だ。歴史建築保存の立場から、老建築は原形を保ち続けることが決まっている。

石組みのアーチが安定感を演出する

撫臺街洋樓 ── 旧高石組・佐土原商事

北門に近い場所に位置する歴史建築。やや雑然とした町並みの中で、個性を放っている。この辺りは清国統治時代は「撫臺街」と呼ばれたが、日本統治時代に入り、1920（大正9）年の地名改正で「大和町」となった。内地人を名乗った日本人居住者が多く住んでいたエリアである。

この建物は「撫臺街洋樓」と呼ばれている。竣工は1910（明治43）年。建設会社の合資会社高石組（のちに株式会社となる）が社屋として建てたものだ。高石組は領台当年に台湾へやってきた高石忠慥《たかいしちゅうぞう》によって1901（明治34）年に創設された。台湾総督府博物館や日月潭水力発電所などを手がけ、手広く事業を展開していた。

この建物が建てられる前年、台北は未曾有の暴風雨に見舞われ、家並みの大半が崩壊するという惨事となった。これを機に大がかりな都市計画が練られ、町並みは一新されたが、この建物もその際に建てられた1棟である。昭和6年発行の『大日本実業商工録』によると、土木請負業のほか、土地家屋の賃貸業務も行なっていたとある。また、台中に支店があったという。

その後、酒造業者であり、酒類の販売も行なっていた佐土原商事の社屋に変わる。経営者の佐土原吉雄は名士として知られ、台湾総督府が発行していた『紳士年鑑』にもその名を見ることができる。1941（昭和16）年の商

❶日本統治時代初期に建てられた建築物が往時の姿を留めていることは珍しい。

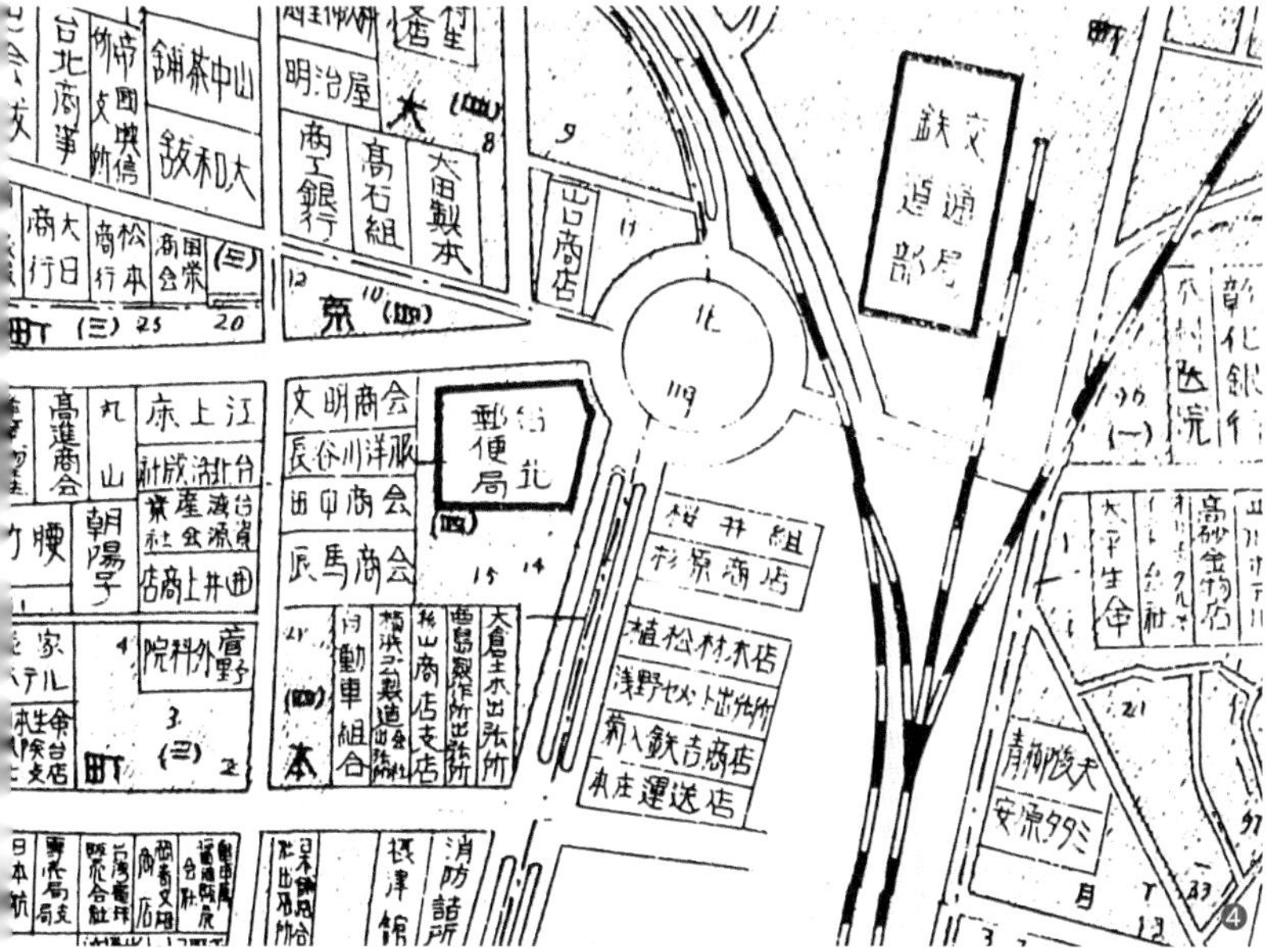

❷「亭仔脚（ていしきゃく）」と呼ばれる台湾式アーケード。石組みが基本で、火災にも耐えうる。台北城の城壁に用いられていた石塊が転用されたとも伝えられる。
❸館内は台北の歴史を紹介している。古地図や古写真の展示もある。
❹昭和11年当時の北門付近の様子。『大日本職業別明細図』より。

工会議所の名簿には、「佐土原商事株式会社」という記載がある。これは前年に登記された名称で、会社創設は1940（昭和15）年2月となっている。資本金は18万円だったという。

建物を前にしてみると、1階部は石組みの半円アーチとなっている。階下が堅固な造りとなっているのは、安定感を強調したいという建築家の意図と推測できよう。2階部は木造となっており、両者が組み合わさることで優雅な雰囲気が生み出されている。

戦後は中華民国・国民党政府に接収され、警備總部、國防部の管轄下に置かれていたが、民間に払い下げられ、漢方医学の診療所となっていた。しかし、1997年に隣宅の火災によって、建物の木造部分が焼失してしまった。

火災後、しばらくの間は放置されていたが、その後、5年にもおよぶ修復工事が行なわれた。2010年7月には高石氏の遺族が招かれ、盛大な式典が行なわれた。日本統治時代初期の建物がその姿を留めていることは珍しく、その価値に鑑み、台北市はここを史跡に指定し、保存対象としている。

正面部分が残された戦前の医院建築

開封商業大樓 ─ 旧菅野外科医院

林立する高層ビルの谷間に位置する医院建築。3階建てのどっしりとした風格を誇り、装飾の類はほとんど見られない。1920年代以降によく見られた機能性重視のデザインだが、それでも、壁面には円形の採光窓や整然と並ぶ窓枠があり、モダンな雰囲気を漂わせていた。

建物の竣工は1927（昭和2）年。それ以来、1997年までは外科医院として使用されていた。終戦までは菅野外科医院だったが、戦後は管理者が代わり、1959年からは骨髄移植の権威であった方錫玉医師がここに第一外科医院を開いた。

昭和18年時の商工会議所名簿には菅野医院として記載があり、院長として菅野尚夫の名が記されている。菅野は宮城県出身で、台北医専を卒業後、台湾総督府医院に奉職。後に菅野外科医院を開業した。

❶現在は総合ビルになっており、予備校が入っている。建物の由来とファサード保存の経緯を記した案内板もある。

私がここを最初に訪れたのは２００２年のことだった。この時にはすでに建て替えが決まっていた。日本統治時代の病院建築が残っている例は少なく、保存が検討されていたが、２００３年末、取り壊しに遭ってしまった。

その前日、私は撮影を許可され、ここを訪れた。道路に面した医院の奥には木造2階建ての住居があり、使い込まれた柱やふすま、窓枠などが独特な味わいを漂わせていた。

現在は高層ビルに変わっているが、道路に面したファサード（正面部分）は往時の姿を留めている。建物は一変したが、その「顔」だけは歴史的意義が考慮され、残されたのである。

❷現在も正面に「菅野外科醫院」という文字が確認できる。

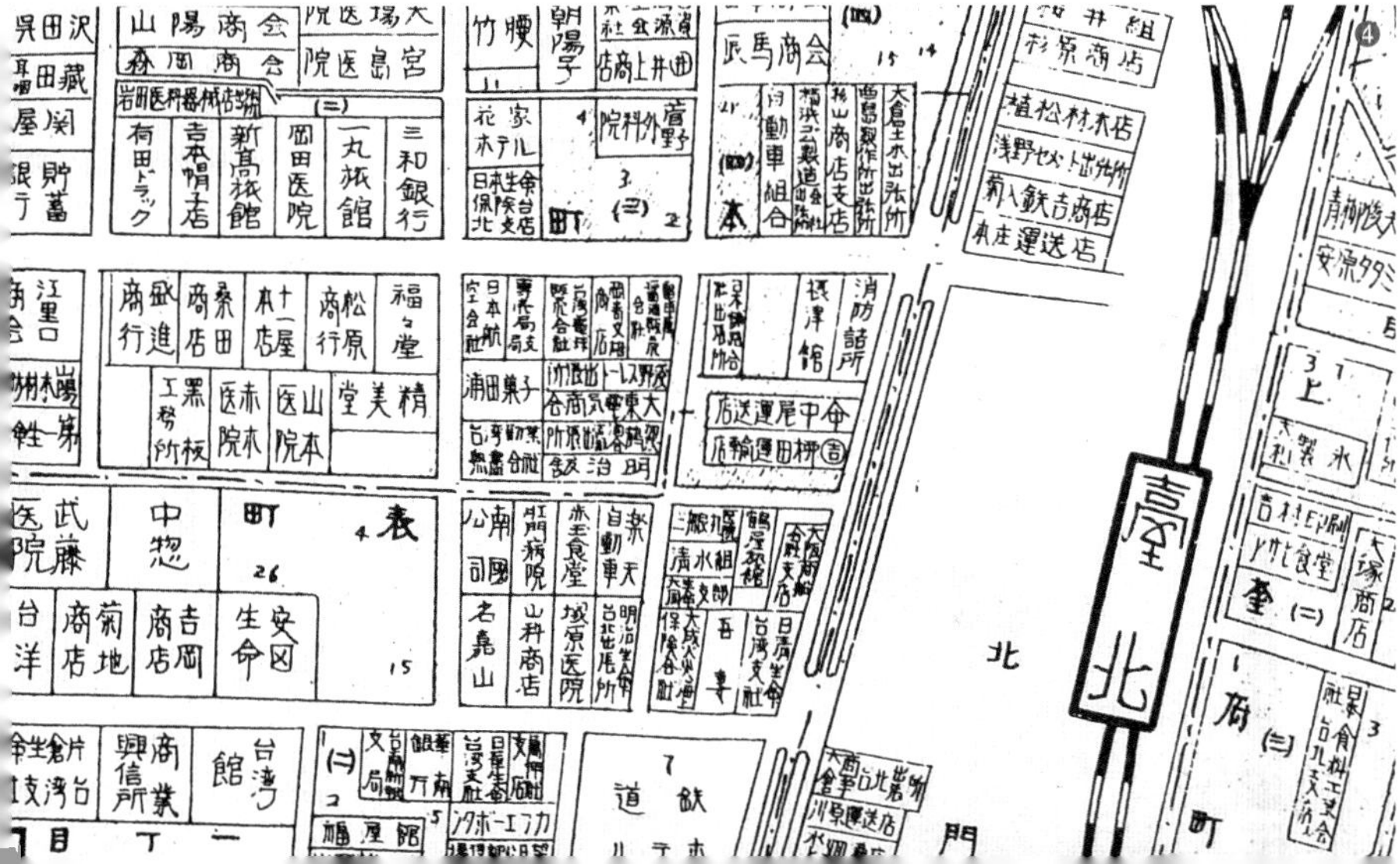

❸後方には住居用の木造家屋が残っていた。2003年12月、取り壊し前日に撮影。
❹昭和11年当時の台北駅南側の様子。『大日本職業別明細図』より。

台北の「カメラ街」に残る老建築

旧東京堂時計店・中央食堂

❶建物は2本の道路がY字型に交わる地点にある。右手奥には中山堂がわずかに見える。
❷現在、この一角は台北随一のカメラ店街として知られている。
❸戦後、京町通りは博愛路、大和町通りは延平南路と名を変えた。日本統治時代に発行された絵葉書。

この建物は日本統治時代に「大和町」、「京町」と呼ばれた地区にあり、北門と向かい合う位置にある。北門は清国統治時代に設けられた台北城の城門で、1884年に落成した。当初の姿を留める唯一の存在である。

　この建物は「東京堂時計店」の店舗で、2階には「中央食堂」という名のレストランが入っていた。古写真の看板に記された台北と草山（現・陽明山）・北投を結ぶ循環バスは、「巴《ともえ》自動車商会」によって運営されていた。

　終戦後は外省人が経営する理髪店となり、数年までは撮影機材を扱う店舗となっていた。屋根は補強工事が施され、内部も一新されていて、古さを感じるものではない。しかし、建物の構造は大きな改造を受けた痕跡は見られない。窓の並び方なども古写真と同じである。

街並みに埋もれ行く小さな歴史建築

小塚商店第一支店・大阪朝日新聞台北通信局

高雄支局　高雄市榮町三ノ三　電三〇八一番　主任　大久保久雄
支局長　清林　喜雄
基隆通信部　基隆市義重町六ノ三三　電一四五三番　主任　鶴田　正之
◉株式會社大阪朝日新聞社
本社　大阪市北區中ノ島三ノ三
支局　臺北市京町一ノ三五　電三三〇〇・七八〇五番
設立　明治十二年
資本金　一千萬圓
目的　新聞發行圖書印刷一切附帶事業
支局長　河合　政
記者　中川　芳男　綿永　了作　磯野　菊治
分部　照蔵　木村　一郎　武藤　駿三
島田　穂晋
基隆通信部　基隆市壽町二ノ一一
臺中通信部　臺中市綠川町二ノ七
臺南通信部　臺南市開山町三ノ一二
高雄通信部　高雄市湊町五ノ一七
讀賣新聞臺北支局　臺北明石町二ノ
◉株式會社商業興信所
本社　大阪市東區北濱三ノ七
設立　明治二十五年四月
支所　臺北市表町一ノ四四　電二
出張所　臺南市錦町二ノ三六　電四
◉株式會社帝國興信所

❷1931(昭和6)年頃の様子。「タイトインキ」の文字が見える。『台湾最新紹介写真集』に掲載された広告。

❸大阪朝日新聞社台北支局の記載。『会社銀行商工業者名鑑』(昭和17年度版)より。

❶建物についての詳細を知ることは困難だが、店主の小塚兼吉は紳士録にも名を連ねる人物だった。

ここは文房具や紙類を扱う紙文具商「小塚商店」の店舗だった。初代店主は小塚兼吉という人物。名古屋生まれで、1904(明治37)年に台湾へ渡っている。印刷業のほか、手広く官公庁の業務を請け負っていた。

ここはその第一支店である。数軒隣りには印刷工場もあった。建物の上部には塔があり、戦前に撮影された写真には、カタカナで「タイトインキ」と書いてある。タイトインキ(TIGHT-INK)は浸透性が高く、直接吹きかけることが可能なことから、この店の目玉商品だったという。

なお、ここは後に大阪朝日新聞社の通信局となった。昭和17年当時、支局長以下、7名の記者が在籍し、基隆、台中、台南、高雄には同社の支局があった。詳細を知ることは難しいが、老建築は今、近代的な家並みの中で、静かに光を放ち続けている。

旧西尾商店・西尾商会

「カメラの病院」とも称された撮影機材の専門店

この建物は「西尾商店」というカメラ機材を扱う専門店であった。当時、一帯は栄町1丁目と呼ばれ、台北最大の繁華街の一部となっていた。

創業は1933（昭和8）年6月11日。カメラ機材の販売だけでなく、修理なども請け負っていたようである。店主は京都府出身の西尾静夫。戦前の雑誌に出された広告には、「カメラの病院」としてこの店の修理部が紹介されている。また、扱っているものも幅広く、カメラから顕微鏡、望遠鏡、裁断機、アルバムのほか、写真に関する専門書なども扱っていた。

ここ数年は金石堂という書店となっていたが、往時の面影が残るのは「亭《てい》仔脚《しきゃく》」と呼ばれるアーケードの部分だけである。現在、金石堂書店はすでに転出しており、オフィス空間・貸会議室として使用されている。

❶亭仔脚のアーチは当時のまま。西尾商店が使用する前は、西洋料理レストランが入っていたという。
❷カメラ機材を扱った旧西尾商店。往時の姿を留めるのは亭仔脚だけとなっている。

繁華街の入口に位置した商店建築

公園號酸梅湯―旧升川洋服店

❶旧台北新公園から西門町に向けて「栄町通り」と呼ばれる繁華街が続いていた。

❷保全工事の際、大きな看板は取り外されてしまった。修復前の様子。2016年撮影。
❸日本統治時代に撮影された古写真。左手に升川洋服店がある。

ここは二二八和平公園に面した商店建築で、現在は「酸梅湯」と呼ばれる台湾特産のプラムジュースを出す店となっている。両隣りにある店舗も往時の面影を残している。

ここは、台北の目抜き通りだった「栄町通り」の起点でもある。終戦までは「升川洋服店」という店で、学校の制服のほか、各種洋服を扱っていた。店主は島根県出身の升川二三二《ふみじ》という人物だった。

暖色系の色合いの壁面が印象に残る商店建築である。現在、升川洋服店についての詳細を知ることはできないが、旧制中学や女学校の制服を扱っていたこともあり、ここで制服一式を揃えたという引揚者の思い出話を聞くことは多い。知られることは少ないが、人々の記憶の中でしっかりと命脈を保つ老家屋である。２０１８年夏にお色直しが施された。

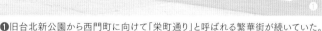

尖塔がシンボルだった時計店

全祥茶荘 ─ 旧和泉時計店台北支店

ここは「和泉時計店」を名乗った商店建築である。建物についての詳細は不明だが、1931（昭和6）年発行の『大日本実業商工録』によれば、和泉時計店は各種時計のほか、眼鏡類や貴金属、装飾品などを扱っていた。広告などでは、「台湾総督府及諸官衙御用達」という文字が見える。店主は丹羽一孝という人物で、創業は1897（明治30）年だった。

和泉時計店は台北でも早期に開業した時計店である。本店は神戸にあり、台南にも支店があった。正面上部に尖塔があり、かつては大時計が入っていたという。楼閣のような雰囲気で、白亜の色合いも格調を感じさせていた。

また、塔には連珠状に果物をモチーフとした飾り紋が見える。これは台中駅の旧駅舎にも類似したものが確認できる。南国・台湾を意識したデザインで興味深い。

❶全祥茶荘は品質の良さで定評のある茶葉店。終日客足が絶えない。

❷この建物の歴史を知る人は多くない。
残念ながら、尖塔の時計は失われている。

オフィスビルは再生されて、レトロなカフェに

NOTCH咖啡 島津製作所台北出張所

❶気軽に立ち寄れるカフェ。若者が多く利用している。
❷階段部にも往時の面影が残る。1階奥から2階に上がる。
❸1930年代によく見られたスタイルの商店建築。正面には疑似列柱が見える。
❹落ち着いた雰囲気の店内。赤煉瓦の壁が残されている。

重慶南路は終戦まで、本町《ほんまち》通りを名乗っていた。繁華街となっていた栄町《さかえまち》通り（現・衡陽路）や新興開発地帯だった京町《きょうまち》通り（現・博愛路）と並び、城内地区の主要道路であった。

ここは医療器具メーカーとして知られた島津製作所の台北出張所である。外観は歴史的な風格が感じられるものの、改修を重ねているためか、それほど古びた感じはしない。それでも整然と並ぶ窓枠やタイルの色合い、さりげなく施された装飾などは、やはり戦前の建物らしい雰囲気が感じられる。設計者は台湾総督府営繕課技師・鈴置《すずおき》良一《りょういち》だった。

戦後は長らく、茶葉店として使われていた。現在はカジュアルなカフェとなっており、平日でも席は埋まっていることが多い。もともとはオフィスビルだった空間だが、これが台湾人のセンスによって整備され、新しい息吹が吹き込まれた。古さが魅力のカフェではあるが、現在進行形の台湾が見られる空間である。

復元された帝冠様式のスタイルとオフィスビル

國家攝影文化中心

旧大阪商船株式会社台北出張所

忠孝西路は台北城壁の跡地に設けられた道路で、日本統治時代は三線道路と呼ばれた。この建物はそれに面し、旧台北駅前地区の一角を占めていた。竣工は1937（昭和12）年。当時は「大阪商船ビル」と呼ばれていた。様式は昭和10年代に流行した帝冠様式に分類される。台湾では「興亜式」と呼ばれることが多く、構造としては鉄筋コンクリート構造だが、外観、特に屋根などに東洋趣味を加える。箱型の建築母体と瓦屋根という組み合わせが印象的だ。設計は米国風のオフィスビルを数多く手がけた渡辺節《わたなべせつ》が担当した。

日本本土と同様、地震多発地帯にある台湾では鉄筋コンクリート構造が普及するまで、多層階の建物は見られなかった。そのため、この建物も市内でよく目立ち、有数の大型建築とされていた。館内は階段部分が吹き抜けとなっている。曲線を描く手すりが滑ら

かさを演出している。また、光線の入り具合も配慮されており、特に午後は窓から差し込んだ陽ざしが優しい光となって館内を照らす。

1945（昭和20）年5月31日の台北大空襲では、すぐ向かいに爆弾が落ちたが、この建物は戦禍を免れ、建物の原形は保たれた。戦後は台湾航業公司となり、「台航大樓」の名で呼ばれたが、経営不振により公路局に身売りされることになった。その後は「公路大樓」と呼ばれた。

1968年には大がかりな修復が行なわれ、4階部分が増設。建物のシンボルだった正面上部の塔は撤去されてしまった。しかし、台北の歴史を眺めてきた存在として注目されるようになり、何度かの公聴会を経て、塔を復元した上で保存されることが決まった。

2021年4月20日に正式にオープンし、多くの報道陣が集まった。現在は、「國家攝影文化中心」として、写真をテーマとしたギャラリー空間となっている。

❶復元された屋上塔が存在感を示す。外壁には黄土色のタイルが貼られていた。
❷吹き抜けとなっている階段のスペース。2017年に修復・復元の工事が始まり、2019年4月22日に完工した。
❸日本統治時代の老建築が郷土の歴史を伝える素材として蘇った。建物の歴史について紹介するコーナーもある。
❹竣工時の設計図。『台湾建築会誌』より。

❷

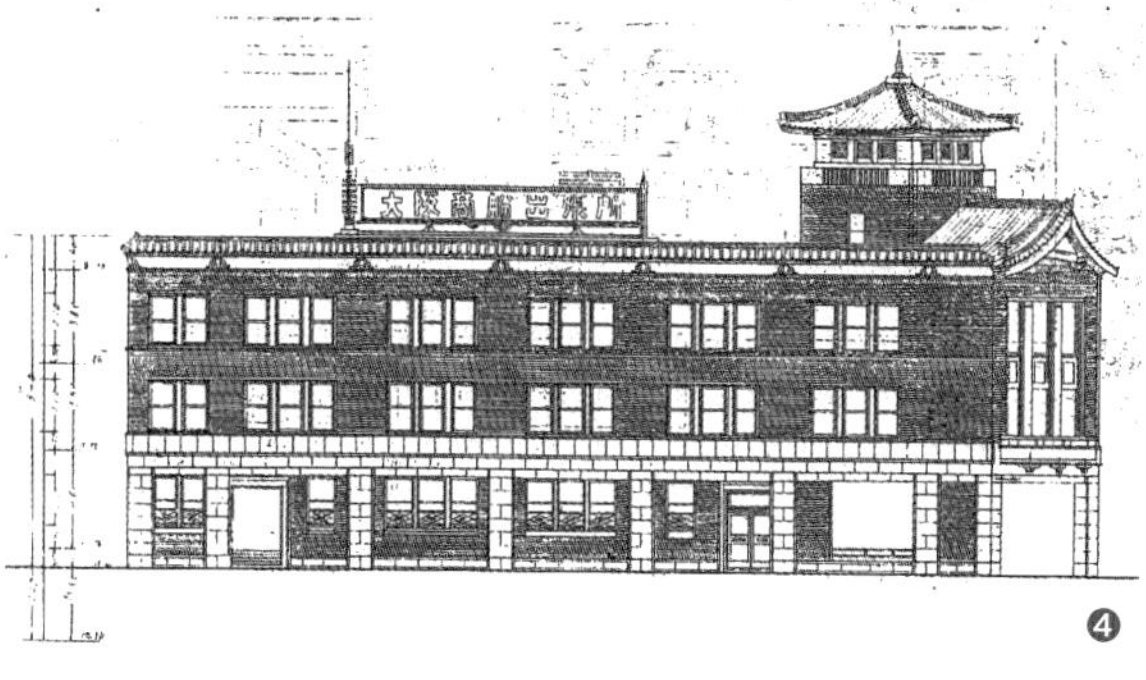
❹

❸

台湾戦後史の舞台にもなった庁舎

彰化銀行台北分行

旧辰馬商会本店・台湾総督府専売局台北支局

この建物は辰馬《たつうま》商会株式会社の社屋だった。竣工は１９２９（昭和４）年5月。１９３４（昭和９）年9月からは専売局台北支局が管理者となった。設計者は台湾総督府営繕課技師の鈴置《すずおき》良一《りょういち》。３階建てで、鉄筋コンクリート構造の堅固な建物であった。

１９３１（昭和６）年刊行の大日本実業商工録によれば、辰馬商会は酒類、醤油、清涼飲料水、調味料を扱う商社であり、社長には浅尾豊一の名が記されている。台北のほかに、台南と台中、基隆《きいるん》に出張所を持っていた。

戦後は中華民国政府に接収され、当初は台湾省行政長官公署の管理下に置かれた。その後、公売局に移管され、同局の台北分局となった。日本統治時代の専売事業はそのまま受け継がれ、酒類やたばこ、砂糖、塩などが専売制となった。

そして、台湾の戦後を襲った二・二八事件の舞台にもなった。１９４７年2月28日、中華民国政府の横暴に抗議する人々がここに集まり、官憲との大きな衝突が起きている。

外観は複数回、補修されており、古写真と見比べると、やや印象は異なる。しかし、構造は原形を留めている。古さは感じられないが、台湾の歴史を学ぶ際、見落とすことのできない空間である。

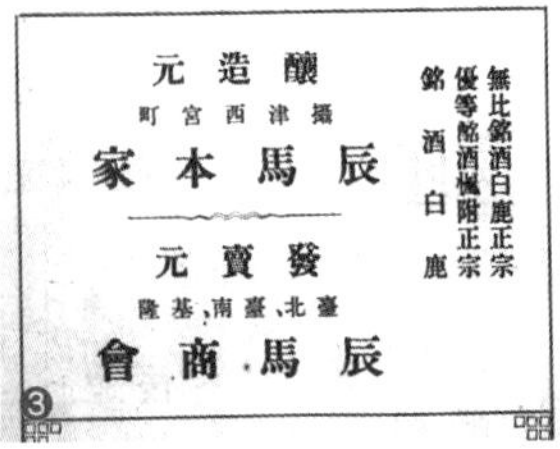
無比銘酒白鹿正宗
優等銘酒楓階正宗
銘酒白鹿
釀造元
攝津西宮町
辰馬本家
發賣元
臺北、臺南、基隆
辰馬商會

❶戦後も専売事業の業務は受け継がれた。1968年5月17日からは彰化銀行の台北支店として使用されている。
❷日本統治時代の様子。『台湾建築会誌』に掲載された竣工時の写真。
❸新聞に掲載された広告。明治28年、西宮辰馬本店は台北支店を置いた。

再整備が決まった台北最大のデパート

國泰金融大樓 ― 旧菊元百貨店

菊元《きくもと》百貨店は「台北銀座」とも呼ばれた栄町通り（現・衡陽路）のシンボル。台北最大の百貨店である。台南のハヤシ百貨店、高雄の吉井百貨店とともに三大デパートとして知られた。

戦後は長らく銀行となっていた。建物の設計は台湾土地建物会社が手がけた。モダニズム風の簡素なデザインで、あえて装飾を排し、窓枠や庇《ひさし》などに直線を多用することで外観をデザインする手法が取られた。竣工は１９３２（昭和７）年11月28日。実業家・重田栄治が開いた台北最初の百貨店で、12月１日にオープンを果たしている。敷地面積は99・36坪だが、亭仔脚（台湾式アーケード）があるため、１階の売り場面積は50坪程度となっていた。

１階から４階までは商品販売スペースで、５階には食堂と喫茶室があった。レストランは「菊元」を名乗り、洋食を中心としたメニューを誇った。また、当時は珍しかったエレベーターもあり、話題を集めたという。

戦後は中華國貨公司と名前を変え、１９６８年には南洋百貨公司となったが、１９７７年に倒産し、洋洋百貨と名を改めた。しかし、これもわずか２年で閉店。その後は世華聯合商業銀行（現・國泰世華銀行）となった。外観にかつての姿は見られないが、現在は台北市から史跡に指定され、整備が決まっている。２０２３年４月、修復・復元の工事が始まった。

❶大がかりな復元が始まった台北のシンボル。
❷栄町通りと京町通り（現・博愛路）との交差点にあった。
❸屋上には日本統治時代に設けられた避雷針が残る。
❹改装・増築は受けているが、建物の構造は戦前のものが確認できる。
❺菊元デパートの全容。昭和15年頃の様子。『台湾大観』より転載。

街並みの中で存在感を放つ商店建築

華南銀行城内分行 旧株式会社近藤商会

❶旧近藤商会社屋。2023年4月24日、台北市はこの建物を歴史建築と認定し、保存が決まった。施工は台湾土地建物会社が担った。

❷『台湾建築会誌』に記された近藤商会の外観。屋根は戦災で焼失した。トイレについては水洗式で、建物外部に浄化槽が設けられていた。
❸以文堂は日本統治時代初期に開かれた老舗。現在はセブンイレブンの店舗となっている。木下晃太氏所蔵。
❹草山（現・陽明山）には以文堂の松田徳三が設けた別荘があった。入口には1933（昭和8）年8月8日に建てられた「霊泉郷」の碑が残っている。

現在、華南銀行が使用しているこの建物は近藤商会の社屋だった。同社は1921（大正10）年11月1日の創設で、資本金は100万円。取締役社長として近藤喜恵門の名が記されている。『台湾建築会誌』によると、建物の竣工は1927（昭和2）年7月15日。鉄筋コンクリート構造の3階建てで、1階には陳列室や応接室、事務所、電話室があり、2階には社長室や店長室、会議室、広間、喫煙室などがあった。屋上には展望室もあったという。

近藤商会が扱う商品は幅広く、キリンビールや亀甲萬醤油の台湾地区総代理店だったほか、食品や粉ミルク、清酒の輸入を手がけていた。

南隣りには、「台湾コロムビア販売商会」があり、レコードの販売が行なわれていた。さらに隣りには貴金属商で知られた「以文堂」があった。以文堂は領台初期に印鑑屋として創業。店は印刻部と宝飾部に分かれていた。創業者の松田徳三は大本教の支援者としても知られていた。

この建物で生まれたという木下晃太氏によれば、1945（昭和20）年5月31日の台北大空襲の際、京町通一帯は被弾し、大きな被害が出た。以文堂も爆撃を受け、残ったのは柱と壁面のみだったという。

以文堂の前に伸びる永綏街は「公会堂通り」と呼ばれていた。言うまでもなく、台北公会堂（現・中山堂）に続くことにちなんでいる。そして、以文堂から南に歩くと、「都通り」と呼ばれた路地があった。ここは現在、「沅陵街」と呼ばれている。

3.

西門町・萬華周辺

日本時代の繁華街と台北発祥の地

西門町はかつて、台北随一の繁華街として知られていたエリアである。戦後も長らく繁栄を誇り、１９９０年頃に一度は没落したものの、現在は若者たちが集う一大商業エリアとして復活を遂げている。一方、萬華地区は台北発祥の地として知られている。中でも貴陽街は市内で最も長い歴史を誇る。当初、台北盆地には平埔《へいほ》族（平地原住民）のケタガラン族が暮らしていたが、16世紀頃から漢人住民が流入、増加した。この頃、萬華は淡水河の水運で賑わったが、後に交易の拠点は大稲埕《だいとうてい》に移った。散策はＭＲＴ「西門」駅か「龍山寺」駅を拠点にするといい。やや雑然としているが、街歩きが楽しいエリアでもある。

❶当初は「新起街市場」という名だったが、後に西門市場となった。夜間にはライトアップもされて美しさを増す。

❶

「八角堂」の名で親しまれた内地人街の市場

西門紅樓 ― 旧公設西門町食料品小売市場

この老建築は西門町のシンボルとなっている。かつては公共市場として使用されていた建物で、上から眺めると美しい正八角形をしている。竣工は１９０８（明治41）年。設計は台湾総督府の技師であった近藤十郎が担った。12月20日に落成式典と開場式典が催された。人々はその独特な形状から、ここを「八角堂」と呼んだという。

正八角形という由来も興味深い。かつて、この一帯には見わたすかぎりの湿地が広がっており、行き倒れた無数の死体が放置されていたという。そこを新たに開発しようとした日本人は、縁起担ぎに「八卦」をイメージしたデザインを採用したというのである。

ここは終戦まで、台北を代表する市場建築であった。１９４０（昭和15）年の時点では１０８の店舗が入っていた。なお、市内で最も店舗数が多かったのは永楽町市場で、２０２店舗だっ

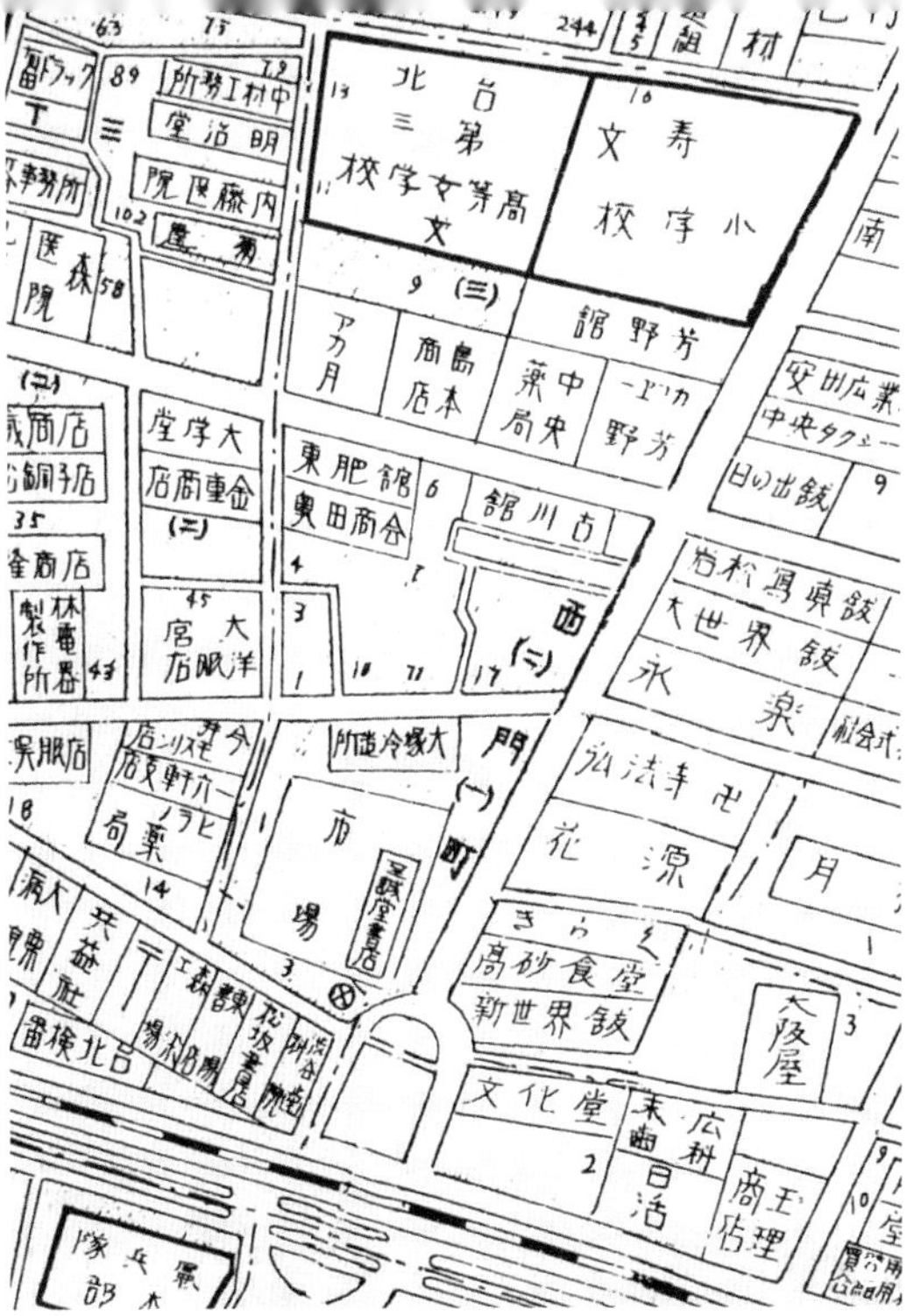

❷昭和7年頃の西門町。中央部下に「市場」の表記がある。『大日本職業別地図』より。
❸週末を中心にかなりの人混みとなる。1階には喫茶室やショップが入っている。
❹建物は「八角堂」と呼ばれて親しまれた。裏手にも建物が連なっている。
❺赤煉瓦の壁面に白石で帯を入れていく「辰野式」のデザイン。設計者の近藤十郎は辰野金吾の門下生だった。

た。「西門」は内地人が多く集まり、「永楽」は本島人（漢人系住民）が多く集まったため、品揃えには違いがあった。両者は台北市の市場の双璧だった。

　興味深いのは、この市場は事務所と時間外宿直室の回線のほか、「外店舗」という名で、13本もの電話回線を持っていたことである。さらに、八角堂の1階には公衆電話もあった。

　建物の脇には京都の伏見から分霊された稲荷神社があった。遺構らしきものは残っていないが、その跡地は現在、広場となっており、週末になるとフリーマーケットが開かれる。若きデザイナーたちが持ち寄ったアイテムが並び、台湾の若者事情に触れられる。

　現在、建物は郷土の歴史を展示する空間となっており、2階には劇場スペースも併設されている。歌仔戯《こーあーひー》や布袋戯《ぽーてーひー》などの台湾郷土劇のほか、中国各地の伝統劇も公演されている。

　1階には喫茶コーナーのほか、古写真や絵葉書の展示や昔懐かしい玩具の販売スペースがある。古建築を有効に利用し、再生させた好例として、高く評価されている。

台北市内に残る最古の木造寺院建築

法華寺 ——旧日蓮宗法華寺

ここは日本統治時代の寺院建築である。本堂は台北に残る最古の日本式木造寺院でもあり、台北市から史跡の指定を受けている。昨今の台湾ではこういった歴史建築を巡ることが一種のブームになっているが、ここの場合は知名度が低いためか、いつ訪れてもひっそりとしている。

歴史を遡ると、日蓮宗が萬華に布教所を開いたのは１８９７（明治30）年のことで、台湾領有からわずか2年後のことである。その後、萬華一帯が区画整理事業の対象となり、当時は若竹町と呼ばれていたこの場所に移った。

現在の本堂が完成したのは１９１０（明治43）年だったと伝えられている。その際、寺号が「台北法華寺」と定められたが、「南海山法華寺」とも呼ばれていたようである。

補修工事は受けているものの、竣工以来、１世紀にもわたって往事の姿を

❶本堂はどっしりとした構えを見せている。戦後に何度かの修復を経ているが、原形を保っている。
❷市内最古の木造寺院建築。若竹町は内地人が暮らす西門町と本島人が暮らす萬華の接点であった。
❸門もまた和風の趣となっている。
❹病の治癒を祈願し、境内を100回往復する「百度参り」は台湾でも行なわれていた。百度石の裏には寄進者の名が刻まれている。

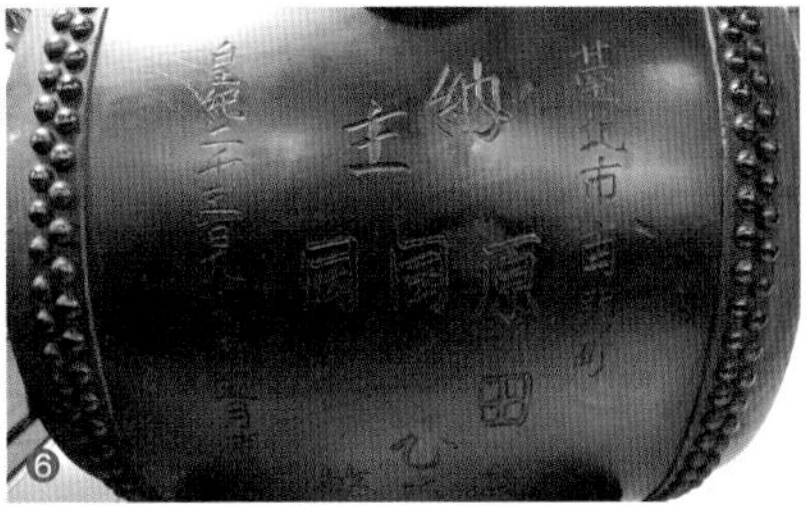

❺❻堂内には太鼓や鐘などが今も残っている。太鼓には納主の氏名と「皇紀二千五百九十四年五月吉日」の文字が刻まれている。

保つ木造建築は珍しい。特に湿気が多く、蟻害も激しい台湾では、奇蹟と言うべきだろう。入口も大がかりな修復工事を受けてはいるが、日本統治時代のものが残っている。

　敷地内には本堂のほか、百度石や手水鉢なども残されており、戦前に刻み込まれた文字は今も確認できる。

　日蓮宗は終戦時、台湾に3カ所の寺院と、5カ所の布教所を持っており、これらを統括したのがここだった。注目されることは少ないが、その風格とたたずまいは一見の価値がある。

敷地が遺跡公園となっている仏教寺院

萬華406號廣場

旧浄土真宗本願寺派台湾別院（西本願寺）

西門町の南側に位置するこの場所は、終戦まで西本願寺があった場所である。日本統治時代、特に初期においては、数多の宗派が台湾に押し寄せ、各地で布教活動を行なっていたが、西門町は内地人（日本本土出身者）が多く、仏教は人々の精神的支柱となっていた。もちろん、台湾人への布教も熱心に行なわれ、「信仰」という側面から、総督府による台湾統治を支えていた。

浄土真宗本願寺派台湾別院の初代本堂は１９０４（明治37）年に起工し、１９１２年（大正元）年に竣工したという記録が残っている。その後、改築が行なわれ、１９３１（昭和6）年12月31日に工事が終わっている。台湾最大規模の寺院建築であり、本堂は建坪が５００坪あまりで、総敷地面積も２５００坪に及んでいた。当時としては、破格の規模を誇っていた。

私が最初にここを訪れたのは１９９

7年のことだった。その頃は中国大陸を追われ、台湾に逃げ延びてきた国民党軍の下級兵士たちに占拠されており、境内はバラックで埋め尽くされていた。

西本願寺そのものは、敗戦に伴う日本人の引揚げによって廃寺となり、1955年からは本堂の所有権が「理教」という宗教団体に移り、その拠点となった。本堂は「清心堂」と呼ばれていたが、1975年4月5日に発生した火災で焼失してしまった。

❶史跡公園として整備された寺院跡地。境内は国民党の下級兵士が暮らす「中華新村」という眷村(軍人集落)となっていた。奥に見えるのが樹心會館。
❷鐘楼はこの公園のシンボルとなっている。バラックの中に埋もれていたため、かえって破壊を免れた。鐘は復元されたもの。
❸「樹心會館」は現在、多目的ホールとなっている。日本統治時代は幼稚園も併設されていた。
❹本堂の基壇と石段。浄土真宗は領台翌年の1896(明治29)年から布教を始めている。

現在、ここは台北市が管理者となり、緑地として整備されている。2005年、密集していた222戸の不法家屋はすべて撤去され、現在は跡形もない。その後、敷地は歴史を伝える教育の場として整備され、本堂の基壇はステージとなって残された。

敷地内には「樹心會館」という名の建物が公共スペースとして整備されている。命名は第4代台湾総督・児玉源太郎によるもので、「樹心佛地」の言葉にちなむ。煉瓦造りに西洋式オーダー、そして、入口は和式唐門と、和洋中の折衷様式となっている。

また、日本統治時代の輪番所（寺院を護持する住職の住居）は「八拾捌茶輪番所」という名の茶芸館となっている。ここは和風建築の趣を愛する人々が集う場所として人気がある。

「樹心會館」では各種展示やイベントが行なわれ、「八拾捌茶輪番所」は台湾茶を味わったり、軽食を取ったりできる。テーブル席と畳敷きの空間があり、建物後方には縁側もある。

⑤

⑤輪番所は喫茶空間として整備されている。茶器や茶葉の展示・販売も行なわれている。

⑥1932（昭和7）年当時の様子。右上に見えるのが旧西門跡のロータリー。中央に記された「第三高等女学校」は後に移転した。栄座、国際館、新世界館、大世界館などの映画館・劇場の名が見える。『台北市概略図』。赤星光雄氏提供。

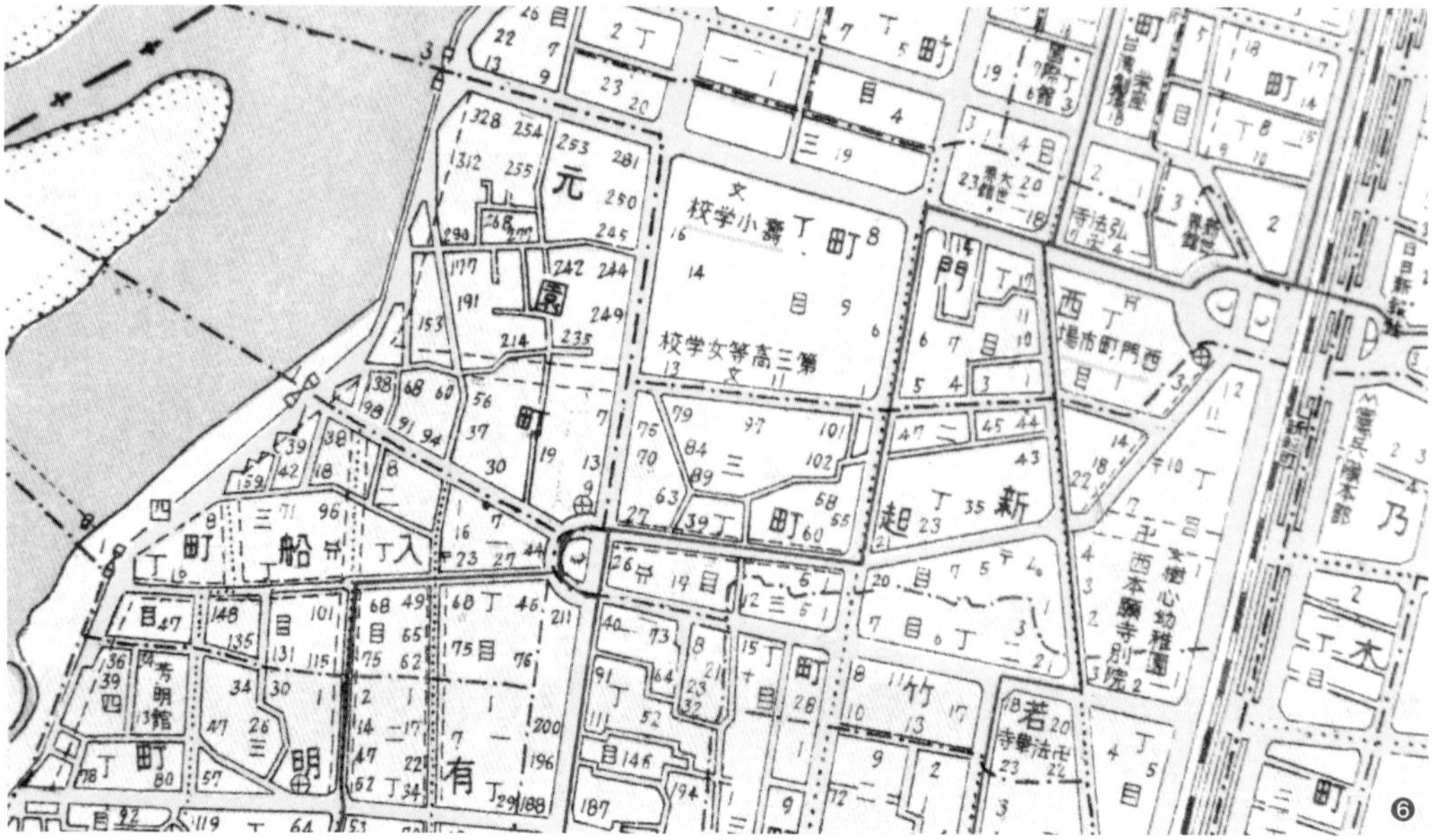
⑥

臺北市電影主題公園 ― 旧台湾瓦斯株式会社

煙突を中心に整備された史跡公園

❶密集度の高い家並みの中に広がる公園。台北のガス事業は1909(明治42)年10月に始まった。工場の閉鎖後、長らく放置されていたが、3年がかりで整備が行なわれた。敷地は約2000坪と大きい。煙突には1911年製の煉瓦が含まれているという。
❷かつて事務所だった建物は展示室となっている。なお、ここは「練炭」の製造拠点でもあった。

映画をテーマとした公共空間。「電影」とは映画を意味する中国語である。西門町は戦前から繁華街として栄えてきたが、特に昭和時代に入ってからは、映画館が数多く設けられていた。

ここにはかつてガス会社があった。会社の設立は1911（明治44）年11月23日。一帯は川岸に近いことから「濱町《はまちょう》」と呼ばれていた。工場の操業は1920（大正9）年5月からで、隣接して同社の営業所があった。

戦後、ガス事業は国民党の党営事業となった。1955年には名称も臺北煤氣公司と改められた。しかし、大気汚染が深刻化したため、1967年には操業を停止。工場は閉鎖された。

現在、敷地には高い煙突を中心にいくつかの建物が残されている。この煙突は現存するものとしては台北最古のものであり、産業遺産の指定を受けている。

旧朝北醫院

人々の暮らしを支えた名医の軌跡

❶正面のオーダーはコリント式の装飾が施されている。
❷すぐ近くにある青山宮は台北を代表する名刹の一つ。日本統治時代に彫られた石獅子が残っている。
❸この一帯は1908（明治41）年に都市計画が実施されている。1938（昭和13）年には公設市場入船町市場が設けられている（現在の直興市場）。

ここは台北屈指の名刹とされる青山宮に近い病院建築である。萬華屈指の名医とされた李朝北が開いた診療所であり、小さいながらも風格を感じさせる建物である。

　そのスタイルは大正期の台湾によく見られたもので、正面上部に装飾を施し、亭仔脚（台湾式アーケード）を備える。大きな建物ではないが、随所に欧風のテイストが盛り込まれ、落ち着いた雰囲気を漂わせている。

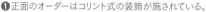

　１９４３（昭和18）年の商工会議所名簿には朝北医院の名が見える。院長の李朝北は台北の出身で、台湾総督府医学校を卒業後、１９２１（大正10）年に医院を開業。その後、さらに台北医専を卒業し、１９３５（昭和10）年には台北市市議会議員になっている。医師としての名声は相当なもので、「北の仁安（２７８ページ）、南の朝北」という言葉もあったほどである。

　残念なことに、診療所としては使用されなくなって久しい。現在は放置された状態となっていて、侘しさを禁じ得ない。終戦まで「入船《いりふね》町」と呼ばれたこの一帯には、かつて遊郭が集まっ

ていた。現在もその名残を感じさせる建物が残っている。また、この辺りの住民に内地人（日本本土出身者）は少なく、本島人と呼ばれた漢人系住民が圧倒的多数を占めていた。

　現在、この建物は史跡の指定を受け、保存対象となっている。激しく変化していく時代の中、ここは今も昔も変わらずに街を見つめている。まさに、ものを語らぬ歴史の証人である。

❹ペディメントの装飾も凝ったものである。入船町をはじめ、有明町、龍山寺町、老松町などは、いずれも本島人比率の高いエリアだった。

剥皮寮歴史街區

清国統治時代の家並みは日本時代に整備された

❶古い建物を補修し、台湾の伝統文化や生活に関する展示が行なわれている。水道や防火設備は日本統治時代に整備されたものである。

❷老松國民小學（小学校）の裏手に位置する。当初はここを取り壊し、学校の敷地にする予定だった。
❸廣州街には「亭仔脚（騎楼）」が見られる。これは華南地方に由来する構造物で、台湾では随所で見られる。

龍山寺から廣州街を東に進んでいくと、「剥皮寮」と呼ばれる歴史景観保存区がある。萬華は台北発祥の地とされ、清国統治時代にはすでに市街地を形成していたが、ほぼ全域にわたって、日本統治時代の都市計画を経ている。そんな中、ここは数少ない清国統治時代の家並みが残る一角とされている。

ここは「老松國民小學」の南側に位置し、同校の敷地拡張の用地になっていたが、それは実現せず、長らく放置されていた。そのため、皮肉にも古い家並みがそのまま残ることとなった。

ここには清国統治時代、日本統治時代、そして戦後と、異なった時代の建築物が混在している。戦後は凋落を免れず、多くが廃虚となっていたが、2009年8月、大がかりな修復工事を経て、歴史建築保存区域として生まれ変わった。

中心には道幅3メートルほどの路地が走っている。その両側に商店建築が連なっている。赤煉瓦造りの建物が多いが、一部には木造家屋が残っている。家屋の間口は広くないが、奥行きは長く、商店と住居、そして倉庫を兼ねた造りとなっている。

いくつかの建物は展示スペースとなっており、内部の参観が可能だ。一部の家屋は学生や若き芸術家たちの創作・展示空間としても開放されており、こういったところをのぞいてみるのも楽しい。台湾の伝統劇である「布袋戯」の舞台なども設けられている。

❹台湾煉瓦会社製造のレンガが散見できる。表面には「TR」（TAIWAN RENGA）の刻印。
❺赤煉瓦の壁面に描かれたイラストの前で撮影を楽しむ行楽客が多い。

地震対策が施された昭和期の学校建築

老松國民小學 ―旧老松国民学校

この学校は萬華地区の中心部に位置している。一帯は日本統治時代を迎える前から繁栄を見ていたエリアで、言わば「台北発祥の地」である。学校の周囲にも古い家並みが残っており、独特な雰囲気に包まれている。

この学校は終戦まで、老松《おいまつ》国民学校と呼ばれていた。開学は領台直後の1896（明治29）年まで遡り、当初は「台湾総督府国語学校第二附属学校」と称されていた。台湾で最も長い歴史を誇る教育機関の1つである。

現在の校舎は広い校庭を取り囲むように並んでおり、校門のすぐ前にも校舎が迫っている。つまり、校庭までは、校舎を通り抜ける構造となっている。

校舎は1920年代の台湾によく見られた学校建築のスタイルである。外壁、館内ともに装飾を排したデザインで、すっきりとした印象のためか、古さはあまり感じられない。しかし、1923（大正12）年9月1日に首都圏を襲った関東大震災の後に定められた建築基準に従い、耐震構造がしっかりと施された堅固な建物である。

なお、この学校は、戦後の一時期、児童数が世界一だったことがある。1966年9月にはクラス数が158、児童数が1万1110人となっていた。児童数が158、現在は学校数も増え、少子化も進んでいるため、全校生徒は600名程度となっている。

❶校舎は古さを感じさせないモダニズム建築。
❷二宮金次郎の像が残る。台湾で製造された二宮像は顔立ちと髪型が台湾風。福耳でもある。

❸このような校舎のスタイルは、昭和期に入ってから都市部の学校で見られた。震災を意識し、鉄筋コンクリート構造となっている。

公共空間として生まれ変わった公設市場

新富町文化市場 — 旧公設新富町食料品小売市場

❶新富市場はリノベーション空間として、生まれ変わった。通気が意識された構造は台湾各地の市場建築の特色でもある。

下町情緒が色濃く漂う一角にある市場建築。萬華駅に近い住宅街にあった公設市場である。

市場の名は日本統治時代の町名が受け継がれていた。つまり、「新富町」という町名は戦後、中華民国政府によって廃せられたが、市場については戦前の呼称が今も使われ続けているのである。

市場は1921（大正10）年7月に開設された。建物は1935（昭和10）年1月7日に起工し、6月28日に竣工したという記録が残る。鉄筋コンクリート構造の堅固な建物で、装飾を排したデザインとなっている。俯瞰すると「U」字型をしており、天井は高い。また、中央に空き地が設けられているのも特色で、これは採光と換気が考慮されたものであるという。

私が最初にここを訪れた2000年の時点では、木造の事務所と宿舎が

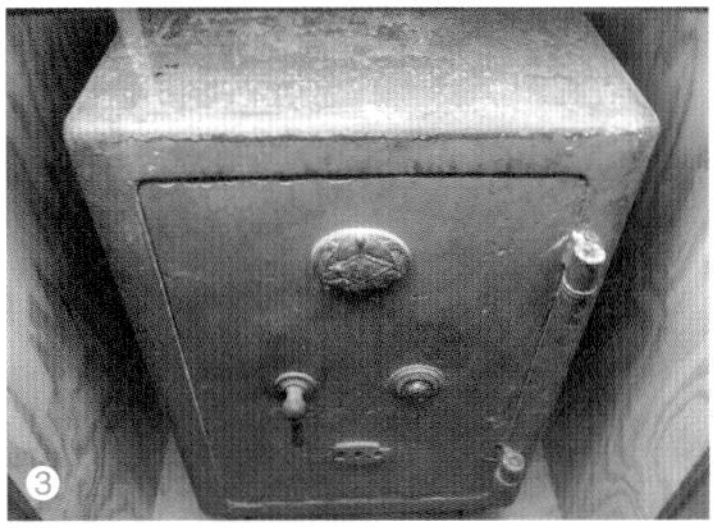

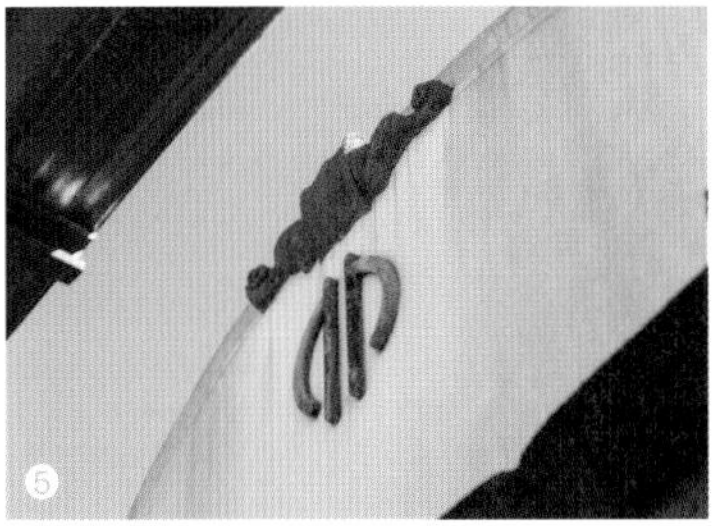

❷建物中央には採光と通気を考慮した空間がある。
❸展示物となった日本時代の金庫。分厚い扉には「登録商標・明石製」の文字が残る。
❹日本統治時代の木製陳列棚も展示物となっている。
❺正面玄関の上には日本統治時代の台北市の市章が残っている。
❻かつての事務所は修復が施され、現在は喫茶店となっている。1940（昭和15）年当時、新富市場には37の店舗が入っていた。

残っていた。宿舎は倉庫として使われており、事務所内には戦前に使われていた古めかしい金庫が置かれていた。

２０１７年3月、修復工事を終え、新富市場は公共空間として生まれ変わった。現在は庶民の食を支えてきた空間という歴史を踏まえ、料理に関するイベントなどが開かれている。

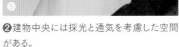

静かに眠る製糖会社の倉庫

糖廍文化園區

旧台湾製糖株式会社台北製糖所

日本統治時代はもちろんのこと、戦後も長らく製糖産業は台湾の経済を支えてきた。生産の中心は常に中南部にあったが、製糖工場は台北にも存在していた。ここは新竹以北で唯一の製糖工場で、台北の郊外、「緑町」と呼ばれた地区に設けられていた。

工場は1909（明治42）年に台北製糖株式会社によって設立された。翌々年の12月17日から試験操業を始め、1912（明治45）年1月16日から正式に操業を開始した。台湾北部最大の製糖所であった。

市の中心部から離れていることもあって、緑町には住宅がほとんど見られなかった。そして、この工場が操業を始めると、周囲は一面のサトウキビ畑に変わっていったという。

その後、1916（大正5）年5月、台北製糖は台湾製糖株式会社に吸収合併され、工場も同社の台北製糖所と改

❶台北にも製糖工場があったことを物語る産業遺産。台湾総督府は「南糖北米」という政策を実施していたため、台湾北部には製糖工場が少なかった。

名された。しかし、戦争が激化していくと、生産力は徐々に落ちていった。1942（昭和17）年には操業停止に追い込まれ、翌年には閉鎖の憂き目に遭った。

終戦後も工場が復活することはなかった。工場の敷地は残ったが、広大なサトウキビ畑は売却されていった。周囲には集合住宅が建ち並び、今となっては往時の様子を想像することすらできなくなっている。

現在、ここを訪れても、工場の設備を確認することはできない。しかし、3棟の倉庫が残されている。この倉庫群は数年前までは使用されており、庫内には砂糖をはじめとする臺灣糖業公司の産品が収納されていた。

しかし、2003年に台北市がここを史跡に指定し、公園化する計画を打ち出したことで、状況は大きく変わった。現在、3棟の建物が修復されており、そのうちの1棟は展示館として整備された。また、庭にはディーゼル機関車と貨車が何両か展示されている。

❷残っている倉庫は3棟。内部には郷土史や製糖産業についての展示がある。
❸この倉庫群を知る人は多くないが、公共空間として展示会などが行なわれている。

②

③

萬華林宅

生まれ変わった富豪の邸宅

❶規則正しく並ぶ窓が整然とした印象を与えている。屋上の公媽廳は風水に従って南向きのため、建物母屋とは向きがずれている。

ここは萬華駅に近い場所にある建物である。現在は地下化されている縦貫鉄道の線路に面し、また、付近に高層建築が少なかったこともあって、一帯のランドマークとして親しまれていた。建物は3階建てだが、高さが強調されたデザインで、全体的にすっきりとした印象を受ける。

外観は台湾伝統の建築様式に西洋の雰囲気を混在させたものである。少し離れたところから見ると、規則正しく並んだ窓枠が壁面にアクセントを付けている。また、屋上からの眺めも良かったようで、低層家屋の多い萬華地区を一望できたという。

この建物は都市計画によって誕生した。道路の整備に合わせて建てられたため、東面と西面は平行ではなく、南面は北面より長い。つまり、台形に似た形状をしている。そして、赤煉瓦建築ではあるものの、地震対策が施された堅固な造りとなっていることも特筆されよう。

土地買収は1931（昭和6）年に行なわれ、工事は翌年に終了している。屋上には「公媽廳」と呼ばれる小さな祠が設けられている。これは先祖を祀るためのもので、富裕層や歴史ある名家に特有のものである。

いわゆる伝統建築のスタイルだが、凝視すると屋根は日本式の瓦屋根となっており、柱や窓枠には西洋建築の雰囲気が感じられる折衷様式である。

長らく、この建物は半ば廃墟のようだったが、3年がかりの修復工事が実施され、2016年4月27日に「スターバックスコーヒー萬華店」としてオープンした。単なるカフェではなく、地域文化を振興する役割を担うことを経営理念としているという。かつての豪邸は、以前にも増して、その風格を誇っているかのようである。

❷店内の様子。現在はスターバックスコーヒーの店舗として使用されている。
❸階段部も凝った造りとなっている。
❹3階建ての個人邸宅は珍しかった。建物裏の様子。

❶高く聳えるガジュマルの樹と太陽に照らされた黒瓦。美しいコントラストをなしている。

緑地の中に眠るかつての医療施設

和平青草園 ―― 仁済療養院跡地

　ここは萬華駅に近い緑地である。亜熱帯の植物が繁茂し、その旺盛な繁殖力を目の当たりにできる。終戦まで、この一帯は堀江《ほりえ》町と呼ばれていた。現在は地下化されている鉄道線路の南側一帯を示していた。

　ここには仁済療養院の建物が残されている。療養院の歴史は清国統治時代に遡るが、日本統治時代に入って施設が拡充された。この場所に施設が設けられたのは1922（大正11）年のこと。ここは第一病棟と呼ばれ、当時は精神科病棟として使用されていたと伝えられる。ちなみに、これは台湾最初の精神科病棟であった。

　なお、仁済療養院の診療所は、後に龍山寺町に分院が設けられた。こちらは建物こそ新しくなっているが、現在も医療施設として機能している。

　建物は数年以上にわたって放置され、敷地はバラックに埋め尽くされていた

が、再開発の手が入り、公園となった。かつての病棟は公民館として使用されるようになり、２００６年11月13日に式典が開かれた。

　まるで廃墟のようになっていた家屋は、地域住民が憩う公共空間として生まれ変わった。現在は薬草や灌木が植えられた緑地となっており、往時の様子を想像することはできない。それでも、繁茂する樹木の下で、老家屋は静かに存在感を示している。

❷緑豊かな公園で子供たちが思い思いに遊ぶ。バラックに埋め尽くされていた過去は想像すらできない。
❸台湾の公衆衛生史を物語る存在。整備は台北市政府（市役所）によって進められた。かつての病室は教室になっている。
❹朝方と夕方には身体を動かしにやってくる人々でちょっとした賑わいとなる。

金義合行

萬華旧駅前にあった商店建築

❶壁面には美しいマジョリカタイルが見られる。戦前の台湾で流行した日本製の図柄入りタイル。
❷正面上部の装飾。欠け落ちてはいるが、「TRADEMARK」の文字が確認できる。
❸鉄道は地下化され、萬華駅もビルとなった。かつて康定路は萬華の駅前通りであった。
❹萬華駅付近の住宅地図。中央の「市場」は現在の新富町文化市場（88ページ）を意味する。『大日本商業別明細図』より。

ここは萬華駅に近い場所に残る商店建築である。かつては萬華駅前にあったが、鉄道はすでに地下化されており、地上に線路は見られない。瀟洒な装飾を前面に施した建築物である。

1939（昭和14）年発行の電話帳には硝子器を扱う店舗として「金義合」の名が記されている。この会社は貿易会社としても名を馳せ、近隣の堀江町には工場も持っていた。

1938（昭和13年）度の商工会議所名簿には「金義合商会」の名で記載がある。店主は、陳義塗と記されている。扱っていたのは硝子のほか、塗料と金物が挙げられている。また、1943（昭和18）年度の名簿では、社名が「金義合陶器工場」となっており、代表者として陳貴臨の名が記されていた。

現在、建物の保存状態は良好だ。正面に立ってみると、ペディメントに

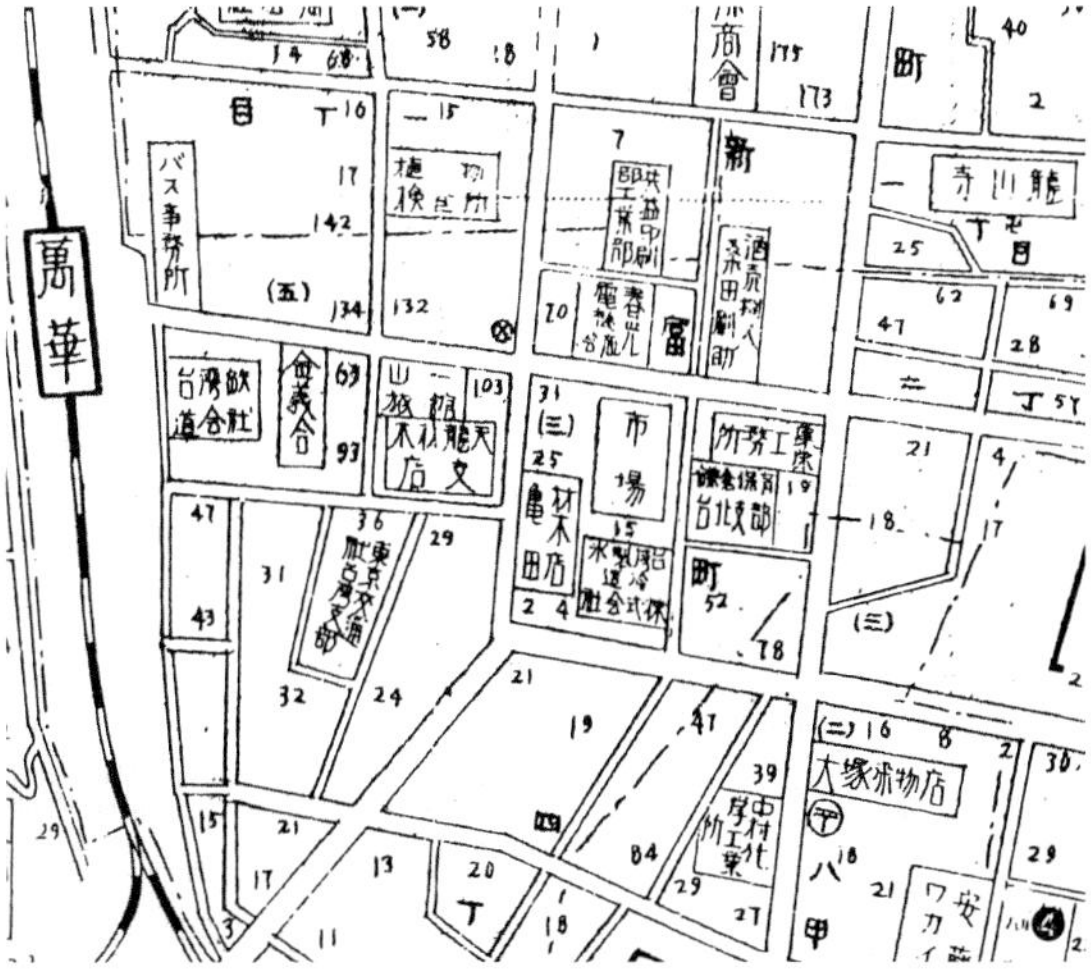

「TRADEMARK」という文字が見える。文字のいくつかは落ちてしまっているが、なんとか判読は可能だ。現在、店舗としては機能していないが、貿易商社としては現役で、建物の管理もしっかりとされているようだ。

終戦後、この付近は服飾問屋街として発達し、今もそういった店舗がひしめき合っている。そんな中、この建物だけが変わることなく風格を保ち、町並みを眺めている。下町情緒を色濃く残す萬華の散策時には、ぜひとも立ち寄ってみたい歴史建築である。

龍山郵局 ― 旧八甲町郵便局

「〒」のマークが残る小さな郵便局

❶2021年1月18日をもって有人業務は終了となった。郵便局の建物としては台北市内最古のものとなっている(2019年撮影)。
❷鬼瓦には「〒」のマークが確認できる。これは1887年に「逓信省」の「テ」の文字をもとに定められた。
❸両脇に路地があるため、独立家屋として原形を保っている(2019年撮影)。

日本統治時代の八甲町郵便局。装飾を排したデザインのためか、古さはあまり感じられない。1913(大正2)年4月16日に八甲街郵便局として開局し、1915(大正4)年の移転の際、八甲町郵便局となった。支局名称は台北四支局というものだった。

この郵便局は三等郵便局で、営業時間は夏季(6月1日~9月20日)と冬季(9月21日~5月31日)で異なっていた。前者は8時から20時、後者は9時から20時までとなっていた。また、日曜日と祝祭日は8時から正午までとなっていた(一等、二等郵便局は22時まで)。現在よりも総じて営業時間が長かったのは興味深いところである。

建物としては、265ページで紹介する「下《しも》奎《けい》府《ふ》町《ちょう》郵便局」に似たデザインとなっている。しかし、現在も使用されているのはここだけであり、台湾全土を見回しても他に例はほとんど見られない。現在は無人簡易郵便局となっている。

カフェとして親しまれるかつての眼科医院

Cafe85度C萬華廣州店

龍山寺の斜め前に歴史を感じさせる老建築がある。大きくはないが、4階建てで、カフェとなっている。大規模な改装工事が施されており、古さは感じない。古老の証言によれば、2000年頃までは荒れ果てていて、廃墟のようだったという。

この建物は戦後、「聯合國眼科診所」という眼科医院となっていた。後に「萬華眼科」と名を変えて営業を続けたが、建物の2階以上が木造となっているために傷みが激しく、医院としては使用されなくなった。その後は屋根が落ち、壁も崩れかけた状態だったという。

2階には小さなベランダがある。ここからは夜市(ナイトマーケット)になっている西園路の賑わいが一望できる。史跡の指定は受けていないが、萬華の歴史を見続けてきた老建築を保存する機運は高まっている。

❶正面上部には竣工時の装飾が残されている。
❷建物の正面には西昌街夜市が賑わいを見せる。2階から眺めると壮観だ。
❸一度は廃墟となっていた老建築。現在はコーヒーショップとなって、萬華の歴史を眺めている。

大村武串焼居酒屋—旧大村武邸・台北喜多舞台

常設能舞台を擁した喜多流能楽師の邸宅

日本統治時代に繁華街として賑わった西門町《せいもんちょう》。そのはずれに1軒の日本家屋が残っている。現在は居酒屋として使用されており、日本統治時代の家屋がそのまま用いられている店として、人気を博している。

❶能楽師の邸宅が居酒屋となっており、装飾は多いものの、木造家屋特有の空間美が残されている。

❷店舗は母屋の部分で、建物の南側に能舞台があった。邸宅は1924(大正13)年に建てられたもの。

店名に見られる「大村武」とはこの家の主の名である。喜多流の能楽師であり、台湾における能楽の普及に尽力したほか、女学校などで能楽を指導した人物である。また、台湾能楽協会の創設メンバーでもあった。

大村邸の敷地は広く、母屋のほかに常設能舞台があり、さらに観客席などもあった。戦後は中華民国・国民党政府に接収され、中央通迅社が所有者となった時期もあったが、その後、母屋の部分が修復され、2012年から串焼き居酒屋として使用されるようになった。

入口を進むと土間があり、右手に客席が並ぶ。高い天井が印象的だ。その雰囲気は日本の居酒屋そのものだが、柱や梁には歴史を感じさせる重みがある。ここが台湾であることを忘れてしまいそうな空間である。

慈雲寺・小小蔬房

亭仔脚を擁した寺廟と古い石壁が残る商店建築

西門町《せいもんちょう》の北側に位置するこの場所は、終戦まで濱町《はまちょう》と呼ばれていた。淡水河に面しており、東隣りに築地町《つきじちょう》、南隣りに元園町《もとぞのちょう》と西門町があった。

ここに赤煉瓦造りの老家屋が連なっている場所がある。東端の1棟は2階に本殿を構えた「慈雲寺」となっている。ここは亭仔脚（騎楼）を擁した珍しい寺院建築で、木造の本殿が赤煉瓦造りの家屋の上に置かれた状態になっている。

西の端にある建物は日本統治時代、興發材木店という木材業者が建てたもので、店主は鄭松という人物だった。現在は創作ベジタリアン料理の店となっており、店主の劉立群さんが自然農法で育てた野菜を用い、手の込んだ料理を供している。注目したいのは店内の石組みの壁で、清国統治時代に設けられた台北城の石材を用いている。詳しい由来は不明だが、現存するものとしてはとても珍しい。

❶慈雲寺（右端）。寺院と住宅が連なっている建築は珍しい。
❷小小蔬房の店内。一帯は1924（大正13）年の都市計画で整備された。
❸店内には台北城の城壁に使用されていた石塊が残る。

①

③

②

遊郭の賑わいを今に伝える赤煉瓦建築

阿猜嬤甜湯・懷舊生活館 ・旧カフェー友鶴・萬華遊郭

華西街は夜市（ナイトマーケット）で知られ、日本人旅行者にも親しまれてきた場所である。往時の賑わいこそないものの、2010年頃からはその勢いが盛り返している。味自慢の飲食店や老舗も多く、散策が楽しいエリアである。

❶夜市で知られる華西街。その北端に遊郭だった建物が残る。
❷現在は唯一、遊郭の面影を残す老家屋となっている。
❸阿猜嬤甜湯の2階からの眺め。店の奥には店主・柯得隆氏の私設文物館がある。カフェー友鶴は北投温泉にも分店を構えていた。

ここにはかつて萬華《まんか》遊郭があった。華西街の北端には日本統治時代に建てられた建物が残っている。もともと台湾は食事が重視される土地柄で、富裕層については日本本土よりも宴会や式典が盛んに行なわれていた。昭和5年の時点で貸座敷の総数は60軒、芸妓、娼妓、芸娼妓は合わせて560名にもおよんだ。

この建物は「カフェー友鶴《ともつる》」の名で営業していた。店主は葉玉友七という人物。赤煉瓦造りの2階建てで、屋根は黒瓦葺きとなっていた。建坪は4坪あまりと小さいが、亭仔脚が5坪となっている。現在、台湾の伝統的な甘味を出す阿猜嬤甜湯はこの亭仔脚の前に迫り出した部分に店がある。

入船町《いりふねちょう》一帯は1908（明治41）年に都市計画が実施された。激しく変化していく時代の中、近くにある青山宮（82ページ）とこの建物だけが変わることなく、街を見つめている。

台湾の女性史を考えるアート空間

青雲閣 QYG Art

❶2022年10月22日に新装オープンした。2階と新造された3階は吹き抜けとなっている。
❷1階には取り壊しを免れた一部の装飾が残されている。
❸採光窓。窓枠は往時の工法に従って復元されたもの。
❹赤煉瓦の壁面は往時のもの。なお、萬華遊郭は他に新高楼、柳屋、富士見楼、新朝鮮楼などがあった。

萬華《まんか》（艋舺）遊郭は台北最大の規模を誇り、日本統治時代のみならず、戦後もその機能が受け継がれた。ここは「和泉楼」と呼ばれる娼館があったと推測されている。台湾における公娼制度は1898（明治31）年に遡る。台北市では陳水扁市長時代の1997年に公娼制度の廃止が決まったが、実際の廃娼は2001年3月28日を待たなければならなかった。

建物は2014年に歴史建築として指定されたが、そのタイミングで突然、建設業者が撤去作業を始め、建物は取り壊されてしまった。これは史蹟の指定を受けることで改築が許されなくなることを嫌って行なわれたものである。

その後、建物は復元されたが、本来の姿とは似て非なるものとなってしまった。しかし、1階の壁の赤煉瓦は往時の様子を保ち、窓枠や1階の床は往時のものを模して造られているので、注目したい。

現在はアート空間となっているが、今後は歴史的背景を鑑みて、女性史や男女同権をテーマとしたイベントや講座が企画される予定だという。

4.

知られざるもう1つの内地人街
旧台湾総督府専売局周辺

城内の南に位置する一帯は、第4代総督の児玉源太郎にちなみ、児玉町と呼ばれていた。ここは市内にいくつかあった「内地人街」の中で、最も庶民的な雰囲気となっていた。千歳町や児玉町、佐久間町と並んでおり、現在の南門市場は「千歳町市場」と呼ばれていた。現在、汀州路周辺は台北でも指折りの住宅密集地となっている。この辺りは昭和時代に入った頃に開発が始まった新興住宅地で、官庁建築は少なく、大通りに面して商店が並び、その背後が住宅地となっていた。なお、汀州路は萬華駅と新店駅を結ぶ台北鉄道株式会社線の廃線跡である（鉄道は1965年3月5日に廃止）。散策はMRT「中正紀念堂」駅か「古亭」駅を起点にすると便利だ。

臺灣菸酒股份有限公司 ―旧台湾総督府専売局

優美な風格と華麗な雰囲気が融合する空間

ここは台北市内に残る日本統治時代の建築物の中で、屈指の美しさと評される存在である。赤煉瓦の外壁に白い花崗岩が縞模様のように入った「辰野式」と呼ばれるスタイル。設計を担当したのは辰野金吾の弟子に当たる森山松之助であった。

両翼の部分は1913（大正2）年10月4日に落成し、式典が執り行なわれている。しかし、中央の塔だけはやや後れており、1922（大正11）年の竣工となっている。

優雅な印象だけでなく、中央に尖塔を擁して、威厳を表現することを忘れていない。館内も壮麗な雰囲気に包まれており、足を一歩でも踏み入れると、誰もがその雰囲気に圧倒されてしまうはずである。

庁舎としては3階建てだが、中央部分の尖塔はさらに3階分の高さとなっている。同時に、内部は空間のゆとりを重視している。各部屋については天井が3メートルの高さとなっており、階段部や玄関の装飾などを含め、全体がゆったりとした間取りとなっている。

しかし、一般公開の機会は少なく、閉ざされた空間となっている。なお、この建物の背後には、工場施設も設けられていた。現在はその痕跡を確認することはできないが、道路を挟んだ場所に位置する樟脳工場は、現在、産業遺産として整備されている（122ページ参照）。

❶日本統治時代の姿。森山松之助の代表作の一つである。

❷高い天井と中央に延びる階段が印象的な館内。専売局の設立は1901（明治34）年。専売制度は総督府の大きな財源となっていった。

❸英国風の雰囲気をまとった名建築。華麗なことでは他の追随を許さない存在である。

1

洋館と日本家屋が合体した公邸

陸軍聯誼廳・孫立人将軍官邸

旧台湾軍司令官公邸

ここは日本統治下の台湾における軍事最高司令官の公邸だった。かつては厳しい警備体制が敷かれ、近寄ることすら憚られたというが、現在は1階部分がレストランと展示空間になっており、外部の者でも気軽にその門をくぐることができる。

足を踏み入れてみると、意外なほど開放的な雰囲気をまとっている。敷地は広く、生い茂った緑が手頃な日陰を作り出している。レストランは公邸部分のほか、その脇に設けられていた木造家屋の部分もあり、異なる雰囲気で食事を楽しむことができる。

建物が完成したのは1907（明治40）年のことだった。その後、1919（大正8）年から台湾軍司令官の公邸として使用されることとなった。当時の官舎建築によく見られた和洋折衷の造りで、派手さこそないものの、落ち着いた雰囲気が漂う。応接間に大きな暖炉があるのは、当時の邸宅にはよく見られたスタイルであった。

現在の姿となったのは1929（昭和4）年6月30日。洋館に加え、木造の日本家屋が完成した。こちらは住居として用いられ、居間や夫人室、老人子供室、茶の間、女中室などがあった。そのほか納戸があり、台所の地下には物置が設けられていた。

戦後は中華民国陸軍の管理下に入り、引き続き、高官の公邸として使用されていた。現在は全体的に改装が施されており、レストラン・カフェとして、また、会議やイベント、写真展などを行なうスペースとして親しまれている。

❶かつての台湾軍司令官公邸はレストランとなっている。隣接するように和風の木造建築が並んでいる。
❷総督府が設けた公邸の中でも指折りの規模を誇る建築物である。現在は気軽に内部を参観できる。
❸設計者は森山松之助。細部まで精緻な造りである。
❹住居用の木造家屋はカフェと展示空間になっている。

旧尾辻國吉邸

建築家自身が設計を手掛けた邸宅

❶玄関脇の部屋は往時の姿を保っている。温暖多湿な気候を考慮し、風通しと日当たりに配慮がなされていた。

閑静な住宅街に残る邸宅。南昌路一帯はかつて内地人（日本本土出身者とその子孫）が多く住み、日本式の家屋や商店建築が並んでいた。今も何棟かが残っているが、2階建ての家屋というものは多くない。

家屋の主は尾辻國吉という人物であった。日本統治時代初期、台北市内の道路設計に携わった人物で、台湾総督府民政長官の後藤新平の指示下、1910（明治43）年の市区改正時に企画された三線道路の担当者である。

三線道路は旧台北城の城壁跡地を用いたもので、約40メートルという道幅を誇った道路である。後藤は「パリのシャンゼリーゼ通りのように」と指示したと伝えられ、実用性のみならず、都市景観を意識した道路となった。

尾辻はドイツをモデルに植樹を施したという。これは植物学者の田代安定の提案によるものだった。日本本土には見られない亜熱帯性の植物群が選ばれ、菩提樹、鳳凰木、南洋杉などが植えられた。さらに、歩行者のための空間確保も重視されたと伝えられる。

尾辻は1907（明治40）年3月31日に台湾総督府に赴任し、官房営繕課に配属されている。その後、一度は台南方面に出向いたが、台北に戻った。1922（大正11）年7月には専売局技師となり、1931（昭和6）年11月31日には専売局営繕課長に就任している。

1930(昭和5)年に刊行された『台湾建築会誌』には尾辻邸全体の見取り図が掲載されている。これによれば、建物は台湾の気候を意識した造りになっており、風通しや除湿が考慮されていたという。1階には応接室や食堂、客間、炊事場などがあり、女中のための小部屋などもあった。また、2階には寝室と子供部屋が設けられていた。

戦後は「國立臺灣師範大學」の校長官舎になった。私邸だったため、長らく内部の様子を知ることはできなかったが、高い塀越しに見える建物は独特な雰囲気を漂わせていた。

その後、歴史建築の有効利用を目指して修復工事が行なわれた。カフェとして営業していた時期もあるが、2023年7月現在、一般公開はされていない。今後の利用方法が模索されている。

❷館内は日本統治時代の官舎によく見られた和洋折衷のスタイル。板張りの応接間は往時の雰囲気を色濃く残している。
❸広い敷地を擁した木造2階建ての建物。庭園は戦後に駐車場とされてしまった。

樂埔町

木造家屋と台湾人が手掛けた庭園の調和

台湾では古民家や老建築を修復し、公共空間として再生させる試みが熱心に続けられている。ここもそういった事例の1つで、日本統治時代に設けられた官舎がリノベーションされ、創作料理のレストランとなっている。

この建物の竣工年代は不明だが、台北市では1930年代のものと推測している。この時代の官舎は職位や官位によって間取りや敷地面積に規定があり、おおよその格式を推定することが可能だ。この家屋も前庭と裏庭を擁しており、家屋としても大きい。文献・史料は少ないが、考証が待たれる。

建物は和洋折衷様式で、敷地面積は約174坪、建坪は約60坪となっている。館内はテーブルが整然と並んでおり、レトロな電球が優しい色合いで屋内を照らしている。また、全体が「文化空間」というコンセプトで設計されており、随所にアート作品が展示されているのも特色だ。

庭園は見事なまでに整備されている。これは台湾の地に残る日本式木造家屋の趣に合うよう、設けられたものであるという。枯山水を模した庭園は、白砂が南国の陽差しに照らされて、眩しく輝いている。

現在はレストランとして営業しているが、歴史や建築をテーマにした勉強会や、染物や焼き物の講座が開かれたりもしている。台湾の人々の手でまとめられた優雅な雰囲気に触れてみたい。

❶洋間に客席が並んでいる。料理は創作料理が多い。テーブルはゆったりとしたレイアウトである。

❷廊下を歩くだけでも木造家屋ならではの安らぎが感じられる。ここで記念撮影を楽しむ人は少なくない。

❸庭は決して広くはないが、日本庭園風にまとめられている。

❹修復には巨費が投じられた。206ページで紹介している「一號糧倉」は姉妹店である。

イギリスに制度を倣った教育機関

建國高級中學 ―旧台北第一中学校

この学校は終戦まで、台北州立台北第一中学校を名乗り、戦前戦後を問わず、台湾随一の名門として多くの人材を輩出してきた。開校は1898（明治31）年4月。戦後は中華民国体制下に組み込まれ、現在の校名となったが、名声は今も受け継がれている。

校舎は台湾を代表する学校建築の1つである。シンメトリーの美しい建築物で、設計者は近藤十郎であった。建物は1909（明治42）年に完成し、それ以来、名実ともにこの学校のシンボルとして君臨してきた。しかし、1945（昭和20）年5月31日の台北大空襲では米軍機による襲撃を受け、校舎の半分近くが瓦解するという壊滅的な被害を受けた。同校OBの石井勝氏によれば、2階部の底が抜けてしまうほどの被害だったという。

この学校は龍口《りゅうこう》町と呼ばれていた地区にあった。向かいには、次ページで紹介する建功神社が鎮座していた。西隣りには台北女子高等学院があった。また、1941（昭和16）年に新設された台北第四中学校は、この学校の寄宿舎を用いて授業を行なっていた。

この学校は戦後、1950年と1966年に大がかりな修繕工事を実施している。それでも骨格は往年のままであり、その面影は保たれている。1970年代には一度、取り壊しの計画が進められたが、学校長の判断で中止に至ったという。

今もなお、構内の雰囲気は昔ながらの学舎のたたずまいそのものである。現在は台北市が指定する史跡となっている。

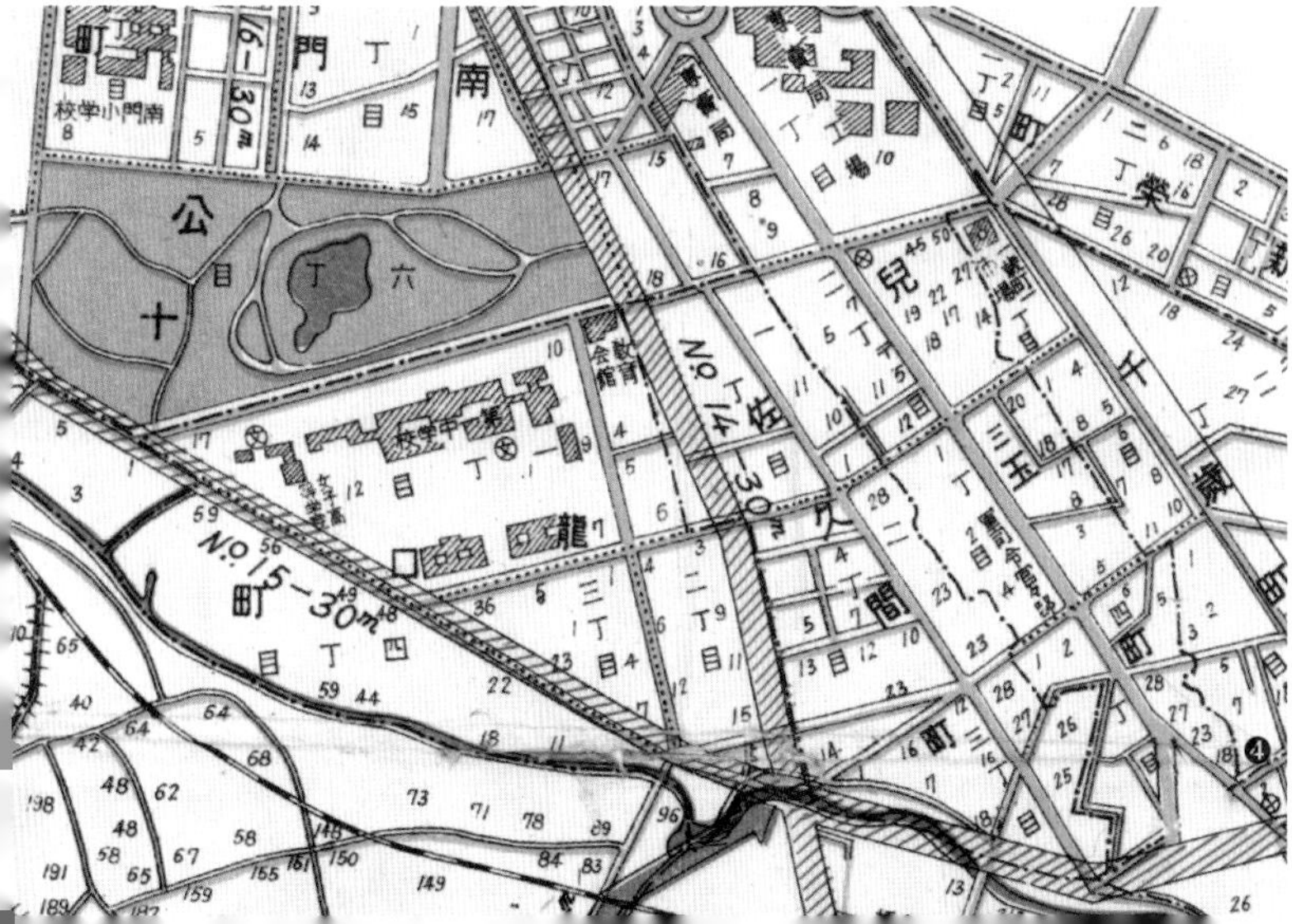

❶ここは台湾で最初の旧制中学であった。入学できた生徒は一部の例外を除き内地人(日本本土出身者とその子孫)に限られていた。❷学校は1914(大正3)年に「台湾総督府台北中学校」となり、1922(大正11)年から終戦までは「台北州立台北第一中学校」だった。故・岡部茂氏所蔵。❸赤煉瓦の色合いが南国の強い日差しを浴びて輝く。今も多くの人材を輩出する名門だ。❹1937(昭和12)年発行の『台北市区計画街路並公園図』より。

國立臺灣藝術教育館南海書院 ─ 旧建功神社

日本統治時代の台北には台湾神社を筆頭に、護国神社、天満宮、圓山水神社、稲荷神社など、いくつかの神社が存在していた。ここ建功神社もまた、多くの参拝客で賑わっていた。台北植物園の中にあり、付近には武徳殿や商品陳列館などがあった。

建功神社の創建は1928（昭和3）年7月14日。その名目は台湾の開発に携わり、貢献のあった人物を祀ることで、招魂社の位置付けであった。その対象は軍人・軍属に限らず、官吏や教育者、警察官におよび、英霊の総数は1万5千柱と言われた。

興味深いのはその建築様式で、神社というよりは神殿のような雰囲気である。鳥居から石灯籠、拝殿の造りなど、従来の神社建築にとらわれず、極めて独創的なものだった。西洋のデザインが取り入れられ、さらに中国大陸やインドの様式までをも複合させている。

①

特に本殿の正面中央にはドームが存在感を示し、鳥居には中国風の装飾が施されていた。当然ながら、こういったスタイルの神社は日本本土にはなく、注目を集めた。

　訪れてみると、本殿前にあった池はそのままである。台北第一中学の卒業生である故・岡部茂氏の話では、戦前、池には蓮が植えられ、美しい眺めを誇っていたという。

　本殿については、外観は大きく手を入れられており、元来の姿とは異なっているが、内部は原形を保っている。イベントや展示会などが開かれている時は館内の見学も可能なので、足を運んでみたいところである。

❶戦後の改築で中華風のデザインが強調された。しかし、建物の構造と配置は神社時代のままである。戦後は図書館や社会教育センターになっていた時期もある。

❷参拝は中央のドームの下で行なわれた。冨永勝氏所蔵の古写真。
❸池の畔には神社時代のものと推測される柵が残る。

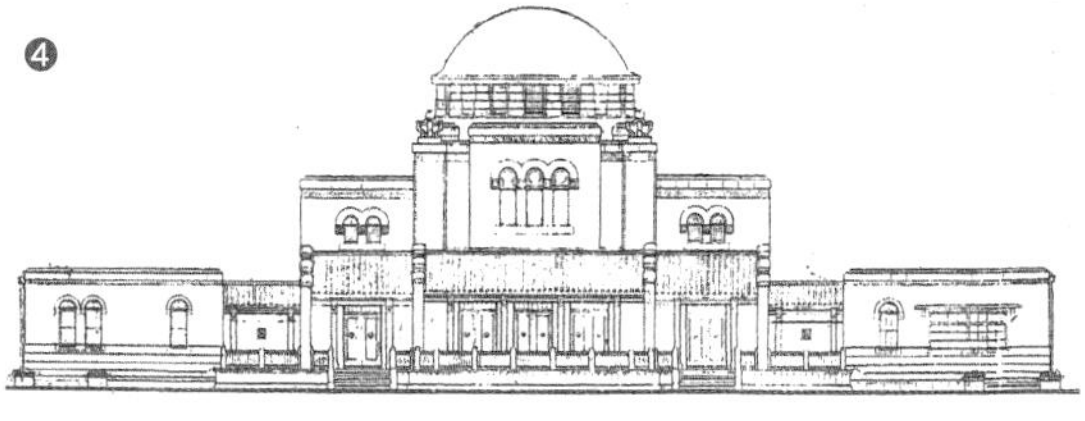

❹『台湾建築会誌』に掲載された図。建功神社の設計は台湾総督府営繕課技師・井手薫が関わっていた。
❺正面のドームの内側は戦後、国民党政府によって塗色された。現在は展示空間となっている。

緑の中に溶け込んだ赤煉瓦建築

臺北植物園腊葉館

―旧台北植物園標本館

この建物は、台北植物園の敷地内に設けられた標本館である。台北植物園は5万2千坪という広大な敷地を誇り、日本では見ることのできない熱帯性植物の調査と研究が行なわれていた。

この植物園の前身は1896（明治29）年に設立された台北苗圃であった。その後、1911（明治44）年に殖産局附属の林業試験場となった。台北植物園と名乗るようになったのは1921（大正10）年のことで、この時から中央研究所林業部の管轄下に入っている。終戦後は中華民国・国民党政府に接収され、現在は行政院農業委員会に属する林業試験所の管理下にある。

建物は1924（大正13）年に竣工したもので、台湾で最初に設けられた標本館だった。開館時、約3万点の植物標本が収蔵されていたという。しっかりとした造りの赤煉瓦建築で、大きな建物ではないが、繁茂する緑の中で、

❶大きな建物ではないが、周囲の緑の中で存在感を示す。現在、標本は新館に移されており、ここにはない。
❷台湾植物学の発展に大きく寄与した早田文蔵の像。
❸少し離れた場所には神父であり、植物採集家でもあったフォーリーの像も復元されている。
❹日本統治時代に発行された地図。中央に「植物園」とある。赤星光雄氏所蔵。

存在感を放っている。戦時中は空襲の被害を受けたが、戦後も研究者たちは熱心に標本を集め続け、その数は10万点におよんでいたという。

２０００年、手狭になったことを理由に標本は別の場所に移されている。一時期は空き家のようになっていたが、２０１７年に修復工事が終わり、装いを新たにした。現在は文物展示館となっている。２０１７年9月30日には、台湾植物学の父と称される早田文蔵と、フランス人神父のフォーリーの記念碑が復元され、盛大な式典が開かれた。

数々の式典が行なわれた公共建築

二二八國家紀念館

旧台湾教育会館

ここは日本統治時代に教育会館として建てられた。この時代に限らず、戦前の台湾に設けられた大型建築は中庭を擁していることが多い。ここの場合、建物は「L」字型をしており、後方に広場があった。その造りは56ページで紹介した旧台北郵便局に似ている。

教育会館という建物の性格上、図書室や多目的スペース、会議室などが設けられていた。館内にはホールもあり、式典なども盛んに行なわれていた。また、書き初めをはじめとする展覧会なども開かれていたという。

台湾教育会の設立は１９３０（昭和５）年で、建物は翌年４月に完成している。設計は台湾総督府営繕課技師の井手薫と遠藤久美が担った。華やかさを感じる建物ではないが、その分、重厚感をまとった造りである。

戦後は米国政府のメディアセンターとして使用された。そして、中華民国

①

と米国の国交が断たれた後は、「美國文化中心」の看板が掲げられた。これはビザ発給などの大使館業務を代行する機関であった。

建物の脇に植えられたガジュマルは、亜熱帯植物らしく見事に生い茂っている。これは建物の竣工を記念して植えられたものである。刈り込みを怠れば、すぐに入口を覆ってしまいそうな勢いで、旺盛な繁殖力を誇示している。

時代を経て、建物は落ち着いた雰囲気をまとうようになった。現在は台湾を襲った戦後最大の悲劇とされる二二八事件と白色テロの時代について展示する空間として使用されている。館内は自由に参観できる。

❶重厚感漂う大型建築。ここは総督府が実施した教育政策の発信基地だった。
❷館内は採光が意識されたデザイン。現在は公共空間となっている。
❸表面のスクラッチタイルは北投窯業会社によって製造されたものである。
❹外観に派手さはないが、細部の装飾が建築物の個性を際立たせている。
❺階段のデザインは見る者を圧倒する。じっくりとその建築美に触れてみたい。

台湾総督府の財源を支えた工場建築

國立臺灣博物館南門館

旧専売局南門工場 樟脳工場事務所

専売局南門工場の開設は1899（明治32）年と古い。1世紀以上の歴史を誇る工場施設が残っていることは珍しく、稀有な例である。樟脳のほか、アヘンの加工や製造も行なわれていた。その規模は東洋随一と謳われた。工場の敷地はアヘンの精製場と樟脳の加工場に分かれていた。敷地面積は1万3千坪という広さだった。敷地内には大きな防火貯水槽が設けられ、久《く》須《す》乃《の》木《き》神社と呼ばれる祠もあった。

樟脳倉庫は「紅樓」と呼ばれている。これは赤煉瓦建築を意味し、ここの場合、大理石を用いて白い帯を入れていく、いわゆる「辰野式」を踏襲している。

戦後、工場を接収した中華民国・国民党政府も台湾総督府と同様、樟脳を専売制としたが、1967年に民営化され、後に工場は閉鎖された。現在、施設は史跡として保存され、2013年末に國立臺灣博物館が管轄する展示空間として整備された。

かつての作業場も公共空間となっており、歴史建築の趣を感じながら、くつろぎの時間を過ごすことができる。

❶かつての荷造り場だった場所には屋根が設けられ、公共空間となっている。

❷アジア最大規模の樟脳精製工場。現在はアヘン製造の過程や樟脳の精製についての展示がある。

自然石を用いた外壁が堅牢な印象を与える

小白宮 ― 旧専売局樟脳工場物品倉庫

國立臺灣博物館南門館の敷地内には物品倉庫だった建物も残っている。現在は「小白宮」という名で呼ばれており、小さいながらも、どっしりとした構えを誇る建物である。

　これは台湾総督府営繕課技師の野村一郎が設計したもので、台湾ではあまり例を見ないタイプの建物である。この建物は外層に台北郊外産の唭哩岸《きりがん》石を用い、内層には赤煉瓦を用いている。中でも唭哩岸石は清国統治時代の城壁を取り壊した際に切り出されたものとされている。

　内部は吹き抜けとなっており、実際よりも広く感じられるはずだ。現在は展示空間として使用されており、自由に見学できる。裏手には大きな防火水槽も残る。

❶倉庫らしく無機質な印象だが、美しく整備されている。
❷緑との調和も意識されているかのような建物である。
❸石組みの外壁。堅牢さと優美な雰囲気を併せ持った建築物である。

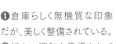

往年の料亭は文芸サロンに

紀州庵文學森林 ◆ 旧料亭紀州庵

台北市の南部、新店渓に面したこの一帯は川端町と呼ばれていた。新店渓は川遊びで知られ、貸しボート屋が並んでいたという。内地人（日本本土出身者とその子孫）が多く住んでいた地域である。

料亭・紀州庵は本店が若竹町にあり、ここはその分店だった。１９３１（昭和6）年に発行された『日本実業商工録』によれば、創業は１８９７（明治30）年で、台北で最も早く開かれた料亭だったとされる。和料理、会席、仕出しを看板に掲げていた。店主は平松徳松。１９３９（昭和14）年発行の電話帳では３４５６、５１３２と、２本の電話回線が記されている。川魚料理が名物だったという。

現在は高い壁で遮られてしまっているが、かつてはここから新店渓の流れを眺めることができた。屋形船なども出ており、ここから「台湾十二勝」にも挙げられた景勝地・碧潭《へきたん》までの間は、

❶現在は文芸空間として整備されている。
❷1996年と1998年には火事に見舞われ、長らく廃墟となっていたが後に修復された。
❸紀州庵の店主は和歌山県出身だったため、和歌山県人会の会合が開かれていた。

船遊びの名所として知られていたという。終戦後は公務員宿舎に転用されていたが、老朽化に伴い、空き家となっていた。しかも、1996年には火災に遭い、2階建ての本館が焼失。その2年後には、焼け残っていた別館までもが焼失してしまった。私が最初にここを訪れたのは、その直後だった。当時はかろうじて残骸が残っていたが、これもまた、生い茂った樹木に覆われ、荒れ果てた姿になっていた。

それでも、台北市は2004年にこの建物を公有財産として扱うことを決め、大がかりな修復・復元の工事を実施した。建て直されたのはかつての別館であり、本館の建物は復元されていない。本来の入口は現在の同安街ではなく、新店渓に面していた。なお、本館は1階が鉄筋コンクリート、2階と3階は木造だった。内部には百畳の大広間があったという。

現在は公共空間として整備されており、台湾文学をテーマにした展示があるほか、カフェやショップが併設されている。

邸宅を利用した和食レストラン

野草居食屋 ── 旧石井稔邸

汀州路周辺は台北でも指折りの住宅密集地である。終戦までは川端町と呼ばれ、かつては広くて立派な「お屋敷」が並ぶエリアだった。

この家屋は台北帝国大学で教鞭を執った石井稔の邸宅だった。石井は1941（昭和16）年から終戦まで、台北帝大理農学部農芸化学科の助教授（准教授）を務めた人物である。1931（昭和6）年に台北帝大理農学部農芸化学科を卒業し、台湾総督府糖業試験所の助手や帝大理農学部の助手を経て、助教授となっている。

家屋は木造平屋で、現在はY字路の付け根に位置している。広いほうの道路（現名・牯嶺街95巷）は、かつては小川で、小魚などが捕れ、蛍なども多く見られた。しかし、戦後、無秩序な開発により、汚染が進んだ。そして、1990年代初頭には、小川に蓋がかぶせられ、道路となってしまった。

現在は居酒屋兼日本食レストランとなっている。修復は受けているが、老家屋に宿る趣深さは健在だ。

こういった家屋は戦後、国民党政府によって外省人官吏などに分配されたが、老朽化が進んだため、所有権が台北市などに移されたケースが少なくない。そのため、こういった「再生空間」は業者が台北市から委託される形で運営していることが多い。ここもそういった事例の1つである。

❶台北帝国大学の教員住宅が居酒屋・レストランとして生まれ変わっている。かつて、裏手に小川が流れていた。
❷現在は和風居酒屋となっている。
❸同安街一帯は下町らしい風情が色濃く漂う。ただし、日本統治時代の家屋はほとんど残っていない。
❹館内の様子。日本式木造家屋の趣を残しつつ、修復工事が進められた。

神秘に包まれた2階建て木造家屋

旧大磯医院

日本統治時代、児玉町《こだまちょう》と呼ばれていた地区にある小児科・内科医院。ここは名医で知られた大磯友明医師が開いたもので、建物は木造2階建て。台湾ではあまり見かけないタイプの建築物である。

大磯医師は鹿児島出身で、1906（明治39）年に渡台。台北医学専門学校の出身で、昭和5年に博士号を取得。信義に篤い人柄で、多くの人に慕われていたという。

大磯医院は当初は城内の京町にあったが、1937（昭和12）年にこの地へ移転した。建物の竣工は同年2月6日。道路に面して医院があり、中庭を挟んで同じく木造2階建ての住居があった。入院にも対応し、レントゲン室や調剤室、電話室、看護室などもあった。

敗戦後は中華民国に接収され、公務員住宅となってきたが、現在は社会史、医療史を伝える文化遺産として保存の方法が模索されている。

❶小児科医院として建てられた木造建築。衛生管理が最優先され、風通しと日当たりが考慮されていた。
❷屋内の様子。住居部も木造2階建てとなっている。戦後は公務員官舎となっていた。
❸奥にも家屋がある。現在は蘇愛子女史の手で守られている。
❹設計時に発表された完成予定図。敷地面積は167坪、建坪は158坪だった。吉田良平氏所蔵。

❶廃墟となりつつある焼却場。焼却炉のいくつかを確認することができる。
❷「特許岩本式」の文字が今も壁面に残る。
❸スロープのようなものを進み、2階からごみを落とす仕組みとなっていた。

廃墟になりつつも姿を保つごみ焼却場

龍口町塵芥焼却場

龍口《りゅうこう》町は台北植物園の南に位置するエリアだった。ここに台北で2番目となるごみ焼却場が設けられた。従来のごみ処理は単純な埋め立て方式で、「焼却」という発想はなかった。しかし、台北市の人口が30万に近づき、より大きな処理能力が求められるようになったため、焼却式の処理場が設けられることが決まった。

1932（昭和7）年1月、台北市は3カ所の焼却場建設を計画した。最初に大龍峒《だいりゅうどう》町、続いて柳町、そして郊外の大安に設けられることが決まった。このうち、柳町のものが龍口町に変更となり、この焼却場ができた。作業開始日は1933（昭和8）年1月30日。焼却炉は岩本工業株式会社が製造した「岩本式自然通風焼却炉」が採用された。火床の数は3つ、炉が1つとなっていた。

現在は完全な廃墟状態で、一見すると、それこそ「ごみ置き場」のようだが、今後、どのように整備していくか、議論が続いている。

広い敷地の中にたたずむ木造家屋

東美院―旧台北帝国大学教員官舎

台北市南部には児玉町《こだまちょう》、佐久間町《さくまちょう》と呼ばれる地域があった。これは第4代台湾総督・児玉源太郎、第5代台湾総督・佐久間左馬太《さくまさまた》にちなんだ町名で、高級官吏や軍関係者が暮らす高級官舎が集まっていた。いずれも邸宅と呼ぶにふさわしいもので、広い庭を擁し、亜熱帯の樹木が生い茂る住宅街であった。

　ここは台北帝国大学が管理していた家屋で、日本統治時代にどのような人物が暮らしていたのか、詳細な史料は残っていない。戦後は中華民国政府に接収され、国立台湾大学が管理者となった。

　家屋は長らく現代中国哲学の権威である方東美教授の邸宅となっていた。方東美は儒学と西洋哲学の融合を目指した新儒家の思想家で、朱子学の近代的思想体系を確立したことで知られる。

　老朽化も進んでいたため、大掛かりな修復を要したが、大手建設会社「力麒建設」を率いる郭淑珍女史の指揮下、丁寧な修復が施された。郭女史は「大院子」（170ページ）の修復も手掛けており、老家屋の再生に深い関わりを持つ。正式オープンは2022年11月で、大きく話題となった。現在は懐石料理を味わうことができるほか、茶芸文化の普及を目的とした講座や文化イベントなどが随時開かれている。

❶芸文空間、そしてレストランとして再生された日本家屋。春先にはツツジが彩りを添える。
❷広い庭も魅力的だ。各種イベントなども開かれている。
❸国立台湾大学の劉南溟教授が暮らした家屋も再建されている。日本庭園を模した庭もある。
❹館内は清潔に保たれ、優雅な雰囲気が漂う。骨董品なども置かれている。
❺洋間も個室として使用される。懐石料理が味わえる。

❶設計を率いた曾士綱氏によれば、修復に際し、約8千枚のタイルを新たに用意したという。
❷1階は「Vice Versa」というレストラン、2階はイベント空間となっている。
❸階段部の照明も凝ったものが据えられている。

廃墟から蘇ったモダニズム建築

廈川玖肆（川端藝會所）

旧川端町警察官吏派出所

日本統治時代に川端町《かわばたちょう》と呼ばれていたこの一帯は、閑静な住宅街であった。新店渓の畔に位置し、舟遊びを楽しむ人々が集まるため、紀州庵（124ページ）などの料亭も多く並んでいた。

ここは終戦までの川端町派出所である。鉄筋コンクリート構造の2階建てで、建坪は42・7坪。整然と並ぶ窓枠が印象的で、外壁にはスクラッチタイルが貼られていたという。竣工は1936（昭和11）年9月8日。同月25日に落成式が挙行されている。設計は台北州土木課営繕係が担い、篠原武男が指揮を執った。なお、篠原はここ以外にも、第一、第二、第三高等女学校の校舎を設計し、昭和10年前後に多くのモダニズム建物を手がけた人物である。

建物の修復は大がかりなものだったという。日本統治時代は2階建てだったが、戦後に増築され、3階建てとなった。修復の作業は丁寧に進められ、2年半の歳月をかけ、2021年10月4日に竣工した。現在、1階はレストランが入り、2階がイベントスペースとなっている。

5.

國立臺灣大學周辺

帝国大学とともに発展した文教エリア

昭和期に新興住宅地として注目されたのは台北高等学校（現・國立臺灣師範大學）周辺で、数多くの官舎と住宅が建てられていた。いずれも広い庭を擁した木造家屋であった。この辺りには錦町、昭和町などがあり、高級住宅街らしい整然とした家並みを誇っていた。中でも旧昭和町は台北帝大や台北高等学校の教職員が暮らす住宅地で、現在も往時の姿を留める家屋が路地の中に残っている。現在は「青田街」と呼ばれ、老家屋をカフェや文芸空間、ギャラリーなどとして整備しているところが見られる。なお、高等学校の南側は古亭町、北側は錦町と福住町、台北帝大付近は富田町、そして、水源地付近は水道町と呼ばれていた。

新領土・台湾に置かれた帝国大学

國立臺灣大學 ―旧台北帝国大学

❶正門の中央に置かれた守衛室も校舎に通じる風格で、威厳が感じられる。施工は大倉土木が担った。
❷文政学部の校舎は1929年（昭和4）年に完成した。現在は「文學院」として使用されている。

台湾における最高学府が開かれたのは1928（昭和3）年のことであった。その位置付けは「南進する帝国の学問的先鋒」というもの。キャンパスは「一面の水田が広がっていた」と言われる富田町に設けられた。

訪れてみると、開学時に植えられたという大王椰子《やし》が90年という歳月を経て、天を突くような勢いで伸びている。椰子の並木道は正門から図書館まで続いており、「椰林大道」と呼ばれている。なお、構内を彩る美しいツツジの花は1925（大正14）年、炭鉱経営で知られた山本義信によって持ち込まれた平戸ツツジである。

並木道に沿って、重厚な雰囲気をまとった建築群が並んでいる。中でも旧文政学部（現・國立臺灣大學文學院）や旧図書館（現・校史館）は風格を漂わせる建物である。

これらの建物を設計したのは台湾総

督府土木局営繕課の井手薫であった。構内には戦前の校舎がいくつか点在しているので、南国情緒にひたりながら、散策を楽しんでみたい。

台北帝国大学の歴史は敗戦によって終結し、開学からわずか17年で幕を閉じた。しかし、台湾についての学術研究、そして、人材育成においても、大きな功績を残している。その歴史的意義は決して小さくはない。

夕暮れが近付く頃には、身体を動かしにやってくる人々でキャンパスはちょっとした賑わいを見せる。屹立した椰子の樹と、整然と並ぶ校舎群の間をジョギング姿の人々が駆け抜ける。

❸美しい眺めとなっている大王椰子の並木道。開学時に植えられ、現在は学校のシンボルとなっている。
❹帝大時代の図書館は新館の完成に伴い、大学の歴史を展示する「校史館」となった。

黒瓦の色合いが赤煉瓦の壁面に際立つ

國立臺灣大學行政大樓

旧台北帝国大学附属農林専門部

「國立臺灣大學」には日本統治時代の建造物が数多く残っている。どれも風格をたっぷりと感じさせており、竣工から久しい年月を経てはいるものの、その風格は全く色褪せていない。

この建物は終戦まで「農林専門部」を名乗っていた。前身は1919（大正8）年4月19日に設けられた「台湾総督府農林専門学校」で、農業科と林業科が設けられていた。翌年には台中と台南に演習林が設けられ、その後、1922（大正11）年には「台湾総督府高等農林学校」と改称されている。

1928（昭和3）年4月からは台北帝大に移管され、同学附属の農林専門部となった。さらに、1943（昭和18）年には「台湾総督府台中高等農林学校」として台北帝大から分離したが、まもなく終戦を迎え、戦後は「中興大學」となった。

建物は1927（昭和2）年から台

北帝大理農学部、そして、農林専門部として使用された。設計を担当したのは台湾総督府官房営繕課だった。

建物は高い柱によって権威が強調され、赤煉瓦の壁面が格式と安定感を演出している。印象的なのは、黒く輝く瓦屋根である。赤煉瓦の壁面に黒瓦という組み合わせは、台北高等商業学校や新竹州庁舎などでも見られる。しかし、列柱によって高さを際立たせ、権威を強調しているのはここだけである。

❶赤煉瓦の壁面と黒瓦のコントラストが印象的だ。春には平戸ツツジが色合いを添える。
❷1階には学務長室や事務所、2階には校長室や貴賓室がある。正面には4本の列柱が据え付けられ、風格を醸し出している。
❸さりげない装飾が随所に見られ、興味深い。

キャンパスに溶け込んだ和・洋・台の折衷様式

旧台北帝国大学農林専門部化学教室

南国の強い日差しに照りつけられた瓦屋根。現在、台湾では瓦の製造が行なわれていないため、取り壊しになった日本家屋のもので代用することもある。

❷暑い日でも涼しさが保たれる亭仔脚。高温多湿な台湾の地に合致した建築様式である。大きな庇は日本人の目には新鮮に映る。
❸かつての裏門守衛室も近くに残っている。マンサード様式の屋根が印象的な建物である。

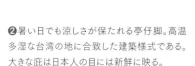

國立臺灣大學構内の校舎は、大きなものであれば、その由来がしっかりと記録されており、認知度も高い。中には、史跡の指定を受け、保存対象になっている物件もある。その一方で、かつての用途や竣工後の歩みが不明という建物も少なからず存在する。

行政大樓の裏手には「小小福」と呼ばれる建物がある。これは「小さな福利社（購買部）」という意味で、終日学生や教職員で賑わっている。その間に日本式の瓦屋根が印象的な平屋の家屋がある。大きな建物ではないが、歴史の重みをしっかりと感じさせている。

ここはかつて農林専門部の教室だった。当初は「台北高等農林学校」として設立されたが、１９２８（昭和３）年４月に「台北帝国大学附属農林専門部」となり、１９４３（昭和18）年４月に、理農学部が理学部と農学部に分かれた際、台中高等農林学校として分離した。

現在、この建物は東側がクリーニング店や学生向けの理髪店、そして、いくつかの部屋が学生サークルの部室として使用されている。西側は何室かが今も実験室となっており、学舎としての機能は失われていない。

この建物で最も印象的なのは大きくせり出した庇《ひさし》である。その下は通路になっている。これは台湾ではよく見られる「亭仔脚（台湾式アーケード）」だが、日本式の家屋にこれが付随していると、独特な雰囲気に一変する。ちなみに、この屋根の下の通路は東側、南側、西側と建物の三面に設けられている。

少し離れた場所から眺めると、屋根には通風口が設けられているのがわかる。整然と並ぶ瓦の中で、この通風口がささやかなアクセントとなっている。風通しが考慮された造りは市場建築などでも見られるが、高温多湿な台湾ならではのものである。

台湾や中国華南地方のみならず、東南アジアでも見られる亭仔脚。暑さと強い日差しを避けるための知恵は、日本が持ち込んだ和風建築とも融合し、この地に根付いた。小さな建物ではあるが、当地で生まれた台湾独自の建築様式に触れられる場所である。

日本統治時代に始まった台湾の昆虫研究

國立臺灣大學昆蟲學系

旧台北帝国大学理農学部昆虫学教室

外壁には装飾もなく、地味な印象だが、これもまた、学校建築の特色である。
黄土色のスクラッチタイルが重厚感を醸し出す。

台北帝国大学は理農学部と文政学部に分かれていた。このうち、理農学部には昆虫及び養蚕の講座が開設されていた。担当教授は素木《しらき》得一《とくいち》教授だった。当時、素木は台湾総督府中央研究所の応用動物科の責任者で、台湾の昆虫を専門に研究する部門の設置を強く希望していたという。これが叶って設けられたのがここである。

現在の建物が竣工したのは1936(昭和11)年。同年の6月13日から使用されている。ここは構内の最もはずれに位置しており、人通りも少ない。同じ大学のキャンパスとは思えないほどの静けさである。ただ、日本統治時代に建てられた校舎は健在で、現在も昆虫についての研究が行なわれている。標本のコレクションの展示もあり、台湾固有種がとても多いことに驚かされる。

なお、隣りにはかつての台湾総督府農事試験場庁舎が残っている。赤煉瓦造りの美しい建物だが、現在は使用されておらず、その存在を知る人は多くない。長らく放置された状態となっており、侘しい姿となっているが、台北市が指定する史跡となっており、保存が決まっている。

メインキャンパスからは離れており、ひっそりとした場所にある。

館内の様子。装飾らしきものはなく、研究機関らしい空気が漂う。

旧台湾総督府農事試験場の事務所。現在は使用されていない(2018年11月現在)。

「蓬莱米」の研究はここで続けられた

磯永吉紀念室（磯小屋）―旧高等農林学校作業室

旧台北帝国大学は構内に広大な農場を擁していた。それらは現役であり、大学附属の農業試験場となっている。喧噪とは全く無縁のオアシスである。

ここに「蓬莱米の父」と呼ばれた磯永吉の研究室が残っている。建坪119坪の木造家屋で、当初の名称は「高等農林学校作業室」だった。1925（大正14）年2月28日に台北高等農林学校の一部として建てられた。設計を担ったのは台湾総督府土木局営繕課だった。

建物は戦後も研究室として使用された。しかし、倉庫として使用されるなどしていたため、傷みは激しかった。私が初めてここを訪れたのは2005年だったが、なかば廃屋のように見えた。

磯永吉は1886年、広島県福山に生まれた。東北帝国大学農科大学（現・北海道大学）を卒業後、1912（明治45）年に台湾総督府の農業技師とし

て台湾に赴任。その後、欧米留学を経て、品種改良の技術を修め、台湾をはじめとする亜熱帯地域の農業育成事業に従事した。

蓬莱米は在来種を改良したもので、その取り組みは1903（明治36）年に遡る。台湾の在来種はインディカ米で、これと日本で栽培されるジャポニカ米を交配させるのは至難の業とされていた。しかし、磯は末永仁《すえながめぐむ》とともに10年以上の歳月を費やし、不断の研究を続けた。

実験は台中試験場で繰り返された。日本種の相互間、そして台湾種を交雑させることで、多くの新品種が誕生したが、これらは1926（大正15）年4月25日、大日本米穀大会において「蓬莱米」と命名された。命名者は時の台湾総督・伊沢多喜男《いさわたきお》だった。

戦後は1957年に國立臺灣大學農芸系に種子研究室が成立。この建物はその管轄下に入った。私が取材した際も、数人の学生が苗の生長を観察しており、若き研究者たちの姿に触れた。建物は現在、種子研究室と育種研究室が共同管理者となっている。

台湾の食生活には欠かせない存在となっている蓬莱米。磯永吉は台湾農業界に不朽の功績を残した人物だった。そして、磯博士が研究に勤しんだ木造家屋は、展示空間として整備され、戦前に用いられていた計器や実験器具などが展示されている。

❶蓬莱米の父と称される磯永吉が日夜研究を重ねた場所。屋内にはかつて使用されていた標本なども残る。
❷周囲は大学附設の農業試験場となっている。大都会の中に浮かんだオアシスのような雰囲気だ。
❸磯永吉はこの場所で、蓬莱米の作付けの奨励と農耕地の有効利用など、農民の生活向上に関する研究を続けていた。
❹磯永吉と末永仁の胸像。蓬莱米の中でも特に「台中65号」と呼ばれる品種が広く知られている。

①

台北市民の水がめに見る当時の先進性

自來水博物館

─旧台北水源地ポンプ室

台北市民の水瓶。旧台北水源地は広い敷地を誇り、ゆとりをもって整備された水道施設と手つかずの自然が美しい景観をなしていた。その様子は絵葉書などにもなり、当時は、知らない人はいないとまで言われる景勝地だった。

敷地内にあったポンプ室は現在、博物館として開放されている。その名も「自來水博物館」。「自來水」とは水道水と水道施設を意味する中国語である。かつて、新店渓から汲み上げた水は、ここで濾過の処理を経て、市内に送られた。戦前、すでに毎日12万人分の水がここから供給されていたという。

ポンプ室は１９０８（明治41）年に完成し、翌年から給水が始まった。設計者は野村一郎と森山松之助。特に森山が台湾で手がけた最も初期の建築であるとされている。ポンプは全部で９台置かれ、４台は取水用、５台は浄水池への揚水用であった。

建物は半円状に弧を描いており、その中心点には台湾における水道の父とされる英国人技師ウィリアム・キニンモンド・バルトンの胸像があった。これはバルトンの教え子だった浜野弥四郎の尽力で設けられ、水源地のシンボルとなっていた。しかし、現存はせず、その場所には花壇が置かれている。

この花壇についても、凝視してみると、下部が通風口となっている。これは機材から出た熱風を外部に吐き出すためのものである。

このポンプ室は美しい外観もさることながら、モーターによる騒音公害を想定していたことにも注目したい。音が外部に漏れないよう、機材を半地下に置くように設計されていたのである。1世紀も前の発想とは思えない近代的な配慮。そこに驚きを禁じ得ないのは私だけではあるまい。建築家たちの先進性と言うべきものであろう。

❶優雅な雰囲気をまとったポンプ室。市民の暮らしを支えた産業遺産とされている。
❷騒音公害を考慮して、ポンプ室内の設備はすべて半地下に置かれていた。
❸バランスの取れた設計で優雅な雰囲気を保つ。
❹一見すると、花壇に見えてしまうが、下部を見ると通風口となっているのがわかる。

4メートルの壁が迫る浄水槽。通路を挟み、左右に浄水槽があり、バルブで繋がっていた。1977年まで使用されていた。

1世紀以上の歴史を誇る市民の水がめ

観音山蓄水池――旧台北水道水源地浄水池

台湾水道の父と称されるスコットランド出身の技師ウィリアム・キニンモンド・バルトンは後藤新平民政長官の要請を受け、台湾にやってきた。そして、基隆、台北、台南、淡水を候補地とし、台北では新店渓の河水を取り込み、この場所に水源地を設けた。

浄水池は観音山と呼ばれる小高い丘の上、海抜43・48メートルの地点にある。新店渓で取水された河水を加圧ポンプによって揚水し、ここで処理を施した後、自然落下方式で市内に送水する方法が採用された。

内部は高さ4・2メートルの壁がそそり立っている。壁によって導水されているため、水は常に流動し、澱まない仕組みとなっている。

竣工は1908（明治41）年。設計を担ったのは森山松之助だった。当初は城内地区への送水を主目的としていた。この時に設けられたのが「児玉町

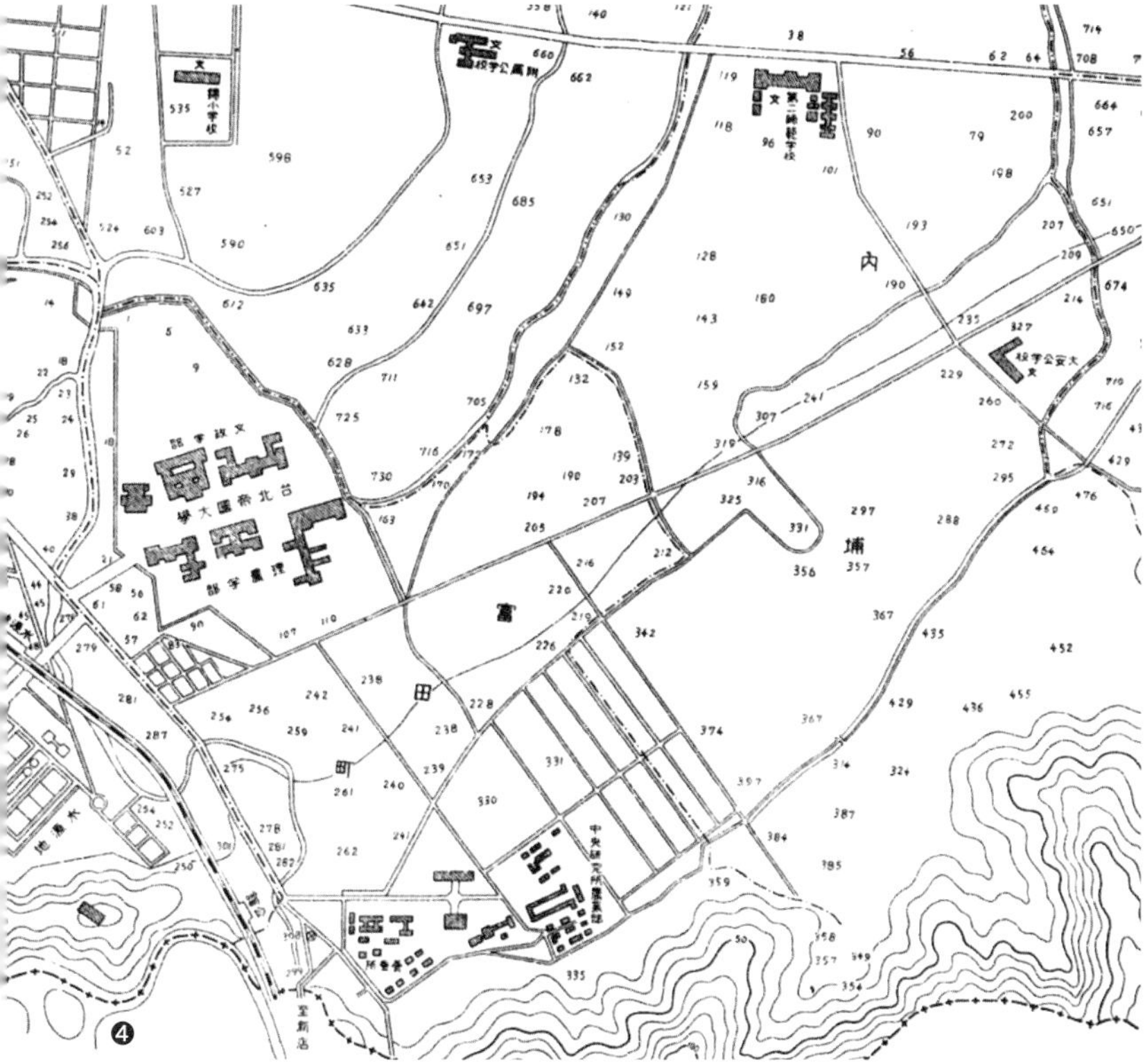

❷浄水池には宿直室や水位測定室なども残されている。遊歩道が整備されている。
❸使用されていないが量水室の建物も残されている。夜間はライトアップされる。
❹昭和11年当時の周辺図。農事試験場や164ページの第二師範学校が記されている。『改正台北市全図』より。
❺日本統治時代の台北水源地。左手にポンプ室が見える。背後に見えるのは新店渓。

通り（現・南昌路）」で、地下に送水管が埋設されていた。なお、バルトンは当初から台北の将来的発展を想定しており、これが372ページで紹介する草山水道の建設に繋がっていく。

バルトンは台湾の地で罹った病により、東京で客死し、青山霊園に葬られた。台湾に滞在したのはわずか2年だったが、その後の上下水道施設の整備は弟子の浜野弥四郎に受け継がれ、各地に水源地が設けられていった。

2019年2月5日、竣工から11年を経て、一般公開が実現した。市民の関心は高く、定員をはるかに上回る来場者があったという。今後も定期的に公開が予定されているという。

リノベーション空間の先駆となった住宅

青田七六 ―旧足立仁邸

台北市の南部に位置する青田街には戦前の日本家屋が多く残っている。いずれも広い庭を擁しており、優雅な雰囲気を保っている。廃屋となって遺棄されているところがある一方、修理が施され、今も使用されている木造家屋も見られる。

この一帯は昭和期に開発されたエリアである。それにちなんで、終戦までは「昭和町」と呼ばれていた。台北帝大と旧制台北高校の教職員が数多く住んでいたと言われ、そのほか、司法関係者や税関職員などの官舎も混じっていた。終戦後は中華民国・国民党政府に接収され、中国大陸から渡ってきた教職員が住むようになった。

ここは微生物学の権威として知られた足立仁《あだちまさし》教授の邸宅であった。

足立は1897（明治30）年11月13日、北海道に生まれた。北海道帝国大学農学部農芸化学科を卒業後、1926（大正15）年5月3日付で台湾総督府高等農林学校の教授に就任する。その後、在外研究員としてドイツ、イギ

リス、アメリカを巡り、応用菌学の研究に従事した。そして、１９２８（昭和３）年に帰国して台北帝国大学助教授となり、１９３７（昭和12）年には応用微生物学の教授に就任。土壌微生物に関する研究で、台湾の製糖事業の発展に大きく貢献した。

家屋は１９３１（昭和６）年に完成した。台湾の気候を考慮し、通気と採光への配慮がなされている。家屋の南

❶広い庭には南国の植物が繁茂する。喫茶店として利用することも可能。足立教授にちなみ、サトウキビを用いたオリジナルドリンクもある。

❷南に面した長い廊下。家屋は通気と採光を考慮した造りとなっている。青田街一帯は市内で木造家屋が最も多く残っている地区である。

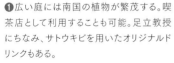

❸和室も残る。2011年6月22日に盛大な開幕式典が催された。
❹応接間や書斎は往時の雰囲気を色濃く残している。ここでも飲食ができる。

側には長い廊下があり、自然光が優しく屋内を照らす。子息である元彦氏によれば、庭にはプールがあり、自家発電式の濾過装置まであったという。

　歴史研究家の故・黄天横氏によると、西隣りは言語学者の小川尚義（後に浅井恵倫邸となる）、東隣りには植物学者の山本由松が暮らしていたという。また、向かいには気象学の白鳥勝義宅があった。ほかにも磯永吉や移川子之蔵など、いずれも台湾の学術界を支えた著名人であった。

　終戦後は、足立の親友であり、古生物地質学の権威でもある馬廷英教授が主《あるじ》となった。馬教授は１９７９年に他界したが、その後も遺族はここに住み、庭の手入れは行き届いていた。その様子は小さな植物園のようで、住人の人柄が伝わってくる空間だった。

　現在、この家屋は「古建築再生」というコンセプトのもとで整備され、黄金種子文化事業有限公司が経営するカフェ・レストラン「青田七六」となっている。

❺日本統治時代の様子。足立元彦氏所蔵。

❶家屋は和洋折衷のスタイルで、風通しと日当たりが考慮された間取りとなっている。
❷応接間の壁に描かれた模様にも注目したい。 ❸玄関も往時の姿を留めている。台湾倉庫株式会社の本店は基隆にあった。

倉庫会社が所有した和洋折衷の邸宅

旧台湾倉庫株式会社所有家屋（聲音光年）

音楽機材の展示空間に変わった老家屋。和洋折衷のスタイルで、庭には亜熱帯の植物が生い茂り、台湾ならではの風情が楽しめる。敷地は約２００坪。そこに約１００坪の木造家屋が建てられている。

建物は台湾倉庫株式会社が所有する家屋で、戦後は交通部の官舎となっていた。その後、２０１３年から3年がかりの修復工事を経て、現在の姿となった。

ここを訪れたら、玄関脇の応接間にある壁の模様に注目したい。これは壁紙を用いたものではなく、壁に直接、模様を丁寧に描いていったものである。

建物の竣工は１９３６（昭和11）年と推測されるが、後に台湾倉庫会社の所有となった。詳細は記録されていないものの、建物の保存状態は良好で、行政による保存対象となっている（現在は非公開となっている）。

大がかりな改修を経て蘇った邸宅

青田茶館——旧庄司萬太郎邸

日本統治時代に「昭和町」と呼ばれていた青田街一帯には、今もいくつかの木造家屋が残っている。いくつかは公共スペースや茶芸館などとして再利用されており、市民に親しまれている。

この建物の所有者は庄司萬太郎という人物だった。庄司は歴史学者であり、東京帝国大学文科西洋史学科を卒業し、1925（大正14）年に台北高等学校の教授兼舎監となっている。在外研究員として、1年間、アメリカ、イギリス、ドイツにも滞在経験がある。また、台北帝国大学文政学部でも教鞭を執っていた。私は日本統治時代の台湾を知る上では欠かせない書籍とされる『日本地理大系』（改造社）の著者として庄司の名前を見た。

ここは長らく放置されていたため、傷みはひどかった。当然、修復工事も大がかりなものとなり、長い時間を要したという。

現在は茶芸館・喫茶店として営業しているが、アート空間としても人気が高い。窓から見られる緑の深さには台湾らしさが感じられる。

展示空間は「敦煌画廊」と名付けられ、個展などが随時開かれている。台湾人アーティストたちが創りあげた芸術の世界に触れられる空間である。

❶芸術空間として整備された教員住宅。日本家屋の趣を愛する人は多い。
❷ギャラリーとして使用されることが多いが、茶芸館としても親しまれている。
❸台湾総督府交通局逓信部が発行した電話帖によると、この家には固定電話があり、番号は5855であった。

ゴシックスタイルの瀟洒な学校建築

國立臺灣師範大學

旧台湾総督府台北高等学校

❶旧制台北高等学校の校舎は台湾を代表する学校建築と謳われた。

この学校はかつて台北高等学校として開設されたものである。校舎は台湾における学校建築の白眉とされ、美しいデザインが多かった台湾の学校建築の中でも際立った存在とされていた。今もなお、学校建築の筆頭に挙げられることも少なくない名建築である。

台湾総督府高等学校が開設されたのは、1922（大正11）年のことであった。創設の目的は「台湾に住む日本人子弟の高等教育と帝大進学を保証することにある」と記されていた。1927（昭和2）年に台北高等学校と改められた後も、生徒の大半は内地人（日本本土出身者とその子孫）であり、台湾人学生は非常に少なかった。

この校舎が使用されるようになったのは1929（昭和4）年からで、当時の住所区分では「古亭町」にあった。周囲には住宅街が広がり、教員住宅なども数多く並んでいた。

　なお、高等学校の南側一帯は、本来、古亭町という町名だったが、南側は「神田村」、南西側は「本郷村」と呼ばれていた。そして、北側は錦町だが、「御園村」の名で呼ばれることもあったという。いずれも通称であり、公的な地名ではない。台北市東部の新興住宅街では、こういった通称を付すケースが散見された。現在も数軒ながら、木造の日本家屋が残っている。

　校舎はネオ・ゴシックと称される瀟洒な外観で、見る者を圧倒してやまない重厚感がある。当初から、台湾にお

①

②

③

②階段も独特のたたずまいを誇っている。
③館内の様子。どこを切り取っても美しい建築風景となっている。

❹館内は採光が意識された設計となっており、教室はもちろん、廊下も明るい。
❺日本統治時代のアルバムより。故・伊東謙氏所蔵。昭和5年頃の様子。
❻1939（昭和14）年発行の台北市の都市計画図。御園村、神田村、本郷村の名がみえる。

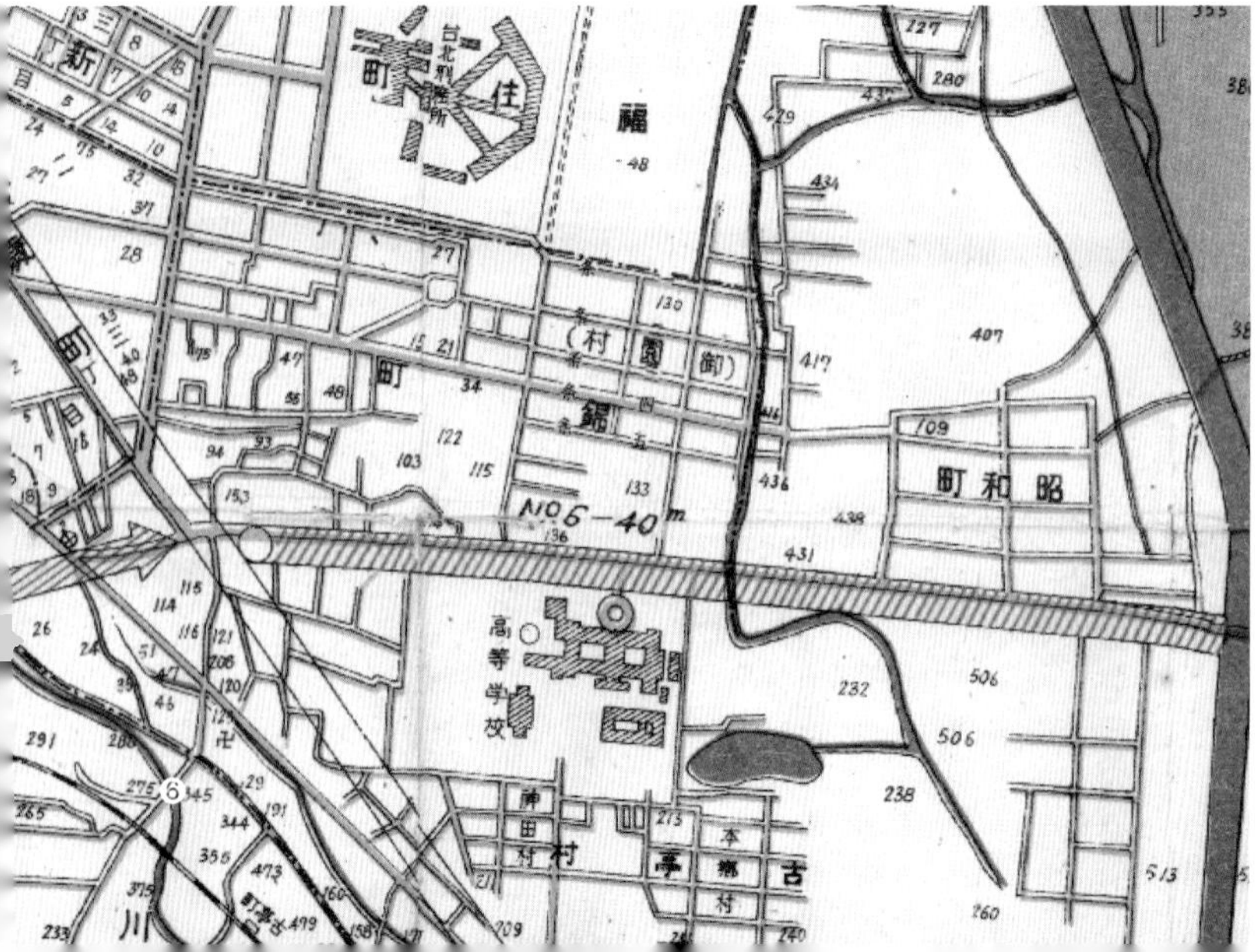

ける学校建築の代表作と称されたという。設計を担当したのは台湾総督府土木局営繕課の井手薫。設計に際しては採光が重視されたといわれ、校舎内に足を踏み入れると、自然光が優しく入り込み、思いのほか明るい。正面中央にある階段部も出窓構造となっており、独特な風格を示している。

学生たちの「語らいの場」は現在も生き続ける

國立臺灣師範大學文薈廳

旧台北高等学校 生徒控所

この建物は台北高等学校の「生徒控所」だった。建坪は150坪。大きな建物ではないが、天井が高く、開放感に満ちた建物である。

建物は平屋造りだが、西側に渡り廊下が設けられ、日陰を供している。戦前の卒業生の話では、休み時間になると、学生たちが集い、予習や復習に励んだり、歓談を楽しんだりしたという。戦後は長らく倉庫になっていたというが、現在は再び学生が集う空間として整備され、その機能が復活している。

1996年にはこの建物を取り壊し、高層建築にするという計画も立てられた。しかし、独特な風格を誇る建物を惜しむ声は大きく、その計画は見送られた。現在は校舎とともに、台北市が指定する史跡となっている。

❶渡り廊下の様子。雨の日も濡れることなく移動ができる。
❷三角屋根が印象的だ。館内に戦前の金庫が展示されている。
❸学生用の食堂や売店、自習室があり、学生の姿が絶えない。

三角屋根の講堂は高等学校のシンボルだった

國立臺灣師範大學禮堂

旧台北高等学校講堂

台北高等学校の講堂は本館の西側に位置していた。現在も講堂として使用されており、式典などが行なわれている。かつては本館の前に蒋介石の銅像があったが、現在は撤去されている。

設計を担当したのは、当時、台湾総督府営繕課長の地位にあった井手薫。井手自身が遺した文献によると、講堂は本館に印象を合わせるべく、ゴシック式のデザインを採用したという。地震対策が施された鉄筋コンクリート構造の建物で、外壁には北投の窯業場で焼かれたタイルが貼られていた。

講堂では式典のみならず、演劇なども行なわれていたという。講堂の建坪は249坪。2階建てで、突き当たりに講壇と奉安庫があった。

日本統治時代、この一帯においては、高等学校本館と講堂の存在感は格別だったという。どこからでもその威容を確認できる建物だった。

❶通常時の見学は難しいが、外観は自由に参観できる。

②

❷手入れは行き届いており、保存状態は良好だ。
❸竣工時に撮影された古写真。同校卒業アルバムより。
❹式典の際に用いられた奉安庫がステージ奥に設けられていた。
❺建物は本館との調和を考え、同系統のデザインとなっていた。

④

⑤

蘇った山林課の官舎たち

林務局保育小站

旧台湾総督府殖産局 山林課官舎群

❶木造家屋だけでなく、庭に大きく繁茂した樹木も路地を印象づける存在だ。金山南路2段203巷15・17号と22・24号の2棟が史跡となっている。
❷住居として使われていた頃の様子。2010年撮影。
❸「保育小站」の屋内。山林の保育についての展示がある。

旧台北高等学校（現・國立臺灣師範大學）に近い住宅街の中に、ひっそりと残る木造家屋群がある。ここは「錦《にしき》町」と呼ばれ、大正期以降に開発が進んだ住宅街だった。特にこの辺りは通称「御園《みその》村」と呼ばれていた。

台湾総督府殖産局山林課はここに職員向けの住宅を設けた。錦町は北から一条通り、二条通りと名前が付けられ、この路地は錦町六条通りと呼ばれていた。ちなみに、錦町は七条通り（現在の金山南路2段215巷）までであり、その南側は現在の和平東路で、國立臺灣師範大學の敷地に面していた。

こういった官舎は1922（大正11）年に発布された「台湾総督府官舎

❹大正年間に設けられた官舎群。これらは殖産局営林所山林課の管轄下にあった。

建築基準」に従って建てられている。

ここの場合、建坪は15坪、敷地面積は50坪前後となっている。台湾は湿度が高いため、この家屋も風通しを強く意識した造りである。いずれも高床式で、随所に通風口が見られる。

戦後、山林課は中華民国台湾省農林処に属する林務局へ移管された。この機関は現在、行政院農業委員会林務局となっており、この家屋群もその管轄下にある。

錦町の山林課官舎は、2戸で1棟という造りとなっていた。本来は全7棟（14戸）あったが、1998年に1棟が火災に遭って焼失し、また、1戸が撤去されたため、現在残っているのは11戸である。

数年前までは住人のいる家屋が2棟あったが、現在は転居している。私はその内部を撮影する機会を得て訪れたことがある。古びてはいるものの、使い込まれた木造家屋のしっとりとした趣が心地よく、また、住人の愛着が感じられ、嬉しく思った。現在は1棟だけが公開されているが、残りの家屋群も修復工事が進められている。

日本統治時代の校舎と構内に残された三つの石碑

國立臺北教育大學附設實驗國民小學行政樓 ―― 旧台北師範学校附属第二国民学校

ここは住宅街に位置する教育機関である。前身となったのは1905（明治38）年に開設された「大安公学校」。開校時は荒野の中に学校があるようだったという。

1927（昭和2）年には「台北師範学校附属公学校」と改められ、1941（昭和16）年からは「台北第二師範学校付属国民学校」となった。さらに、1943（昭和18）年には「台北師範学校付属第二国民学校」となって、終戦を迎えた。

戦後は中華民国・国民党政府に接収され、「臺湾省立臺北師範學校附属國民學校」と名を改め、後に「國立臺北師範學院附設實驗國民小學」となった。現在の名称が使用されるようになったのは2005年からである。

学校の敷地は広く、鬱蒼と緑が生い茂った構内は憩いの場となっている。その緑に覆われるように、一棟の赤煉

❶赤煉瓦造りでどっしりとした構えを見せる「行政樓」。通称は「紅樓」。

瓦の建物が建っている。これは「行政樓」と呼ばれている建物で、幾度かの改修を受けているため、見た目の古さはそれほど感じられない。

校舎の傍らに、3基の石柱が残されている。中央の石柱は「第四回卒業生記念樹」で、裏には「昭和六年三月」という文字が見える。言うまでもなく、卒業記念の植樹碑である。

東側にあるのは「御大禮記念樹」と刻まれている。大安公学校時代のもので、裏には「大正四年十一月十日」と刻まれている。西側にあるのは「創立十周年記念」と刻まれている。台北市第二師範学校附属公学校の開校十周年を記念したものである。裏には「昭和十二年五月十三日　台北第二師範学校附属公学校」という文字が刻まれている。

李登輝総統時代に進められた民主化により、それまで国民党政府が実施してきた偏向教育は終焉を迎えた。これに伴い、歴史を客観視する動きが生まれ、日本統治時代の遺構への扱いも大きく変わった。

一度は遺棄され、忘れ去られていた石柱たち。いずれも文字は薄れ、角は欠け落ちているが、現在は解説板も設けられおり、しっかりと守られている。その姿は再び居場所を得て、優しいまなざしで静かに子供たちを眺めているかのように見える。

❷運動場側の様子。行政樓には校長室や職員室が入っている。学校は創設以来、11回も名前が変わっている。
❸3基の石柱。一度は倒されていたものが立て直されている。現在は校内史蹟の扱いを受けている。
❹行政樓は戦前の建物としては校内唯一の存在となっている。

大きな講堂は今も学校のシンボル

國立臺北教育大學禮堂

旧台湾総督府台北第二師範学校講堂

　ここは日本統治時代の台北第二師範学校である。開学は1927(昭和2)年5月。市街地のはずれにあり、見わたすかぎりの畑と草原が広がる中に校舎が並んでいたという。1942(昭和17)年当時の記録によると、学級数は16で、生徒数は619人となっている。このうち、台湾人学生は80名に過ぎなかった。

　開校時、学校の敷地は1万5000坪で、これに加えて5000坪の農業実習地が広がっていた。さらに、寄宿舎・学寮も建てられていたため、この一角が1つの集落のようだったとも言われている。

　戦後、この学校は「臺湾省立臺北師範學校」と改められた。1991年には国立大学となり、現在は「國立臺北教育大學」となっている。戦後になって、ほとんどの校舎は改築されており、

❶講堂の全景。卒業生の荘樹春氏によると講堂の南側の部分には武術場が併設されていたという。
❷建物は修復工事を済ませ、装いを新たにしているが、その風格は保たれている。

❸かつての舎監室と寄宿舎図書室は美術サークルのアトリエとして残っている。
❹寄宿舎に向かう通用門守衛室も使われてはいないが姿を留めている。
❺竣工間もない頃の講堂。1943(昭和18)年に第一師範学校と第二師範学校は合併している。台北師範学校芳蘭会提供(荘樹春氏所蔵)。

構内に歴史的な雰囲気は感じられない。敷地の外れにかつての寄宿舎の一部と通用門守衛室が残るばかりである。

しかし、校舎を抜けてみると、かつての講堂が昔ながらの姿を保っている。1周250メートル、直線128メートルというグラウンドを挟んで眺めてみると、講堂がいかに大きなものであるかがわかる。なお、この建物の南側には「武術場」があり、北側には「銃器室」と「運動道具室」があった。

この講堂は雨天体育場を兼ねており、各種式典が執り行なわれていた。天井が高く、採光と通気に注意が払われた設計となっている。そのためか、内部は思いのほか明るく、開放感に満ちている。屋根の瓦については、雨漏りの問題もあって、一新されているが、往年の面影は保たれている。名実ともに同校のシンボルである。

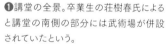

「茶芸館」として親しまれる邸宅建築

紫藤廬――旧浅香貞次郎邸

ここは茶芸館（台湾茶を味わう喫茶店）として親しまれている文芸空間である。日本統治時代に建てられた官舎が使用されており、歴史建築ならではの趣が色濃く感じられる。旅行ガイドブックなどでも盛んに紹介されている人気のスポットである。

この建物は大正期に高級官吏の宿舎として設けられたもので、台湾総督府交通局海事課長や基隆港務局長を務めた浅香貞次郎の邸宅だった。一帯は巨大化する台北の新興開発エリアであり、台北帝国大学や台北高等学校の教職員用の住宅や官舎が多く見られた。

建物の外観は装飾を排したシンプルなデザインである。門を入ると池があり、錦鯉が泳いでいる。藤棚も設けられ、緑が生い茂る。自然光を取り込んだ館内は明るく、木目の優しい色合いが落ち着きを演出している。

建物は戦後に改修された部分が多く、完全に原形を留めているわけではない。しかし、屋内には畳敷きの部屋もあり、日本的な雰囲気が漂っている。洋間にはかつて使用されていたという暖炉も残されている。

1997年に史跡の指定を受け、保存が決まった。現在は茶芸館として営業している。

❶現在は茶芸館となっている。台湾産の銘茶を楽しむ空間として多くの人々に愛されている。日本人客も少なくない。
❷畳敷きの空間も人気がある。茶芸館として利用されるようになったのは1981年からである。

臺灣電力公司 核能火力發電工程處

戦時中に設けられた木造庁舎は今もなお現役

旧台湾電力会社臨時庁舎

❶物資欠乏の時代に建てられた木造家屋が残っているケースは少ない。敷地内にはいくつかの木造家屋が並んでいる。
❷台湾電力会社の本社は1945（昭和20）年5月31日の空襲で被弾し、その後はここが本社機能を担った。敷地内には中国北方料理「酸菜白肉鍋」の食堂がある。戦後、外省人によってもたらされた鍋料理である。

日本統治時代に「錦町」、もしくは「古亭町」と呼ばれていた地域は、いわゆる新興住宅街であった。市街地の中心部からは離れているが、１９３０年代には文教地区として知られるようになっていた。

現在、この建物は臺灣電力公司が所有しており、事務所としては現役である。戦時期、「大甲渓電源開発計画」の臨時庁舎として建てられ、後には大甲渓の達見ダム建設事務所にもなった。この計画はいずれも戦争のため未完に終わったが、戦後に完成している。

台湾電力株式会社の本社は、１９４５（昭和20）年5月31日の台北大空襲で被弾し、この地に事務所機能を移した。終戦後もしばらくの間はここが本社機能を持っていた。現在の用途となったのは１９８２年から。２００７年には火災に見舞われ、一部が焼失したが、残った家屋は今後、資料館として整備される予定だという。

❶住宅街の中に残る日本家屋。現在は公共スペースとして開かれている。
❷現在、館内は洋間となっている。勉強会や会合などにも用いられている。数は多くないが、かつての「神田村」には何軒か日本家屋が朽ちながらも残っている。

高等学校の教員が暮らした住宅

梁實秋故居—旧富田義介邸

ここは台北高等学校の英語教授、富田義介の邸宅だった。富田は英国の哲学者、ジョン・スチュアート・ミルの著作を数多く翻訳したことで知られる人物である。

家屋の竣工は１９３３（昭和８）年。間取りは台湾総督府が定めた官舎の基準に則したもので、ここは高等官舎第三種に属する。日本統治時代の官舎は高級官僚向けの「高等官官舎」と、一般官僚向けの「判任官官舎」に分けられていた。高等官官舎第三種の場合、延床面積が46坪以内、敷地面積が２０７坪以内となっていた。

戦後は臺灣省立師範學院（現・國立臺灣師範大學）が所有者となり、１９５２年からは梁實秋教授の住居となった。梁實秋はシェイクスピアの全集を中国語に翻訳した人物として知られている。

台北市は２００３年にこの建物を歴史建築に指定したが、長らく修復はされなかった。工事は２０１０年10月に始まり、翌年10月22日に修復を終えた。現在はイベントスペースとなっている。

ライカが運営する写真とカメラの展示空間

臺北來卡之家 ― 旧岩瀬祐一・下條久馬一邸

ここは中央研究所所属の衛生技師であった岩瀬祐一の邸宅である。岩瀬は毒蛇の研究で知られた人物で、特に血清について大きな成果を残した。この建物が登記されたのは１９３３年となっており、その翌年に岩瀬が購入したという記録が残っている。

建物は南向きとなっており、繁茂した緑に包まれている。現在は補強工事が施され、特に屋根の部分は大がかりな修復を受けている。中庭も含め、敷地全体が和洋折衷様式特有の雰囲気をまとっている。

なお、後には台北帝国大学熱帯医学研究所の下條《しもじょう》久馬一《くまいち》の邸宅となった。下條はチフス菌の研究で知られ、熱帯研究所の所長も務めた。また、戦時下、アフリカマイマイをシンガポールから台湾に持ち込んだことでも知られる。

現在、建物はライカが管理しており、カメラ機材や撮影作品の展示空間として使用されている。参観は自由にできるので、木造家屋の趣に触れてみたいところである。

❶照明に凝り、同時に陽光を巧みに取り込んだ展示空間。企画展示なども行なわれている。
❷ライカの機材の展示なども行なわれている。自由に参観できる。

ガジュマルの老樹が生い茂る歴史再生空間

大院子

旧台北帝国大学昭和町クラブ
海軍士官招待所

❶緑の中にたたずむ老家屋。時の流れを経て、より力強い美しさを放っている。
❷メインとなるギャラリースペースは高い天井が印象的。

台北帝国大学の教職員住宅が集まっていた旧昭和町《しょうわちょう》は、家屋や樹木の保存運動が盛んなエリアである。地域住民のみならず、この界隈で生まれ育った湾生（台湾からの引揚者）たちも日

❸大手建設会社「力麒建設」を率いる郭淑珍女史の手で修復が進められた。
❹敷地内にはカフェ・レストランがあり、食事が楽しめる。
❺人々に親しまれる歴史空間。1931(昭和6)年3月8日に上棟式が挙行された。

本で「昭和町会」を組織しており、多くの記録と証言を残している。

ここは台北帝大が設けたクラブであり、「単身官舎クラブ」とも呼ばれていたようである。ただし、詳細は長らく謎で、戦時期は海軍が所有する士官招待所にもなっていた。そして、終戦直後の時期は引揚を待つ在留邦人子弟のための日僑学校として使用されたこともあった。1952年からは国立台湾大学が管理者となり、教職員宿舎として使用されるようになった。閉ざされた空間であり、内部の様子など、詳細を知ることはできなかった。

老朽化もあって、台北市はこういった老家屋の撤去を進めたが、2012年11月1日、ここは保存指定を受けた。しかし、翌年2月5日未明に火災に遭って焼失。その後、3年以上という歳月をかけて修復工事が行なわれた。

現在はカフェとギャラリーになっている。オープンは2019年10月7日のことだった。敷地は広く、散策に訪れる人は少なくない。

新しい息吹が吹き込まれた大学職員住宅

JCA Living Lab ∶ 旧台北帝国大学教職員住宅（今富敬之邸）

泰順街付近にも日本統治時代の家屋がいくつか並んでいる。ここは昭和《しょうわ》町《ちょう》にあった台北帝国大学の職員住宅で、和洋折衷様式の木造家屋である。昭和16年発行の『台北市民住所録』には、今富敬之という人物の名が記されている。今富は大分県出身で、台北帝国大学理農学部職員であった。なお、近くには画家の立石鉄臣、物理学者の荒勝文策などが住んでいた。

現在、この建物は不只是圖書館（334ページ）の設計者である邱柏文氏の邸宅となっている。館内は隅々まで整備が行き届き、快適な住環境となっている。照明や自然光の差し込み具合も配慮がなされ、古さは感じられない。また、屋根の部分にも注目したい。2棟の建物で屋根瓦に違いが見られる。通常の黒瓦と量産型のセメント瓦で、その両者が見られるのは珍しい。

❶清潔に保たれた屋内。機能性も考慮され、快適な住環境となっている。

❷屋根には日本統治時代の黒瓦（手前）とセメント瓦が用いられている。

❸屋根の板材には納入者の木材加工業者の名も残る。

❹大切に守られている木造家屋。邱柏文氏は台湾を代表する建築家である。

6.

台北市東部

新興開発地に点在する歴史建築たち

台北の市街地は大正期以降、東側に発展していった。軸となったのは縦貫道路で、現在は忠孝西路・東路、八徳路となっている。この道路は、北は松山や南港を経て基隆まで、南は高雄まで続いていた。1932(昭和7)年の都市計画では、すでに現在の忠孝東路や仁愛路、信義路などの整備が予定されている。これは戦争によって完成しなかったが、戦後、設計図が中華民国政府に受け継がれ、整備された。大正期には文教地区、昭和期には新興住宅街として発達した。現在も日本統治時代の道路網は生き続けており、整然とした印象だ。数は少ないものの、戦前に建てられた木造家屋を見かけることがある。

監察院―旧台北州庁

大小のドームが風格を示す官庁建築

台北市内には数々の歴史建築が残っているが、優雅さを競うとしたら、この建物は筆頭格に挙げられる存在である。忠孝東路と中山南路の交差点、台北市の東西南北を結ぶメインルートが交わる地点にある老建築である。

現在、この建物は監察院として使用されている。その前身は日本統治時代の台北州庁舎で、赤煉瓦の落ち着いた色合いを基調とした美しい建物である。美しさばかりでなく、官庁建築らしい、どっしりとした風格をまとっている。

正面中央には大きなドームがあり、両脇に小さなドームが並ぶ。こういったスタイルは台湾では例が少なく、竣工時にも、大小のドームを併せ持つ様子が話題となった。

これらのドームはかつては銅葺きだった。これは年を経るごとに色合いが変わる銅板の特質を生かしたもので、どの時代でも、見る者に新鮮な印象を与えられるよう、色の変化を見込んで設計されたという。残念ながら、戦後、これらの銅板は失われてしまったが、

❶名実ともに台湾を代表する官庁建築。建物のもつ魅力にじっくりと触れてみたい。
❷ドームはこの建物のシンボルである。高い天井が壮麗な雰囲気を演出している。
❸大小のドームを併せ持つビザンティン風のたたずまい。2019年当時の様子。

いかに凝った造りだったかを理解できる逸話である。

竣工は１９１５（大正４）年。建坪数は１０７５坪。なお、当初は建物の中央部分だけで、両翼部は１９２５（大正14）年に増築された。総工費は27万円という記録が残っている。

設計を担当したのは台湾総督府技師の森山松之助であった。森山は辰野金吾の弟子で、台湾建築界に最も大きな影響を与えた人物とされている。台北のほか、台中や台南の州庁舎もまた、森山の手によるもので、いずれも現存している。

建物は往時の姿を保っているが、手狭になってしまったこの建物を補完す

4

5

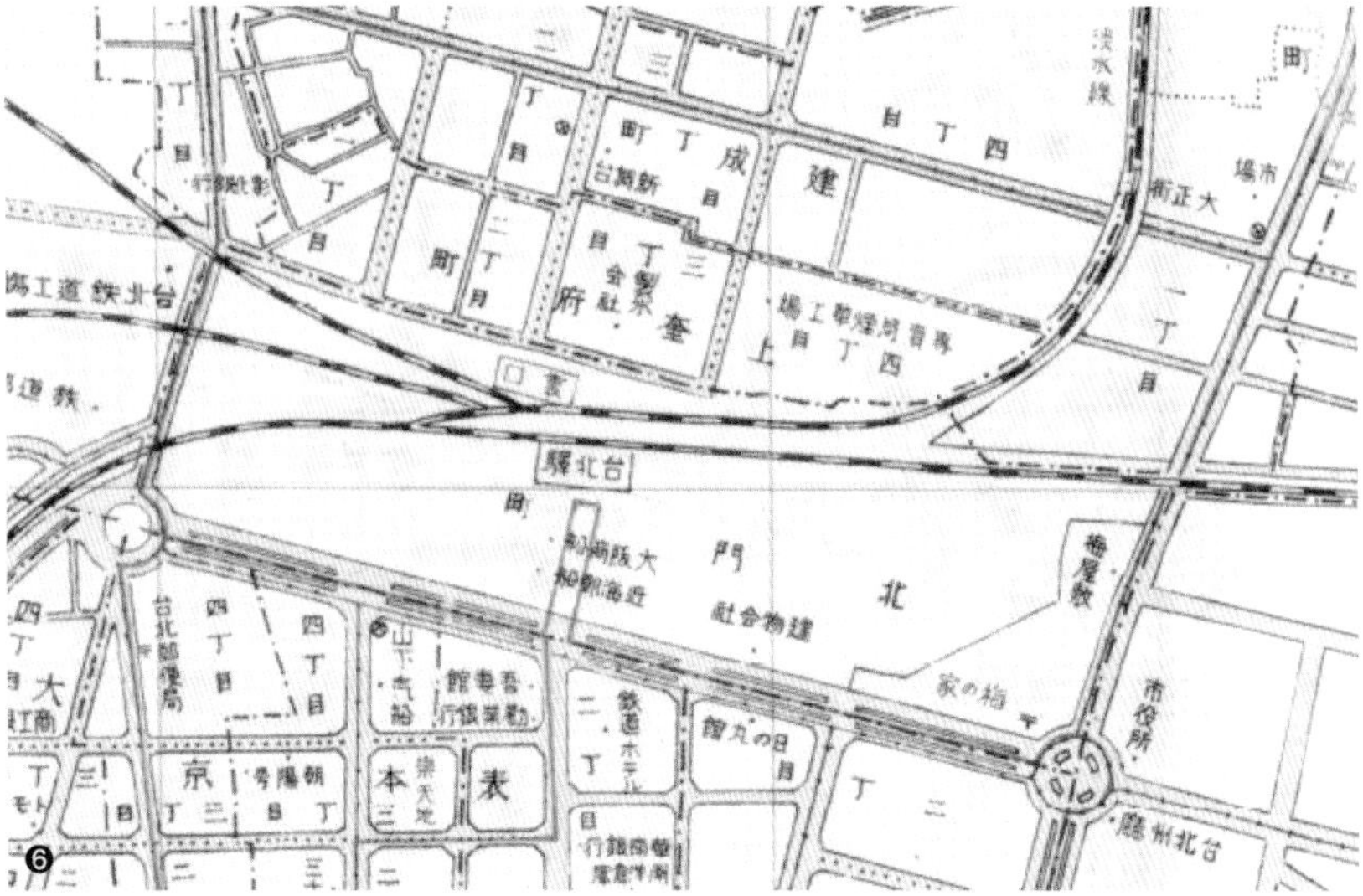

❹2018年に修復工事が終わり、戦後は塗色されていた側面の壁が竣工時の色合いに戻された。
❺日本統治時代の様子。建物の前には民政長官・大島久満次の銅像が建てられていた。戦前に発行された絵はがき。
❻昭和7年頃の地図。台北郵便局（56ページ）、台北市役所（222ページ）、梅屋敷（228ページ）などが見える（赤星光雄氏提供）。
❼威容が感じられる正面。森山松之助の代表作にも挙げられる存在だ。館内の見学は可能となっており、展示室も設けられている。
❽監察院全景を俯瞰する。複数のドームが並ぶ様子を確認できる。

るべく、後方に8階建てのビルが設けられている。注目したいのは、この高層建築が設けられた際、歴史建築の持つ風格を汚さないよう、塗装や配色に細分の配慮が払われたことである。そんな努力もあってか、新旧の建物の間に繋がりが見えるかのような印象となっている。

老建築の威厳は保たれ、今も台北の地に君臨している。現在は外壁を竣工時の色合いに戻す大がかりな工事が実施され、建物が本来持っていた風格が再現されている。

①

台北で最も美しいと称された教会建築

臺灣基督長老教會濟南教會

旧日本基督教団 台北幸町教会

台北市内の中心部。中山南路に面して、壮麗な雰囲気を放つ教会がある。現在の名称は「臺灣基督長老教會濟南教會」。日本統治時代に「日本基督教団台北幸《さいわい》町教会」として建てられたもので、台湾を代表する教会建築として名を馳せた建物である。

日本に比べると、台湾にはキリスト教信者が多く、町歩きをしていても、教会を見かけることは珍しくない。しかし、そういった中で、戦前から続いている教会となると、やはり多くはない。なお、台湾では「基督教」はプロテスタント（新教）を意味し、カトリックの「天主教」とは明確に区分する。

ここは壮麗さを際立たせたゴシック調のデザインが印象的だ。それでも、擁している十字架が小ぶりなためか、教会らしさはそれほど強くないように思えるのは気のせいだろうか。

竣工は1916（大正5）年。設計を担当したのは、台湾で数多くの建築物を手がけた台湾総督府技師・井手薫だった。

鐘楼が教堂に並列しているスタイルは、当時は例が少なく、注目を集めたという。また、館内もすっきりとした印象をまとっているが、実際に内部に入ってみると、教会特有の壮麗さが強く感じられる。

なお、この建物の後方一帯は、かつて幸町と呼ばれ、日本人官吏の住む住宅街であった。もちろん、こういった家屋に住んでいた人々は終戦後、すべて日本へ引き揚げているが、現在も、細い路地を歩いていると、木造の日本家屋が残ったりしていて驚かされる。散策が楽しいエリアである。

❶赤煉瓦造りの美しい教会建築。用いられた煉瓦はすべて台湾産で、石材についても台北郊外で採掘されたものが用いられた。
❷竣工以来、信仰の場として機能している。結婚式もよく行なわれるという。

かつての校庭から眺める。学校建築らしい雰囲気は今も感じられる。

行政庁舎に変わったかつての女学校
立法院――旧台北第二高等女学校

中華民国立法院として使用されているこの建物は、かつて女学校の校舎だった。終戦までの名は「台北州立台北第二高等女学校」。日本統治時代、台北市内の高等女学校は、第一と第二が日本人子女のための学校で、この学校も生徒は9割近くが日本人だった。

つまり、台湾人子女の入学は非常に難しかった。日本による統治下、教育機会の差別が浮き彫りになっていた現場でもあった。

戦時中には空襲に遭った。しかし、北側に設けられた新校舎は被害が小さく、元来の姿を留めている。

現在の正面玄関は改修工事を経て設けられたものである。館内を歩いていると、随所に学校だった頃の面影を感じ取ることができる。特に赤煉瓦の落ち着いた色合いが印象的な壁面や、手入れの行き届いた植え込みのある中庭などは、いかにも当時の学校らしい造りである。各教室もそれぞれ事務室などに変わっているが、各部屋の窓枠や扉などの細部を見ていると、ここが学校だったことを思い知らされる。

現在、この建物内部の参観は認められていない。しかし、時折、日本から卒業生が訪れることがあるという。そんな時には極力見学を受け入れているそうで、老齢を迎えたかつての女学生たちは、廊下や水道台などを懐かしく眺めていくという。

台北第二高等女学校は日本人の引き揚げによって廃校となり、戦後は立法院として使用されてきた。

大正時代に撮影された古写真。『台湾写真帖』より。

学校は空襲に遭ったが、1936(昭和11)年に増築された新校舎は被弾を免れた。

熱帯病理学の研究で知られた「医専」の校舎

國立臺灣大學醫學院舊館

旧台北帝国大学医学部・医学専門部

クリーム色の優しい色合いの壁面が南国の日差しを浴びて輝く。ここは台湾医学界の発展に貢献してきた老建築である。どっしりとした構えの建物が周囲の緑に溶け込んでおり、格別な印象深さを誇っている。

この建物は台湾総督府が設立した医学校の校舎だった。当初は「医学専門部」、通称「医専」と呼ばれていた。熱帯病理学の権威として君臨した同校のシンボルでもあった。その後、台北帝国大学に編入され、同学の医学部となった。

仁愛路の側に立ってこの建物を眺めると、戦時中に激しく被弾したという屋根などは大がかりな修復工事が施されている。しかし、全体としては往年の風格が保たれているように思える。

現存する建物は2号館と呼ばれたものである。竣工は1919（大正8）年。設計には近藤十郎のほか、小野木孝治らが携わっている。1世紀という歳月を経ていることもあり、木造部分を中心に建物の傷みは激しかったという。これまでにも何度となく全面的な改築の計画が持ち上がった。

それでも、ここ数年来の史跡探訪ブームの影響もあり、この建物の持つ味わいが人々の注目を集めるように

❶館内には高木友枝、堀内次《つぎ》雄《お》、杜聡明らの胸像が展示されている。
❷仁愛路に面した側の一部だけが残されている。
❸現在は台湾の医療史を紹介する空間となっている。喫茶スペースも設けられている。
❹台湾医学界のシンボルとされてきた建築物。裏庭側の様子。

3

なった。そして、保存を請願する動きが起こり、これが受け入れられて、台北市が指定する史跡となった。老建築の存在は、自由な社会の到来によって保証されることになったのである。

　現在は台湾医療の発展過程を紹介する展示空間となっている。

4

鐘楼が歴史を物語る仏教寺院

東和禪寺鐘樓 ━ 旧曹洞宗大本山台湾別院鐘楼

ここはかつて曹洞宗の布教所として設けられた寺院である。新領土となった台湾では、早期から各宗派が熱心な布教活動を行なっていた。正式名称は「曹洞宗大本山台湾別院」。寺院としては1910（明治43）年5月28日に入仏式が挙行されている。

他の宗派に比べ、信徒の数は多かったが、終戦を迎えて日本人が台湾を去ると、その運命は大きく変わった。寺院は廃せられ、敷地は中国からやってきた下級兵士たちに占拠された。本堂を埋め尽くすようにバラックが建てられ、見るも無惨な姿となっていた。

本堂は戦後も残っていたが、不審火で焼失してしまった。現在、その場所には「臺北市教育局青少年發展處（青少年センター）」が建っており、往時の様子を偲ぶことはできない。

そんな中、かろうじて残されているのがこの鐘楼である。近寄ってみると、

❶修復が施され、装いを新たにした現在の鐘楼。林森南路と仁愛路の交差点に位置している。
❷鐘楼が山門を兼ねる造りは珍しかった。新しいものだが、現在、日本式の石灯籠も並べられている。
❸日本統治時代に撮影された古写真。戦後、寺院の敷地はバラックで埋め尽くされていた。隣接して曹洞宗が運営する「私立台湾仏教中学林(後の私立台北中学)」があった。この学校は通称「梵中」と呼ばれていた。

石組みの基礎部分はかなり堅固な造りとなっている。設計は本堂とともに入江善太郎という人物が担当した。鐘楼が正門となっているという構造は珍しく、また、下部が石造りで上部がコンクリート造りという構造についても注目されたという。

現在、周囲は高層ビルが林立し、多くの車が行き交う。しかし、この建物を前にすると、この空間だけ、時間が止まっているように思えてしまう。

鐘楼は文化財として保存されている。一度はうち捨てられ、長らく放置されていた鐘楼だが、今や、再び息を吹き返したかのような印象である。

台湾人への布教を行なった閩南式寺院建築

東和禪寺觀音禪堂 ⸺ 旧曹洞宗大本山台湾別院観音禅堂

曹洞宗台湾別院は台北に暮らす日本人信徒のために開かれた。この寺院は永平寺派に属し、日本本土からやってきた住民のための寺院という意味合いが強かったと言われる。

同寺院の観音禅堂は1914（大正3）年に開かれている。現存する本堂は3年後に竣工したもので、すでに100年の歳月を経ている。

ここは台湾人信徒のために設けられた。同時に、台湾人僧侶の修行の場にもなっていた。本堂も日本式ではなく、台湾土着とも言うべき閩南《びんなん》式三合院建築となっていたのが興味深い。堂内正面には大本山永平寺の第67代住職だった北野元峰禅師の筆による「萬徳圓満」の扁額が今も掲げられている。

戦後、観音禅堂は東和禅寺を名乗るようになった。別院の本堂は中華民国・国民党政府に接収され、敷地も中国から逃げ延びてきた人々に占拠され

ていた。それを受け、この観音禅堂が寺院としての正統性を受け継ぐことになったのである。

別院本堂の跡地は1993年1月に「台北市青少年育楽中心」の建設が決まり、鐘楼を除いて撤去された。一方、こちらは改造を受けてはいるものの、往時の姿を留めている。

現在、境内には壁に埋め込まれた石碑や石獅子のほか、「お地蔵様」が残っている。台座には世話人となった人々の氏名が記されているが、その大半は日本人のものである。お地蔵様の表情は穏やかで、静かに台北の歴史を眺めているかのようである。

❶1993年に曹洞宗別院が取り壊された後は、こちらが東和禅寺を名乗っている。九重葛が覆うように繁茂している。
❷境内には日本時代に設けられた地蔵尊が今も残る。
❸地蔵尊の台座には日本人信徒の名が刻まれている。
❹日本時代から使用されている鐘も残る。
❺台湾の廟(道教寺院)を踏襲したスタイル。柱に「大正四年」の文字が見える。

帝国の南方進出を支えた教育機関

舊國立臺灣大學社會科學院

旧台北高等商業学校

❶現在も雄姿を誇る校舎。赤煉瓦の壁面に黒瓦という組み合わせは、台湾では大正期以降に多く見られるようになった。
❷構内は落ち着いた雰囲気が漂っているが、学生たちの姿がなくなり、寂しげである。

ここは台湾総督府が管轄する高等専門学校であった。開校以来、台湾の経済界に優秀な人材を送り込んできた学校で、創設は1919（大正8）年4月に遡る。校舎はその時に建てられたものが多く、現在も重厚感のある建物が並んでいる。

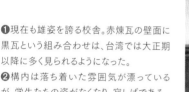

しっかりとした石組みの校門を入ると、ゆとりのある配置で校舎が並んでいる。いずれも煉瓦造りの2階建てで、南国の日差しに照らされた壁面が眩しく輝く。柱にはギリシャ風の装飾が施され、欧風の雰囲気が漂う。日本統治時代の学校建築、中でも中等・高等教育機関については、威厳と格式を強調したデザインが多く見られたが、ここもその例に漏れない。

若干の違和感を禁じ得ないのは、屋根に黒瓦が用いられているためだろうか。つまり、西洋建築と和風建築が建物の中に同居しているのだ。こういっ

❸赤煉瓦建築が南国の植物と日差しを浴びて輝く。学校としてはすでに移転している。
❹正門の脇には日本統治時代の守衛室が健在だ。
❺敷地内には第12回卒業生が贈った石碑が知られることなく残っている。

たスタイルは、台湾では國立臺灣大學（旧台北帝国大学）の校舎の一部や新竹市政府（旧新竹州庁）などにも見られる。大正時代から昭和初期の大型建築に特有のものである。

　現在は職人不在の時代を迎えており、台湾では瓦屋根の保全は困難を極めている。ここの場合、保存状態こそ良好だが、瓦は台湾で生産されていないため、補充の際は、日本から輸入するか、取り壊される日本家屋の瓦を流用するしかないという。

　構内を歩いてみると、教室や廊下、階段などに学校らしい雰囲気が感じ取れる。深い緑の中にどっしりとした構えの校舎が溶け込んでいるほか、戦前に建てられた木造の守衛室なども残っている。向かいに位置する旧州知事公邸と組み合わせて訪れてみたい。

　なお、ここは戦後、「國立臺灣大學法學院・社會科學院」として使用されてきたが、2014年9月の新キャンパス移転に伴い、現在は教育部の管理下に置かれている。将来は博物館として整備される予定だ。

樹木に覆われた高級官舎が文芸サロンに

市長官邸藝文沙龍

旧台北州知事公邸

❶外観は和風建築の趣を保っている。館内は昭和時代によく見られた和洋折衷の造り。館内には喫茶店のほか、詩集や画集、文芸作品の販売コーナーもある。

喧噪の大都会の海に浮かんだ小さなオアシス。ここはそんな表現が似合いそうな場所である。前ページで紹介した旧台北高等商業学校の向かいに位置する木造家屋で、かつての台北州知事公邸だった建物である。

敷地面積800坪というこの建物は、当時の高級官舎によく見られた和洋折衷のスタイル。全体の雰囲気は日本風で、畳敷きの部屋はあるものの、基本的な間取りは洋風となっていた。家具などについてもすべて舶来物で統一されていたと言われる。建物の性格上、当時、館内の様子を目にした人は多くないが、贅のかぎりを尽くしていたことは疑いない。

この建物が竣工したのは1935（昭和10）年のことだった。建坪は152坪となっており、邸宅としては当時最大級の広さとなっていた。敷地内に植えられた植物は亜熱帯性のものだ

❶

❷現在は芸術サロンとして、各種イベントのほか、展示会や講演会なども催されている。落ち着いた雰囲気のカフェも好評だ。
❸繁茂した亜熱帯植物も印象的。歴史建築を公共空間として整備した先駆的存在だ。

けが選ばれ、濃い緑が木造家屋のたたずまいを際立たせていたという。

終戦を迎え、日本人が台湾を離れた後は台北市長の公邸として使用されるようになった。その後、新しい公邸が竣工すると、この建物は使用されず、荒れ果てていった。そこを台北市が修復し、芸術サロンとして市民に開放したのは2000年11月のことだった。

館内の各部屋は多目的スペースとなっており、展示スペースのほか、講演や会議などにも利用されている。また、ベランダにも客席が設けられており、ここは併設されたカフェのテラス席となっている。

見逃せないのが敷地内に植えられた亜熱帯の植物たちである。日本統治時代、台湾の庭園には本土では見られない南国の植物が好んで植えられていた。これは要人が視察にやってきた際、庭先を散歩するだけで台湾の風情を味わえるようにという配慮だった。　老木となった樹木は、空を埋め尽くすほどに繁茂しており、亜熱帯性植物の旺盛な生命力を感じさせている。

日本時代の高砂ビールは「臺灣啤酒」に

臺灣菸酒股份有限公司 臺北啤酒工場

旧高砂麦酒会社工場

高砂麦酒株式会社は1919（大正8）年1月13日に設立された。資本金は135万円で、社長は台湾屈指の実業家として知られた後宮《うしろく》信太郎だった。

会社設立と同時に操業を始めたとされるが、工場の各設備が整ったのは翌年のことだったという。周囲は空き地が広がり、かなり遠くからも工場の様子が眺められたと伝えられている。

日本統治時代、ここは台湾でただ1カ所、ビールを製造する工場だった。産品は「高砂ビール」と名付けられ、広く親しまれていた。戦後、このビールの名称は「臺灣啤酒（ビール）」と改められたが、その製造技術は現在にも受け継がれている。

日本統治時代、建物は赤煉瓦造りで白い帯をまとっていた。残念ながらこの建物は現存しないが、これは106

❶1940年代に竣工したという建物の保存状態は良好だ。本館の屋上部は竣工時の姿を留めている。
❷建物の多くは戦後のものだが、施設は日本時代のものが残っている。高砂ビールの販売は1920(大正9)年7月に始まっている。

ページで紹介した専売局庁舎に似ている。当時、台湾総督府専売局の関連施設はいずれも似たスタイルを踏襲していた。今も台湾中部の南投県埔里などで、このスタイルの建物を見ることができる。

1997年7月の合理化以来、多くの機械は使用されなくなっている。しかし、工場としての機能が停止したわけではなく、製造は続けられている。敷地内の大半の建物も建て直されているが、幾棟かは往時の姿を保っており、産業遺産として扱われている。裏手にはかつての倉庫や包装所なども残っている。

現在、この敷地の一部はビアガーデンとなっており、敷地内に入ることは可能だ（工場部分は外観のみ見学可能）。高い天井のビアホールやオープンテラスのバーなど、新しいナイトスポットとして注目されている。また、年に数回、不定期ではあるものの、内部を見学する機会も設けられている。

❸日本人が開発した高砂ビールは現在、台湾ビールとして親しまれている。喉越しが良く、人気がある。

工業遺産が芸術空間として整備された

華山１９１４文化創意産業園區

旧台湾総督府専売局台北第一工場

ここは台湾総督府専売局が設けた酒造工場である。現在は敷地全体が文化空間として市民に開放されている。

この工場の歴史は古く、明治時代に遡る。総督府が残した文献によれば、１９１０年代に入り、台湾における酒類の消費量は急増したという。これを受け、１９１４（大正３）年に最初の酒造工場が設けられた。後に専売制が実施され、この工場も官営化された。酒やたばこ、塩、そしてアヘンなどが総督府の専売品とされ、重要な財源となってきたのは周知の事実であろう。

構内には古い倉庫や作業場が残っており、独特な雰囲気に包まれている。これらの施設は１９１６（大正５）年に建てられたものである。

終戦によって国民党政府に各施設は接収され、名も台湾省菸酒公賣局台北第一酒廠と改められた。しかし、１９８７年には工場設備全体が台北郊外の林口へと移転し、それ以降、ここは長らく大都会に埋もれる廃墟となっていた。

現在、敷地は芸術展示空間、そして創作空間として整備されている。一般開放されたのは１９９８年からのこと。

❶イベントや展示会などの会場となることが多い。情報はウェブサイトで集められる。
❷敷地の中には煙突も残る。敷地の裏手は緑地になっており、屋外集会などが開かれる。
❸日本時代の工業遺産は芸術家たちの創作活動を支援する場にもなっている。

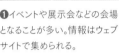

❹敷地は芸術展示空間に生まれ変わった。正面の建物はかつての酒精工場。後には薬酒の醸造工場となり、戦後は試験室として使用されていた。

不定期ながら、作品の展示やパフォーマンスが実施されている。こういったイベント時には、多くの建物の内部を参観できる。

なお、この地域は日本統治時代、初代台湾総督の樺山資紀《かばやますけのり》にちなんで、「樺山町」と呼ばれていた。華山という名は、戦後、国民党政府が台湾の統治者となった後に付けられたものである。

敷地内には、かつて貯蔵庫だったという倉庫群や、醸造工場、そして、高さ30メートルという大煙突や冷蔵関連設備など、産業遺産の指定を受ける建造物が多い。いずれも無骨で無表情に見える工場建築だが、しばらく眺めていると、一度はうち捨てられた建造物が、若き芸術家たちによって生命の息吹を与えられているように思えてくる。現在、ここは松山文創園区と並び、高い人気を誇る行楽スポットとなっている。

大型の煉瓦建築がイベントスペースに

華山1914文創園區
紅磚區(紅磚六合院)

旧日本樟脳株式会社
台北支店工場

ここは台湾最大の樟脳精製工場だった。台湾総督府専売局の酒造工場に隣接し、広い敷地を誇った。経営母体は日本樟脳株式会社。ここは同社が経営する台北工場であった。現在は文芸空間として整備されており、「華山1914文創園區」の一部となっている。

工場群は入口からやや奥まった場所に位置している。敷地内には赤煉瓦造りの建物が樹木に囲まれるように並んでいる。現在、残っているのは7棟で、すべてが赤煉瓦建築である。元々は全8棟あったが、1棟はすでに取り壊されており、その姿を留めていない。

どの建物も天井が高く、空間的な広がりが強く印象に刻まれる。また、外観については、赤煉瓦の壁面に目がいってしまうが、屋根には日本式の黒瓦が用いられている。

❶旧樟脳精製工場の建物群は「紅磚區(赤レンガ建築エリア)」と呼ばれている。一般公開されたのは2012年10月だった。

工場群は1918（大正7）年から整備が進められた。樟脳の精製が行なわれていたという現在の「E棟（西5館）」は1918（大正7）年竣工で、この一角で最も古い建物とされている。また、同年竣工の「A棟（西1館）」も樟脳工場だったが、こちらは域内最大の建物で、建坪が205坪となっている。いずれも屋内に柱が1本もなく、産業施設らしい無骨な雰囲気となっている。現在はイベントスペースとなっており、600名から800名の収容が可能だという。

北平東路に面した「B棟（西2館）」と呼ばれる建物は、1930(昭和5)年に竣工したもので、建坪は94坪、高さは11・4メートルとなっている。竣工時期がやや遅れた分、建物の構造はより屈強なものになっているという。ここはギャラリースペースとなっており、各種企画展示が行なわれている。

なお、現在は緑地になっている敷地北側の広場は、かつての樺山貨物駅と操車場の跡地である（226ページ）。

❷日本樟脳株式会社は国内樟脳事業を一本化することを目的に1918(大正7)年に設立された(現・日本精化株式会社)。
❸ショッピングが楽しめるほか、デザインマーケットも随時行なわれている。
❹樟脳は日本統治時代、専売品の一つだった。台北支店の事務所は専売局に近い児玉町に設けられていた。

旧好様思維VVG Thinking

「歴史建築再生」で生まれた新しい建築ストーリー

昨今の台湾では、産業遺産のリノベーションと再利用が盛んである。日本統治時代や終戦直後に建てられた老家屋は、次々に修復・復元され、個性的なショップやレストラン、カフェなどに生まれ変わっている。

ここは「歴史再生空間」として2012年にオープンしたレストランを端緒とし、その後、個性的な店が次々に入って話題となった。前ページで紹介した日本統治時代の日本樟脳株式会社の建築群で、現在は「紅磚六合院／C棟」と呼ばれている。

館内は優美な雰囲気を強調し、独創的な空間となっている。いずれも天井が高く、開放感が感じられる。産業施設だった歴史を尊重しつつ、そこに新しい息吹を吹き込む試みは、台北市内に限ったものではなく、台湾各地で続けられている。

❶2階には書店スペースもあった。ぜいたくな空間利用で、世界的な注目を集める存在となっていた（2019年撮影）。
❷1階はレストランとなっており、気品と風格が感じられる空間となっていた。
❸台湾で盛んな歴史空間の再生事業の旗手とも言われる存在だった（2019年撮影）。

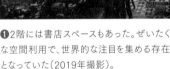

大きな学校に残る小さな歴史の証人

國立臺北科技大學思賢樓

旧台北州立台北工業学校

ここは台湾で最初に実業教育が行なわれた場所である。１９１２（明治45）年に「台湾総督府民政部付属工業講習所」が開かれ、これが前身となった。工業学校に改められたのは１９２1（大正10）年のことだった。

当初は内地人（日本人）と本島人（台湾人）が分かれて学んでいた。学科は5年制で、専科は3年制であった（1929年に2年制に改められた）。現在は大学となっており、構内には近代的な高層建築が並んでいる。

「思賢樓」は現在、校史室として使用されている。竣工は１９１８（大正7）年。整然と並んだ窓が美しい配列をなしている。そして、長い年月を経て、渋い色合いとなった煉瓦が落ち着いた雰囲気を醸し出している。学生たちはいつの日も、忙しそうに各校舎へ吸い込まれていくが、この建物の一角だけは、いつも閑静な空気に包まれている。

❶繁茂した樹木に覆われる老家屋。内部は2階建てとなっている。構内の「一大川堂」も戦前の建物で、千々岩助太郎の設計による。
❷現在は校史室として使用されている。名実ともに学校のシンボルである。

❸建物の下に設けられた通気口に工科学校らしく「工」の文字が浮き上がっている。

選ばれし台湾人子女が通った女学校の校舎

中山女子高級中學 ―旧台北第三高等女学校

ここはかつての「台北第三高等女学校」である。台北市内にあった女学校の中ではただ1校の台湾人子女のための女学校であった。

現在、この校舎は中華民国の国父とされる孫文にちなんで、「逸仙樓」と名付けられている。校舎は3階建ての建物で、上から眺めると「L」字型をしている。竣工時は左右非対称の斬新なデザインとして注目されたという。

この建物は台湾における初期のモダニズム建築に分類される。外観は直線をメインに、そこに曲線を盛り込んで象《かたど》られたデザインとなっている。特に水平の直線が強調されており、全体を整然とした雰囲気に仕立てている。また、派手さはないものの、落ち着いた外壁の色合いも、その特色とされていた。

この学校はもともと、西門町に置かれていたが、新校舎の完成を機にこの

場所に移転した。校舎は1937（昭和12）年7月7日から使用されている。機能性を重視した造りではあるが、女学校らしく、校舎内は暖色系の色合いでまとめられている。

　構内にはかつて用いられていたという鐘も残されている。竣工以来、すでに80年という歴史を誇っている校舎だが、保存状態は良好だ。いつまでも、この学校のシンボルとして生き続けていってほしいものである。

❶入口が中央にない左右非対称のデザインはこの時期の建築の特色。整然と並んだ窓枠が印象的だ。
❷建物の外壁にはスクラッチタイルが貼られている。
❸屋内の様子。建物の保存状態は良好だ。
❹現在も卒業生たちは強い結びつきを保っている。同窓会誌に掲載された日本統治時代の校舎。陳敏氏提供。

残された美しい校舎は学校のシンボルに

國立臺灣師範大學附属高級中學―旧台北第三中学校

1

ここは台北市内で3番目に設けられた旧制中学である。現在は「國立臺灣師範大學附属高級中學」という高校になっており、中学部、高校部を合わせると、教職員数が300名、生徒数が3900名にも及ぶマンモス校である。

この学校の開学は1937(昭和12)年4月1日で、同月20日から授業が行なわれたという記録が残る。当初は台北第一中学校の校舎の一部を仮校舎とし、敷地東側の通用門を校門としていたという。その後、「大安十二甲」と呼ばれていた土地に新校舎が完成したのが1938(昭和13)年のことだった。

日本統治時代、中学校(旧制)は「内地人」と呼ばれた日本本土出身者の子弟のために設けられた。台湾人子弟のために設けられた台北第二中学校は例外だが、台湾人が中学校に進学するのは非常に難しかった。この学校についても、終戦までの卒業生は741名い

❶伝統は受け継がれ、今も市内有数の難関校となっている。周囲には一面の空地が広がっており、学校の東側には台北州営農事試験場があった。
❷学校の敷地は広く、多くの建物が並んでいる。現存するのは西側の1棟のみとなっている。2階には校史室が設けられている。
❸滑車を用いたフリーストップ式の昇降窓が残る。

るが、台湾籍の学生はそのうちの82名に過ぎなかった。

この学校の校歌は初代校長である大欣鉄馬が作詞をしている。そして、作曲は山田耕筰（耕作）が担当している。山田は本土では複数の学校の校歌を手がけているが、台湾においてはこの学校以外には例を見ない。

戦時中は兵廠や傷痍軍人の診療所として使用された時期もあったという。そして、終戦を迎え、中華民国・国民党政府に接収された後の一時期は「臺灣省立和平中學」を名乗っていた。1947年4月からは「臺灣省立師範學院附属中學」となり、1979年から現在の校名となった。

学校としての敷地はとても広く、大型の校舎が並んでいる。そんな中、わずか1棟ではあるが、日本統治時代に建てられた校舎が残されている。かつては南側にあった校舎と繋がっており、全体で「L」字型をなしていた。しかし、南側はすでに建て替えられており、この建物だけが残る形となっている。2階建てで、教室群は校史室と各学科の研究室として使用されている。

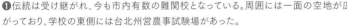

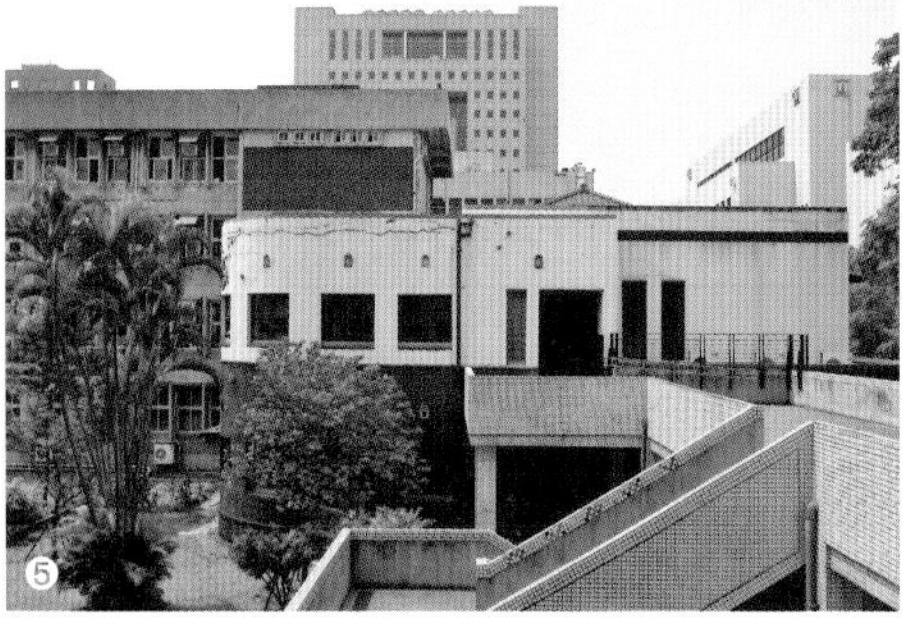

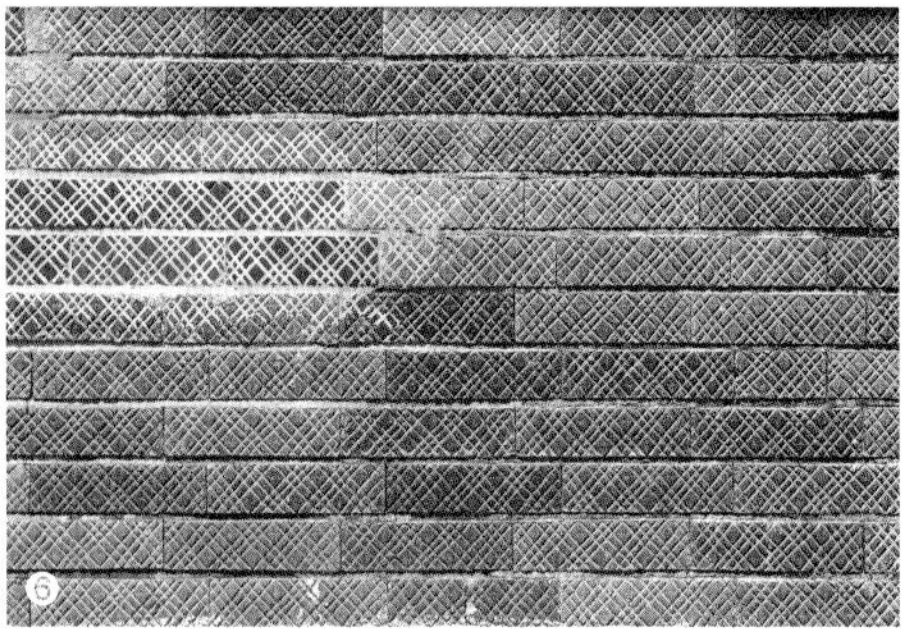

❹高い天井が印象的な階段。
❺建物の北端部は半円状の凝ったデザインだった。ここにはトイレがあったが、現在は芸術空間となっている。
❻独特なスタイルのスクラッチタイル。斜めに紋様が入ったスクラッチタイルは珍しい。

興味深いのは、この校舎の北側に設けられたトイレのスペースである。半円形の空間で、1階と2階、それぞれに設けられていた。現在はトイレではなく、改修工事を経て、芸術展示空間として生まれ変わっている。

周囲の大きな建物の間で静かに存在感を放つ老建築は、南国の陽射しを浴びて、今も渋い輝きを見せている。現在、この校舎は学校の歴史を伝える存在として史跡の扱いを受けている。

台北市内にあった地方行政庁舎

立法院青島第二會館

―旧七星郡役所

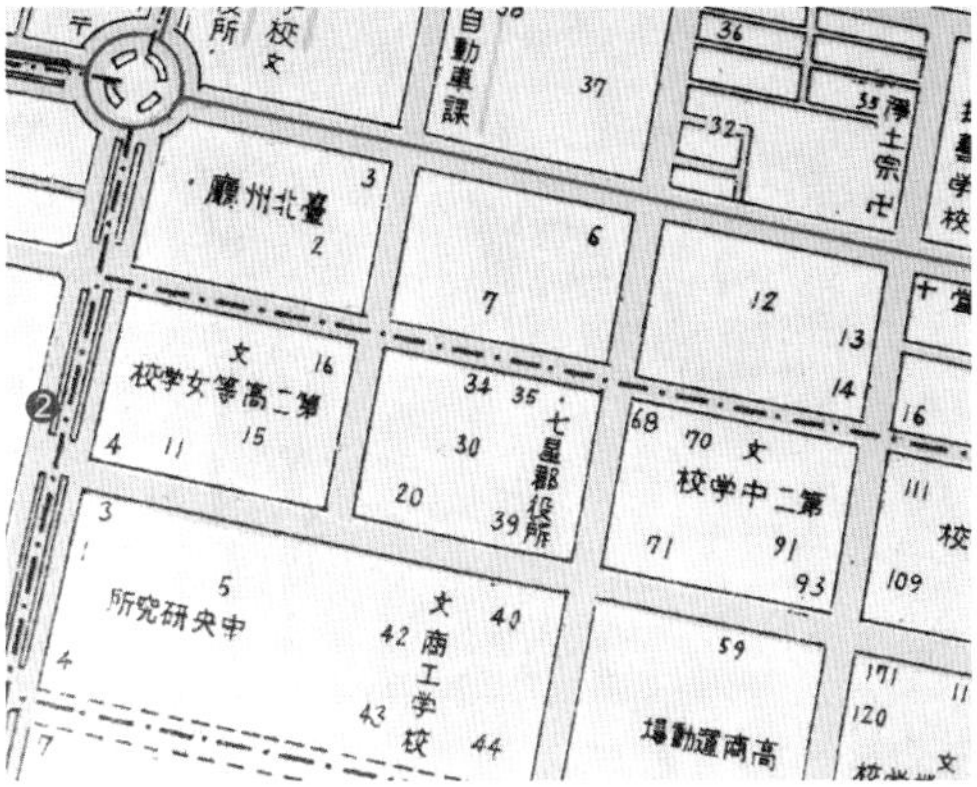

❶小さいながらも美しい建物である。ただし、館内を見学できる機会は非常に少ない。

❷昭和7年頃の地図。台北州庁(174ページ)、第二高等女学校(180ページ)、高等商業学校(188ページ)の運動場などが見える。赤星光雄氏提供。

ここは議員会館のような位置づけの建物で、立法院の管轄下にある。大規模な修復工事を受けており、外壁も塗装がなされているため、古さはあまり感じられない。

七星《しちせい》郡は台北州に属し、台北の北側に広がる地域を管轄していた。域内には汐止《しおどめ》街、士林《しりん》街、北投《ほくとう》街、内湖《ないこ》庄があった。ほかに平渓《へいけい》庄があったが、これは1932(昭和7)年に基隆《きいるん》郡へ、松山庄は1938(昭和13)年に台北市に組み込まれた。

建物の竣工は1927(昭和2)年8月6日。総督府発行の電話帳によると、郡守公室、庶務課、警察課があった。内部には遺物と呼べるようなものはなく、建物の骨格と外観だけが歴史を伝えている。

軍隊の食糧倉庫がレストランに変わった

樂埔滙農・一號糧倉

旧陸軍軍用倉庫

1

現在、「八徳路」と呼ばれている道路は、日本統治時代に整備された「縦貫道路」である。北は基隆、南は高雄を結ぶ台湾の最重要道路であり、陸軍が敷設したことから「陸軍道路」とも呼ばれた。この建物はその縦貫道路から少し奥まった場所に建てられている。

建物は日本統治時代の末期、1944年（昭和19）年に軍事用の食糧倉庫として建てられたものである。竣工から間もなく、「敗戦」という形で長かった戦争は終わり、この建物は新しい統治者となった中華民国・国民党政府に接収された。実際に接収の手続きがなされたのは、1946年3月4日だったという記録が残っている。

ここは食糧倉庫として建てられたため、主に米を貯蔵していた。シンプルな造りで、装飾らしいものは一切ない。高い天井を見上げると、太い梁が目に入ってくる。これは一部ながら、往時のものが残されているという。

屋根はシロアリによる腐食のため、戦後に新しいものへと変わったが、壁については古いものが残されている。温度や湿度を考慮し、壁は内側に木材を用い、外側にセメントを用いた二層構造となっている。そのほか、建物の下部には通気口があり、風通しが考慮されているほか、上部には採光用の窓が設けられている。

2006年頃までは倉庫として使用されていたというが、その後は放置され、侘びしい姿を晒していた。リノベーションの計画が立ったのは2014年のこと。「立偕生活文化有限公司」という企業が管理と経営を請け負い、修復工事が進められた。

現在、1階には「樂埔滙農」という名の店が入っており、厳選された食材を扱うマーケットとなっている。有機農法や自然農法による野菜や果物のほ

❶高い天井は穀物貯蔵倉庫ならではのもの。修復には約3年の歳月を要したという。
❷2階ではこだわりの食材を用い、自由な発想力で手がけられた創作料理が味わえる。

か、ドライフルーツやジャム、台湾産クラフトビールなどの品揃えが充実している。台湾ならではの調味料や加工品も手に入る。

2階には創作料理レストラン「一號糧倉」が入っている。倉庫だったとは思えない居心地の良さを誇るリノベーション空間で、インテリアも評価が高い。個性派スーパーマーケットとこだわりのレストランで、買い物や料理を楽しむことはもちろん、歴史建築の保存に尽力する台湾企業の心意気も感じ取ってみたいところである。

❸地味な外観の倉庫建築だが、現在は保存対象となっている。天井に見られる梁は見事なものだ。

都会の中に残る静寂と日本家屋の美

旧日本郵船株式会社台北支店長宅

仁愛路は東門からまっすぐに東へ延びる道路である。大王椰子《やし》の並木が整備されており、道幅は最大で１００メートルと、台北で最も幅のある道路となっている。その歴史は日本統治時代の都市計画に遡るが、完成前に終戦を迎えた。全通したのは１９５８年６月のことだった。

この家屋は日本統治時代の末期に建てられたものである。広い敷地は手入れされた緑で覆われ、庭園らしい雰囲気が漂う。塀を１つ隔てただけで、往来の激しい仁愛路からは想像できない静けさが漂っている。

私は縁あって、ここの主であった故・杜萬全氏を訪ね、取材をさせてもらった。門を入ると、大きな木造家屋が横たわっている。保全・改修は施されているが、原形をしっかり留めており、日本でも珍しくなった高級官舎の雰囲気が漂う。別棟となった離れ家も保存状態が良く、木造家屋特有の建築美を誇っている。

この家屋は日本郵船株式会社によって建てられ、台北支店長宅として使用されていた。日本郵船は台湾と日本本土を結ぶ重要な機能を持っていたが、その支店長宅ということもあり、一見しただけでも造りの良さがわかる。物資の供給に制限のあった時代のものとは思えないほどである。

終戦を迎え、建物は国民党政府によって接収されたが、後に売却され、杜萬全氏がこれを受け継いだ。築70年を超える老家屋だが、大切に扱われることで、この建物はより一層の落ち着きを放ち、美しさが増しているように思えてならない。愛され続けることで、建築物は風格を増していく。

敷地は広く、手入れされた庭が美しい。戦時中に建てられたものとは思えない優雅な造りである。周囲には高層建築が並んでいるが、まさに別世界である。

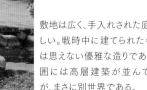

離れ家は母屋へ垂直に接する構造。屋内のどこからでも庭の緑を愛でることができる。

玄関は広く、古きよき時代の邸宅建築の風情を色濃く残す。

緑に覆われた庭園。石灯籠が存在感を示している。

國防部空軍司令部（空軍總部）舊址 ◆ 旧台湾総督府工業研究所

研究所は軍事施設となり、そして公共空間に変わった

台北市内の中心部、仁愛路と建國南路の交差点に中華民国空軍總部（総司令部）の跡地がある。空軍の本部機能はすべて移転しており、現在は公共空間として市民に開放されている。

ここに日本統治時代末期の建物が1棟、残っている。当初、この土地は台湾総督府工業研究所の設置予定地で、既存の中央研究所工業部を拡張するべく設けられた。

1939（昭和14）年4月28日に中央研究所は改組され、農業試験所、工業研究所、林業試験所、熱帯医学研究所が設けられている。その中で工業研究所は1940（昭和15）年に設立されている。

残念ながら、拡張計画は未完に終わった。わずか5年後に終戦を迎えたからである。結果的に、終戦までに建てられたのは正面の1棟のみであった。

日本統治時代に刊行されていた『台湾建築会誌』によれば、この建物は2号館となっている。それ以外はすべて未完成であり、着工すらされなかった。そして、終戦を迎え、2号館も国民党政府に接収され、1946年1月からは臺灣省工業研究所となった。そして1949年からは「空軍總部（総司令部）」として使用されるようになった。

この建物に関わった人は少なく、全容をつかむことは難しい。現在、この広大な敷地は、若き芸術家たちの展示と創作の場になっている。

❶戦時下に建てられた研究施設。1棟のみが竣工した時点で終戦を迎えた。正面は戦後に改造を受けた。

❷台湾総督府は中央研究所工業部を拡張するべく、整備を進めていた。壁面が独特な形状をなしている。

旧石崎皆市郎邸

若き研究者が暮らした木造家屋

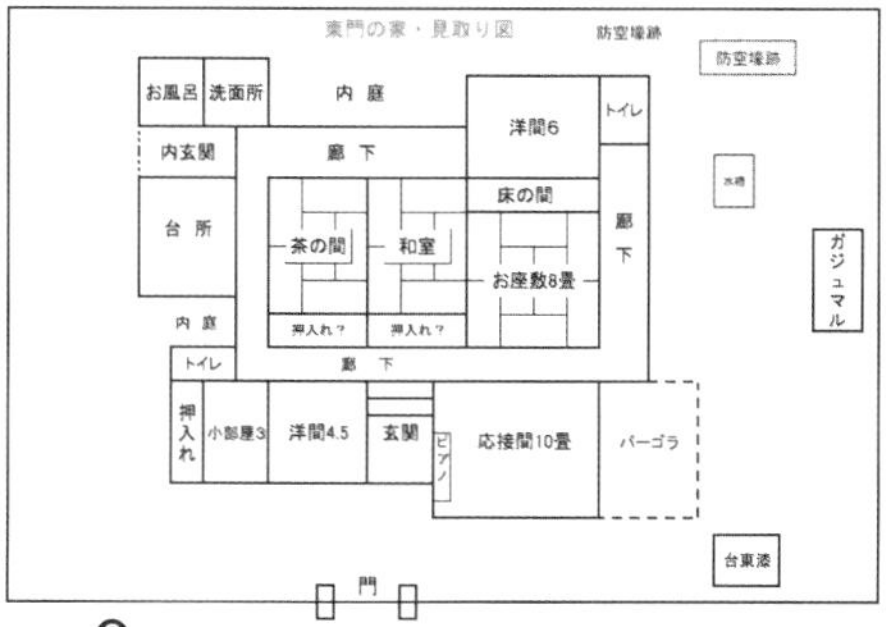

❶東門町には庭を擁した邸宅が並んでいたが、現存するものは少ない。2019年撮影。
❷現在も戦前の防火水槽が残っている。
❸石崎家の間取り。伊東優里氏提供。

連雲街は閑静な住宅地である。日本統治時代は「東門町」と呼ばれ、昭和時代に入った後に開発が進んだ地域である。

石崎皆市郎がこの場所に邸宅を設けた年代は不明だが、遺族の伊東優里氏の証言では１９３０（昭和５）年にはすでにあり、用材にヒノキ材を多用したため、「ヒノキ御殿」と呼ばれていたという。

皆市郎の子息・石崎和彦は将来が期待された地質学者であった。台北帝大理農学部を卒業後、早坂一郎教授のもとで助手を務め、台湾の地層や有孔虫の研究で知られた。しかし、１９４５（昭和20）年4月1日、阿波丸沈没事故で非業の死を遂げた。

遺族は自らのルーツを探るべく、様々な手法で調べ上げ、今も姿を留めるこの家屋を探し当てたという。小さくも、確かな歴史がここにはある。

大人小學 古文具

アンティーク文具を扱うリノベーション空間

❶アンティーク文具が並ぶ。家屋の保存状態は良好だ。扱う文房具は日本のものが多い。

❷入口はやや分かりにくく、周囲はアパートに囲まれている。
❸店内には喫茶コーナーもあり、オリジナルのデザートなどが味わえる。

金山南路と愛國東路の一帯は福住《ふくずみ》町《ちょう》と呼ばれていた。ここは台北監獄が置かれていた場所で、現在も中華電信ビルの北側に高い塀の一部が残っている。この塀の前には司法関係者の官舎だった日本家屋が並んでいたが、現在は「金杭公園」という緑地になっている。

ここは路地からさらに一歩入った場所にある。店主のサンダー氏はデザイナーが本職だが、日本製の古文具コレクターとしても知られている。往年の文房具のデザインや色遣い、素材に興味を感じ、その作りの良さからモノづくりの精神を学んだという。店内にはこういったアンティーク文具が並んでいる。

喫茶室も併設されており、文房具の愛好家のみならず、老家屋の趣を愛する人々が数多くやってくる。サンダー氏は「多くの人たちに触れてもらうことで、建物も文房具も、その命と価値を広げることができるはず」と語る。

「台湾の昭和」にタイムスリップした気分が楽しめる場所である。

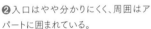

京倫會所

アートギャラリーとして親しまれる木造家屋

❶館内は清潔に保たれ、優雅な雰囲気で満たされている。
❷住宅街に位置する老家屋。窓越しに見える緑が美しく映える。

日本統治時代に東門町《とうもんちょう》と呼ばれた地域は、昭和時代に開発が進んだ住宅街である。ここはその中にある老家屋。建物の詳細な歴史を知ることはできないが、戦後は国立台湾大学が管理者となっていた。そのため、日本統治時代に台北帝国大学が建てたものと思えるが、これも推測の域は出ない。

1945（昭和20）年5月31日の台北大空襲後、米軍は記録用の航空写真を撮っている（6月17日撮影）。そこにはこの家屋が確認できる。なお、現在の仁愛路はすでに整備されていたが、金山南路はまだ道路としては存在していない。

現在、この建物はアートギャラリーとして使用されており、和洋折衷の木造家屋で芸術鑑賞が楽しめる。一帯は閑静な住宅街だが、この家屋はとりわけ「静けさ」というものが楽しめる空間となっている。

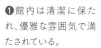

❶悦読館は講演や絵本の読み聞かせなどを行なう多目的スペース。畳敷きの空間を低い位置に置いた独創的なデザイン。梁を大胆に見せ、木造家屋の趣を強調している。

和洋折衷の木造家屋が並ぶ歴史景観エリア

國立臺灣文學館臺灣文學基地

幸町《さいわいちょう》と呼ばれた界隈には、閑静な住宅街が広がっていた。高級官吏用の住宅をはじめ、区画整理された土地の上に公務員用の住宅や企業家の邸宅などが並び、台北でも指折りの住環境を誇っていた。同時に教育機関も多く、文教エリアでもあった。

　こういった家屋は戦後に中華民国に接収され、政府関係者に当てがわれたが、環境の良さは保たれていった。民主化が進められる中、こういったものを公共財産として扱い、有効に活用していく試みが2000年頃から盛んになった。ここも日本式の木造家屋が続々と再整備され、文化活動やイベントを行なうスペースへと変わっていった。

　ここでは歴史ある建築群の保存のみならず、創作活動を支援する機能も重視されている。そして、文化財保護と地域に根ざした「物語」の記録を推し進める基地にもなっている。

❷和洋折衷様式の木造家屋が東西に5棟並んでいる。
❸木造家屋の東の端に「平安京MatchaOne」がある。この家屋は日本郵船株式会社が昭和18年に社宅として建てたもの。
❹齊東舍には建築模型や実際に用いられていた黒瓦なども展示されている。台湾総督府の高級官吏用の官舎を整備。
❺敷地全体が文化景観エリアとして扱われており、散策が楽しめる。「平安京MatchaOne」の一室。

ここでは全7棟の日本家屋が展示空間となっている。台北市内では珍しく、個々の物件ではなく、エリア全体が歴史景観の保存空間に仕立てられている。建物の多くは1940年前後のものと推測され、すべてが木造平屋の和洋折衷の作りとなっている。展示空間としてだけでなく、生活感を醸しだす演出があったり、若い世代に向けて日本の生活スタイルを紹介したりする切り口もあったりして、見学は楽しい。

また、抹茶とスイーツが楽しめる「平安京MatchaOne」も人気を博している。ここでは日本式家屋の中で和菓子や抹茶をベースとした創作デザートを味わうことができる。

街角の老家屋を見つめ直すことで郷土愛を養い、楽しみながら歴史を学んでいくという試み。そういった姿をここでは目にすることができる。

新しく整備された歴史景観レジャーエリア

榕錦時光生活園區 ― 旧台北監獄職員住宅

2022年9月7日にオープンした新しい複合レジャー施設。週末を中心に多くの行楽客が集まっている。ここは旧台北監獄の南側に位置し、日本統治時代には公務員住宅が並んでいた。戦後は中華民国・国民党政府に接収され、官吏用の住宅となっていたが、これをレクリエーションエリアとして整備したものである。

日本式の木造家屋が集まっているが、建物の多くは新たに建て直されたものであり、往年のものであっても大がかりな修復が施されている。現在は雑貨や小物を扱うショップやレストランなどがテナントに入っている。

注目したいのは、エリアの北側に連なる石組みの壁で、180・8メートルにわたって続いている。用いられているのは安山岩で、台北北郊の唭哩岸《きりがん》で採掘された石材とされる。

また、ビジターセンターには台北監獄についての紹介や、修復の工程といった展示もある。古地図や図面の展示などもあるので、立ち寄ってみたいところである。

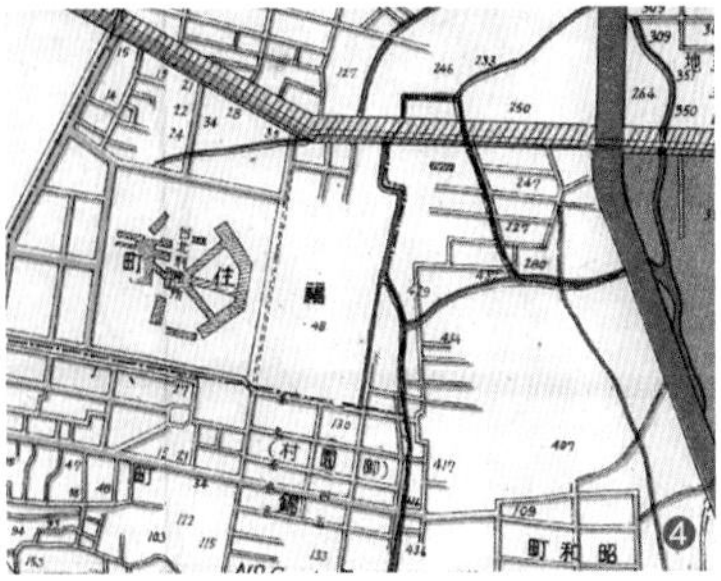

❶西端にある赤煉瓦の建物はかつての浴場を整備したもの。老樹が大きな樹陰を作っている。
❷北側には台北監獄時代の石壁が残る。高さは2メートルあったが、上部は失われている。大人小學古文具(212ページ)に近い監獄北側にも石壁は残る(金杭公園沿い)。
❸台北監獄は1924(大正13)年に「台北刑務所」と改称された。家屋の大半は新しく建て直されたものだが、日本家屋の雰囲気が強調されている。
❹中央監視舎から放射状に舎房が伸びていた。現在は台湾南部の旧嘉義監獄(現・獄政博物館)でその様子を見ることができる。

金錦町

老樹が見守る日本式家屋と洋菓子店

❶老家屋は洋菓子店として再生された。金華街はかつての福住町（北側）と錦町（南側）の境界となっている。
❷金錦町がある一角には同じ間取りの家屋が10棟あり、全20戸が入っていた。
❸個性的な形状をしたケーキや金箔カステラが人気を博している。

永康街に近い住宅街。金華街一帯は終戦まで「錦町《にしきちょう》」と呼ばれ、日本人の公務員住宅が並んでいた。木造平屋の官舎群の多くは戦後の中華民国体制でも使用されたが、老朽化が進み、大半は撤去の憂き目に遭ってしまった。

この建物は台湾総督府専売局の職員住宅として建てられた。2棟続きのため、広く感じられるが、建物は判任官官舎の丙種官舎の基準に則している。具体的には建物は13坪の木造平屋で、6畳と4畳半、そして玄関2畳と炊事場で構成されていた。

2019年1月、この建物は洋菓子店として息を吹き返した。台北市が進める老家屋再生プロジェクト「台北老房子運動」の一環で、修復を手掛けたのは台南市において歴史建築再生事業の実績をもつ劉國源氏率いるグループだった。木造家屋の建築工法を研究しながら、元来の姿に戻すべく、丁寧な調査と作業が施された。工事には約5年の歳月を要したという。

現在は個性的な洋菓子で知られる店舗となっている。前庭には龍眼《りゅうがん》の樹が聳え立つ。樹齢などは不明だが、南国の青空と木造家屋の色合いに、緑が程よく調和している。老家屋と老樹。枝葉に宿るその生命力にも注目したいところである。

文房・文化閲讀空間

老家屋に息吹を吹き込んだ読書空間

❶北向きの部屋では庭の緑を眺めながら読書が楽しめる。
❷館内には数多くの書籍が並ぶ。蔵書は4000冊を超えるという。日本統治時代の古地図などもある。

老家屋を利用した読書空間。日本統治時代の高級官舎が文芸空間として整備されており、好評を博している。これは台北市が推進している「老房子文化運動」の一環で、市民により多く、より自然な形で文化的生活を享受してもらうことを目的としている。

幸町《さいわいちょう》は昭和時代に入った頃から整備が始まり、戦後も高級官吏が多く住んでいた。この建物も日本統治時代末期に建てられたものと推測される。和洋折衷様式で、広い庭には樹木が生い茂っている。

現在は読書を愉しむ公共空間となっている。図書室であると同時に、文化講座やイベント、講演なども随時行なわれている。館内にはソファーや椅子が随所に置かれ、くつろぎの空間が演出されている。こういった場所に身を置くだけでも、台湾の「今」が感じられる。

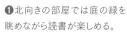

❸玄関を入って右手に洋室の応接間、左手に和室があったという。
❹建物外観。戦後は長らく政府関係者の住居となっていた。
❺建物全体が静寂に包まれており、居心地のいい空間となっている。
❻ソファーも用意され、読書が楽しめる。
❼女中用の部屋もあった。

台湾の医学・薬学を支えた学校建築

國立臺灣大學醫學院舊藥學館

旧台北帝国大学 薬理学教室

人知れず佇む学校建築。ここは日本統治時代に台北帝国大学の薬理学教室だった建物である。建物の竣工は1937（昭和12）年6月15日。この時代に設けられた学校建築ではよく見られるスタイルで、鉄筋コンクリート構造の堅固な建物である。外観は装飾を排し、シンプルながらも堅牢な印象となっている。1階部の表面には黄土色のタイルが貼られていた。

2000年に国立台湾大学付属病院の国際会議センターが設けられた際、北に22・57メートル移設され、徐州路に面していた出入口も北から南に変わった。それでも建物全体の姿は保たれている。現在は歴史的価値が考慮され、保存対象となっている。

しかし、久しく使用されていないためか、かなり傷んでいる様子で、館内の見学もできない。亜熱帯の植物に埋もれるようにも見え、やや寂しい印象を禁じえない。

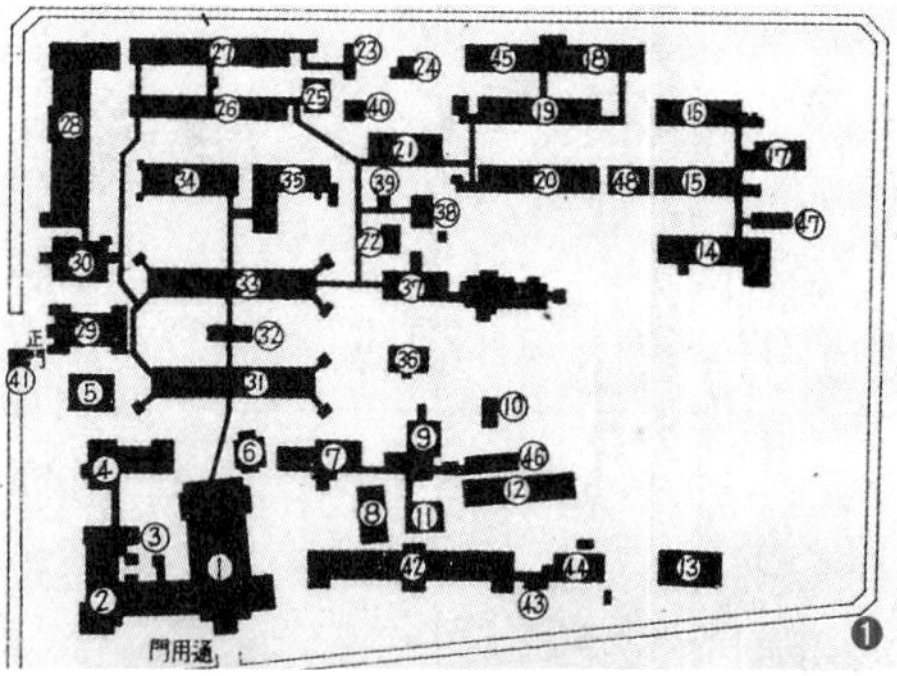

❶昭和15年時の台北帝大医学部・医学専門部の構内図。薬理学実験室㊺と動物室蒸留室⑱の南にあるのが薬理学教室の建物だった（⑲）。

❷台湾人として初めて博士号を取得した杜聡明が教鞭を執った場所でもある。

7.

台北市北部

「勅使街道」を中心に発展した市街地

台北市内を南北に貫く中山北路は、市内屈指の幹線道路である。終戦までは、「御成道路」、もしくは、視察に訪れた要人がここを通って台湾神社に参拝したことから、「勅使街道」と呼ばれていた。この道路の西側を並走していた鉄道（淡水線）は現在、地下化されている。南から御成町、宮前町と並び、官舎が並ぶ住宅街となっていた。また、現在は歓楽街として知られている林森北路界隈は、大正町と呼ばれる高級住宅街で、北に位置する林森公園は終戦まで共同墓地だった。その東側には「堀川」と呼ばれる水路があった。散策はMRT「中山」駅、「雙連」駅が拠点となる。日本統治時代の家屋が点在しているので、そぞろ歩きを楽しみたい。

①

行政院――旧台北市役所

5年足らずで敗戦を迎えた市役所の新庁舎

③

②

ここは日本統治時代の台北市役所である。竣工は１９４０（昭和15）年で、翌年から使用されている。つまり、竣工からわずか5年足らずで終戦を迎え、中華民国・国民党政府に接収された官庁建築である。

日本人が台湾を去った後、ここは中華民国台湾省行政長官公署となり、その後は行政院が使用するようになった。行政庁舎としての機能に変化はないが、現在、この建物がかつて台北市役所だったことを知る人は多くない。

建物は装飾を排したデザインである。建坪数は１１２２坪で、広い前庭を擁している。庁舎の建設は１９３６（昭和11）年からの2カ年事業として計画された。当初は総工費１２０万円が計上されたが、最終的には１５１万円（現在の貨幣価値では8億６０７０万円相当）という巨費が投じられた。戦時体制下、工事は遅れたが、完成時には台北市内指折りの大型官庁建築として話題となった。

装飾を排し、整然とした雰囲気をまとった建物だが、階段や窓枠などの細部は凝った意匠となっている。

❶台北に市制が施行されたのは1920（大正9）年。戦後最大の悲劇とされる「二二八事件」の舞台にもなった。
❷当時の官庁建築の入口には靴の泥を落とすための水道が設けられていた。現在は使用されてはいないが、痕跡は確認できる。
❸玄関ホール。扉には当時「高砂族」と呼ばれた原住民族のデザインをモチーフにした装飾が見られる。
❹日本統治時代の市議会用のホール。式典などもここで行なわれた。
❺大きな窓は滑車を用いたフリーストップ式。旧台湾総督府などでも同様のものが見られる。

建物の表面には黄土色の地味な色合いのタイルが貼られている。これは司法院の浅緑色と同様、「国防色」と呼ばれたものである。この時代の建物ではよく見られるもので、その派手さを全く感じさせない色合いには、空襲を意識せざるを得なかった当時の世相が見え隠れしている。

旧台湾総督府庁舎などと同様、この建物を上から眺めると、「日」の字型をしているのがわかる。四周に事務室を配し、中央には大講堂が設けられているが、これはかつての台北市議会議事堂である。正面中央部は4階建てとなっているが、その両脇の部分は3階建て。戦後も建物自体が大きな改修を受けることがなかったため、ほぼ原形を保っている。

建物の前に立ってみると、前面に美しく並んだベランダもまた、すっきりとした印象を与えている。2003年からは毎週金曜日に限り、内部の参観ができるようになった。外国人でもパスポートを携帯すれば参観は可能だ。入口は正面玄関ではなく、天津街にある通用門となっている。

2階に大講堂を擁した学校建築

内政部警政署——旧台北市樺山尋常小学校

　忠孝東路に面した内政部警政署の建物は、かつて小学校の校舎だった。終戦までの名は「台北市樺山尋常小学校（1941年に樺山国民学校と改称）」。内地人（日本本土出身者）子弟が通う教育機関として設けられた。

　この学校が開かれたのは1911（明治44）年に遡る。当時は「台北第四尋常小学校」を名乗っていたが、1915（大正4）年に「台北城北尋常小学校」と改名されている。当初は現在の行政院（旧台北市役所）の場所に校舎が設けられていた。なお、台北に市制が施行されたのは1920（大正9）年。その際には校舎の一部が市役所として使用された。現在の場所に移ったのは1938（昭和13）年のことである。

　戦後、この学校は廃校処分の憂き目に遭い、建物は中華民国・国民党政府に接収された。当初は警務処が使用し

❶建物は大きく改修されており、全体としては歴史的な趣は感じられない。それでも廊下や階段には学校らしい雰囲気が残っている。
❷2階には講堂が設けられていた。戦時中は空襲にも遭っており、計6発の焼夷弾が撃ち込まれたという。

ていたが、1972年からは内政部警政署の建物となった。

忠孝東路の側から見ると、外観はそれほど古い建物には見えない。全体的に大がかりな改修工事を受けており、往時の装いではないのも確かである。しかし、階段などを見ていると、学校らしい雰囲気を感じ取ることはでき、廊下なども往時の面影を残している。

現在、この建物に改築の予定はなく、しばらくは安泰だ。それでも雨漏りなどは絶えないと聞く。老建築を守っていくには想像以上の労苦を伴う。

❸付近一帯は初代台湾総督樺山資紀にちなんで「樺山町」と呼ばれていた。日本統治時代の様子（関西樺山会提供）。
❹かつての校庭と校舎を俯瞰する。校庭は駐車場と運動場になっている。

❹

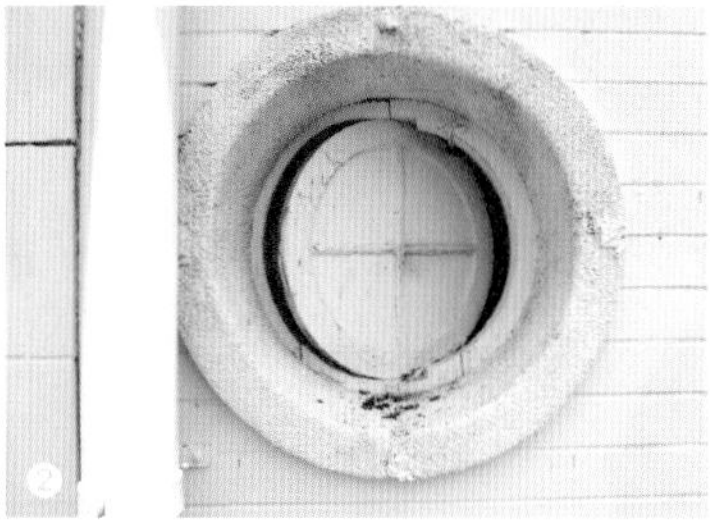

❶台北市は展示空間として使用するとしているが、具体的な方策は決まっていない。
❷円形窓が存在感を示している。現在、外壁が白く塗られている。
❸旧操車場は緑地となっている。その中にはホームも残っていた（2019年撮影）。

華山站貨場 ―旧樺山貨物駅

緑地に変わった操車場と今も残る駅舎

ここは樺山駅と呼ばれていた貨物駅である。周囲を見回しても鉄道の線路は見あたらず、駅らしい雰囲気も全くない。しかし、かつて、ここには確かに駅があり、数多くの列車が行き交っていた。

台北駅は1989年9月に地下化されるまでは地上駅であり、東側には操車場が広がっていた。そして、樺山貨物駅が設けられていた。台北駅からは東に1キロほどの距離であった。

樺山貨物駅の建物は2階建てで、竣工は1937（昭和12）年7月。駅舎として使用されたのは同年末からだったが、貨物駅という性格上、一般旅客との接点はなく、時刻表にもこの駅の名は記されていなかった。

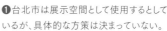

「樺山」とは初代台湾総督である樺山《かばやま》資紀《すけのり》に由来する。しかし、日本に関わる名称は国民党政府に嫌われ、1949年5月に「華山」と改められた。その後、鉄道線路の地下化工事に伴い、華山貨物駅は廃止となった。

廃止後、操車場は資材置き場として利用された。市の中心部にもかかわらず、広大な土地が眠っているという状

日本統治時代に建てられた駅舎は装飾のない簡素なデザインだった。
駅舎の1階は事務所、2階には駅長室と会議室があった。2020年当時の様子。

態だったが、現在は緑地として整備され、名前も「華山公園」となっている。ここは総統（大統領）選挙の際、集会場として使用されることが多い。

残念ながら、駅舎の現況は悲惨と言わざるを得ない。現在、台北市はこの建物を史跡として扱っていない。郷土史研究家や文化人の間からは保存を請願する声が上がっているが、現時点では、具体的な保存・活用については決まっていない。しかも、建物はどういう理由からか、壁が真っ白に塗られており、その上、場違いとしか思えない模様が描かれていた。

ここは国民党による一党独裁時代、白色テロに伴う言論弾圧で思想犯とされた人々が緑島（旧称・火焼島）の収容所に送られる際、列車に詰め込まれた場所でもある。つまり、彼らは乗客の扱いではなく、貨物として扱われた。そういった意味では、台湾史の一場面としての存在意義も小さくはない。

物を語らない地味な建築物。そこに無駄な塗色を施し、史実を払拭しようとする行為は、先人を冒瀆するものだと批判されることが少なくない。

広い庭園の中に日本家屋が残る

國父史蹟紀念館 ―― 旧料亭梅屋敷

ここは「梅屋敷」を名乗った戦前の料亭である。どっしりとした構えを誇る台北駅の東側に位置し、往来の激しい中山北路に面している。理想的な環境とは言えないが、緑豊かな庭園を従えて、純和風の木造建築がしっとりとした落ち着きを感じさせている。

梅屋敷の創業は１８９８（明治31）年。家屋が竣工したのは翌々年のことだった。それ以来、終戦を迎えるまで、台湾屈指の高級料亭として名を馳せてきた。料亭として建てられた木造家屋が残っているケースは非常に少なく、台北市内に限って言えば、ここ以外に例を見ない。

１９３９（昭和14）年発行の電話帳には経営者として大和宗吉の名が記されている。電話は2本回線があり、２３９６番と２７９６番。後者が料亭の番号として使用されていたようである。

梅屋敷には台湾総督府の高官が頻繁

に出入りしていた。このことからも、その格式が推測できるが、そればかりでなく、台湾を訪れた外来の賓客を接待する際にも利用されていた。その中には、中華民国建国の父とされる孫文（孫中山）も名を連ねている。

戦後を迎えると、ここは国民党政府に接収された。そして、かつて孫文が立ち寄ったことが契機となり、「國父史蹟紀念館」として整備された。前庭にあたる庭園も孫文にちなんで「逸仙公園」と呼ばれている。畳敷きの館内には孫文の遺品が展示されている。春先にはツツジが咲き乱れる。

❶都心部に築百年を超える和風建築が残る。料亭として使用されていた建築が残っているのは、台湾全土を見回しても多くはない。
❷庭園の緑の中で落ち着いた雰囲気を保つ日本家屋。参観は無料となっている。
❸館内にはふすまや障子も残り、往時の様子がうかがえる。なお、建物は鉄道線路の地下化工事に伴い、並行移動という手法で一度、移設されている。

❶かつては1階が店舗で、2階が職人たちの作業場となっていた。
❷往年のたたずまいをしっかりと残している林田桶店。故人となったが林相林氏の名声は今も色あせていない。2008年撮影。
❸故・林相林氏は基隆の日本人職人の下で修業を積んだ。多くの人に愛された人物だった。

林田桶店

桶職人の魂は建築物に染み付いている

戦前から続く手作り桶の専門店。日本統治時代に修業を積み、職人らしい心意気と気さくな人柄で愛された故・林相林氏の店である。

正面には「林田桶店」と記された看板が掲げられている。古びた建物だが、強烈なまでの存在感を示している。その風格を前にすれば、誰もがこの店を台北史の生き証人と認めるに違いない。店先には各種桶類が置かれ、その奥には林氏の仕事道具が整然と並べられていた。店構えは大きくないが、昔気質の職人らしい心意気が満ち溢れる空間であった。

建物は、台湾では大正年間から昭和初期にかけて流行した商店建築スタイル。今となっては時代に取り残されたかのような印象を否めないが、その風格は周囲を完全に圧倒しており、すべての者に強烈な印象を刻みつける。

1939（昭和14）年に発行された『台北市商工人名録』には林田桶店の名前が記され、林相林氏の父である林新居氏の名前が見える。生前、林相林氏は事あるごとに、父が「お前は日本

②

③

一の桶職人になれ」と口にしていたことを懐かしそうに語っていた。

林相林氏は多くの日本人に慕われた人物だった。失われつつある「職人の魂」をその人物の中に見て、感動する日本人は少なくなかった。半世紀以上にわたって台湾の歩みを眺めてきた建物の味わいと、気さくな林氏の人柄は、訪れる誰をも魅了して止まなかった。

現在は子息が店を継いでいる。

❶2階の客席は高い天井が開放感を与えている。木目の優しい色合いが印象的だ。

滿樂門──旧和発雑貨店

原形に忠実に修復作業が行なわれた再生空間

ここは雑貨屋として建てられた建物である。前ページの林田桶店に隣接し、1920年代に流行した商店建築のスタイルを踏襲している。正面にはバロック風の装飾を擁しており、洒落た雰囲気を感じさせている。

中山北路は日本統治時代、台湾神社の参道として整備された幹線道路である。ここは中山北路と長安西路の交差点に位置し、西に少し歩けば、淡水線の大正街駅があった。ここはホームがあるばかりの小さな駅だったが、利用客は多く、賑わいを見せていたという。

なお、長安西路を挟んで向かいに位置する交番は日本統治時代に設けられたもので、その隣りにある中山市場はかつては「御成町市場」と呼ばれていた。いずれも建て替えられているが、その位置関係は変わっていない。

建物は大正年間に建てられたと言われている。当初から商店として使用されていたが、後に経営者が代わり、「和発雑貨店」を名乗るようになった。この雑貨店は林氏という経営者が切り盛

❷一時期は取り壊しの上、高層ビルを建てる話もあった。しかし、前ページの林田桶店が反対し、計画が流れたという経緯がある。
❸歴史と文化を尊重し、工事は元来の姿を強く意識して行なわれた。屋根裏の様子。
❹大きな窓に高い天井。歴史建築の趣に触れてみたい。店内には修復前の壁の一部をあえて残し、展示している。

りしていた。1939（昭和14）年に撮影された古写真には、隣接する林田桶店と並んでこの建物がわずかに写り、「サクラビール」と記された縦型の看板が見える。

今となっては詳細を知ることはできないが、この店は戦後、「和発食品行」と名前を変えて、営業を続けた。日本からの輸入食品などを扱い、稀少な高級食材が手に入ることで知られていたが、店主が代替わりし、時代の変化もあって、経営が傾いた。閉店してからの10数年間は、扉が閉ざされ、廃墟のようになっていたという。

その後、歴史建築の存在意義を考慮した現オーナーが管理者となり、修復工事が行なわれた。あくまでも原形に対して忠実に作業は進められ、天井の梁などは往時の姿をほぼ保っている。2階には煉瓦で造られた円柱形の柱なども残されている。

2006年夏、8カ月にわたる工事が終わり、「滿樂門」として営業を開始した。現在は歴史建築カフェとして、多くの人に親しまれている。

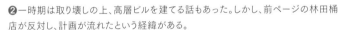

採光用の丸窓が印象的な公共空間

中山藏藝所

旧台湾総督府技芸訓練所・台北市職業紹介所

小さいながらも美しい建物である。かつては淡水線の線路のすぐ脇にあり、木造の雑貨屋を挟んで、大正街駅のホームがあった。

ここは終戦まで「技芸訓練所」であった。主な業務は職業の斡旋と実技の訓練で、多くの人々が出入りしていた。建物の両翼部にはかわいらしい採光窓が設けられ、帯状の模様がささやかなアクセントとなっている。落成は1930（昭和5）年。規模こそ大きくはないが、欧風のたたずまいは珍しく、竣工時から注目を集めたという。

当時、世界的に広がっていた経済恐慌は台湾にも深刻な影響を及ぼしていた。その状況は日本本土ほどではなかったものの、失業者は急増していた。そこで、総督府は社会事業の一環としてここを開設したのである。

職業の斡旋が開始されたのは、1933（昭和8）年1月17日からだった。当初は住所不定者の収容をしていたため、「建成町ルンペン宿泊所」と呼ばれていたが、これはのちに、行商で台湾にやってきた人々のための簡易宿泊所となった。

終戦後は長らく衛生署が使用していた。そのため、行政院(旧台北市役所)と同様、日本統治時代の用途を知る人は多くない。衛生署の後は、性病防治所になっていた時期もある。その後、衛生署の機能は新たに設けられたビルに移り、身体障害者の生活を支援する公共空間となっていた。

2017年4月、主に福祉関係の展示をするスペースとして様相を新たにした。参観は可能なので、歴史建築の趣に触れてみたいところである。

❶屋根裏の様子。しっかりと組まれた造りを間近で見ることができる。

❷欧風の雰囲気をまとった建物。どことなくすっきりとした印象が漂う。

❸建物について紹介した展示もある。喫茶コーナーも設けられている。
❹英国風の雰囲気を感じさせる外観。質舗も設けられていた。東隣りに御成町市場(現・中山市場)があった。『台北市十年誌』より。
❺現在は公共空間として整備され、展示や講演が行なわれている。

重厚な雰囲気を誇る大型学校建築

臺北當代藝術館

旧台北市建成尋常小学校

ここは台北を代表する学校建築であった。現在はモダンアートの展示スペースとして使用されており、市民に開かれた芸術空間となっている。台北市はここ数年、芸術鑑賞に主眼を置いた施設の整備に力を入れているが、ここはその嚆矢となった存在である。

この学校は1919（大正8）年に開設されている。学校名は当時の町名に従って、「建成《けんせい》小学校」とされた。その後、学制の変更によって尋常小学校は国民学校と名称が変わる。内地人（日本本土出身者）子弟の初等教育機関だったため、台湾人子弟が入学することは困難で、卒業生も圧倒的多数が日本人である。言うまでもなく、彼らは終戦後、生まれ故郷である台湾を離れる運命を強いられた。

「U」字型をした校舎は1934（昭和9）年に竣工している。校庭を校舎が取り囲むように並んでいる。建物は

震災を考慮し、鉄骨を用いた堅固な造りとされた。さらに、校庭にはプールや相撲場が設けられていた。校舎全体が完成したのは１９４０（昭和15）年のこと。設備や規模から見て、台北を代表する学校建築の１つであったことに疑いはない。

終戦を迎えると、学校は廃校処分を受け、後に市役所の機能が移されてきた。その後は半世紀あまり、台北市政府（市役所）として使用された。そのため、戦後生まれの市民は、この美術館の前身が学校であったことを知らないことが多い。

現在、長安西路という道路に面した建物は「臺北當代藝術館」となっているが、かつての校庭や後方の校舎は、「建成國民中學（中学校）」として使用されている。現在もなお、戦前の卒業生たちと学校の交流は続いている。

❸

❶建物は戦後、長らく台北市役所として使用されてきた。現在はモダンアートの展示空間となっている。
❷校舎の保存状態は良好で、学校建築の雰囲気が感じられる。
❸日本統治時代の古写真。運動会の様子。卒業アルバムより。新井基也氏所蔵。
❹当時は小学校と公学校があり、前者が日本人子弟を対象とする初等教育機関だった。一部は現在も校舎として使用されている。

❶

❹

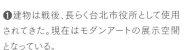

白亜の美しい洋館にも黒瓦がよく似合う

光點臺北・臺北之家 ―旧アメリカ領事館

ここはアメリカ領事館として建てられた洋館である。台湾神社の参道だった「勅使街道」（現在の中山北路）に面して建てられた。台湾総督府が残した史料には、1926（大正15）年10月8日から使用されたとある。

建坪数375坪というこの建物は、壁面がアイボリーホワイトで塗られ、周囲に茂った常葉樹の中で、格別な美しさを誇っている。竣工時からその美しさは知られていたが、太平洋戦争の勃発によって、この領事館は閉鎖に追い込まれる。その後は、空襲にも遭い、被害が出ている。

戦後は中華民国のアメリカ総領事館として使用されることになった。しかし、1979年に両国の国交が断たれると、建物は放置され、その後は長らく廃墟となっていた。

現在は大がかりな修復工事を経て、芸術サロンとして生まれ変わっている。1階には映画や音楽、絵画といった芸術に関する書物を扱う書店があり、建築に関する写真集の品揃えも豊富だ。さらに、2階や屋外には洒落たカフェやバーがあってナイトスポットにもなっている。敷地は広く、南国の植物を愛でながら、町歩きの疲れを癒すことができる。散策の途中に立ち寄ってみたい歴史建築である。

❶1階には陽光と庭の緑が楽しめるカフェがある。
❷2階のバーも人気がある。深夜まで営業している。

❸白を基調とした美しい建物が深い緑に映える。オープンは2002年11月10日だった。
❹最も印象的なのは階段の部分。大胆なデザインに圧倒される。

台湾の舞踏史を記念する空間

蔡瑞月舞蹈研究社

中山北路は台北を南北に貫く幹線道路である。その路地の中にいくつかの木造家屋が残っている。ここもそういった建物の1つで、訪れてみると、往来の激しい表通りからは想像もできないほどの閑静な雰囲気が漂っている。

ここは戦後長らく、ダンス・スクールとして使用されていた場所である。現在はオープンスタイルが人気のカフェとなっており、屋内には広い展示スペースを擁している。ここは公演スペースでもあり、文化イベントや発表会などが盛んに行なわれている。

この建物は1937（昭和12）年に竣工したものとされる。元々は台湾総督府の職員が暮らす官舎だったが、戦後、民間に払い下げられ、台湾舞踊界の先駆者として知られる故・蔡瑞月女史のダンス・スクールとなった。残念ながら、1999年に火災に遭い、屋根や壁などは焼失したが、台湾近代舞踊史の発祥地として、台北市から史跡の指定を受け、復元工事が施された。現在は保存対象となっている。

現在の建物はその火災後に修復されたものだが、往年の雰囲気はしっかり

❶敷地は広く、緑も豊か。都会の喧噪を忘れるために多くの人が訪れる。
❷舞踊学校時代、練習場として使用されていた板張りの空間も残されている。
❸火災後、大がかりな修復を経ている。喫茶コーナーも併設されている。
❹イベントスペースとして使用されることも多い。バレエや創作ダンスの発表会なども開かれている。

と保たれている。焼け残った壁や柱などは、本来の場所に残され、展示物となっている。

　蔡瑞月女史は台湾舞踊界において伝説的な人物である。欧米や日本など、様々なタイプの舞踊を取り入れ、独自のスタイルを確立していた。元々、稽古場は台南に設けられていたが、1953年、台北に移転を果たし、「蔡瑞月舞蹈研究社」を名乗るようになった。これは台湾で最初に設立されたダンス・スクールでもあった。

　蔡女史は戦後の台湾に吹き荒れた白色テロの受難者でもあった。徹底的な言論統制を敷いた国民党政府は、多くの市民の人生を狂わせた。そういった状況の中を生き抜いた女性としても、蔡女史は注目される存在である。

　館内には板張りの練習場が整備されているほか、台湾舞踊史に関する展示がある。また、日本統治時代の壁や梁などが残されており、これも展示物となっている。都会の喧噪を嫌う人々はここを好んで訪れ、憩いの場所として親しんでいる。

台北を代表する教会建築の風格に触れる

臺灣基督長老教會中山教會

旧日本聖公会 台北大正町教会

この教会は林森北路と長安東路の交差点に位置している。終戦を迎えるまでは、「大正町教会」と呼ばれていた。どことなく涼しさを感じさせる独特な色合いと、高さが強調されたゴシック風の外観が印象的な教会建築である。

この一帯の町名は「大正町」であった。この地名が示しているように、鉄道線路の北側は大正時代に入ってから賑わうようになったエリアである。この新興住宅街には、数多くの日本人が住んでいた。今も林森北路界隈には戦前の木造家屋がわずかながら残っているが、その大半は廃屋となっている。これらはいずれも終戦まで、日本人が暮らしていた建物である。

礼拝堂は１９２７（昭和２）年に建てられ、１９３７（昭和12）年に改築工事が施されたという。それ以来、すでに80年以上という歳月を経ているが、

古さはあまり感じられない。天を衝くような鐘楼は、高さこそ周囲のビルにかなわないが、その美しさと存在感は格別なものがある。現在、台北市内で戦前からの教会建築はいくつかを数えるのみであるが、ここはまさしく、代表的な教会建築と言えるだろう。

　現在、ここは台湾キリスト教長老派の教会となっており、礼拝は台湾語（ホーロー語）で行なわれている。信者もほとんどが本省人で占められ、いわゆる独立建国派・本土派の人々が多く集まることで知られている。

❶台湾総督府は日本人と台湾人が同じ場所で礼拝することを禁じたが、この教会はそれに強く反対していた。
❷改築工事を記念したプレートも残っている。
❸鮮やかな色合いのステンドグラス。
❹礼拝時には多くの信者が集まる。市内では有数の歴史を誇る教会建築だ。

❸

❶

❹

1930年代の警察建築に漂う風格に触れる

臺灣新文化運動紀念館

旧台北北警察署

この建物は日本統治時代、台湾の各都市で見られた警察建築の標準スタイルである。これに類似したデザインは、台北以外にも新竹、台中、台南などの各都市で見られる。

建物の竣工は1933（昭和8）年4月という記録が残る。当時は2階建てで、建坪数は557・8坪と大きかった。設計を担当したのは台湾総督府官房営繕課。なお、この建物の工事には台湾人建築士が多く関わっていたことにも注目したいところである。

1階はいわゆる警察署であり、2階には署長室や会議室があった。また、1階の奥まった場所には取調室や拘留室、そして水牢などもあった。これらは見学が可能で、特に水牢が残っているのはここだけである。

この建物には1900（明治33）年に撤去された台北城の城壁の石塊が用いられている。現在も建物の南側には

❶都市を中心に見られた警察建築のスタイル。竣工時の姿に戻すという大がかりな復元工事が行なわれた。
❷2階の展示室。警察署としての機能は2013年2月4日に新庁舎が完成し、そちらに移っている。
❸館内の様子。終戦まで、この地域は蓬莱《ほうらい》町と呼ばれ、本島人（漢人系住民）が多く暮らしていた。

石組みの壁が残っているので、訪問の際は足を運んでみたい。

戦後を迎えると、「臺北市警察局大同分局」と名称が変わった。そして、何度かの増改築が行なわれ、特に1961年の工事では、3階部分が増築された。その際、外壁には新しいタイルが貼られ、北投の窯元で製造されたスクラッチタイルは見られなくなってしまった（現在は復元されている）。

現在は公共空間となっており、台湾の社会運動や人々の暮らしなどをテーマとした展示が行なわれている。優美な曲線を組み合わせた階段部分をはじめ、展示室となっている各部屋も、天井が高く、威厳が感じられる。

2018年10月に修復工事は終わり、装いを新たにした。建物の前に立ってみると、今も重厚な風格が伝わってくる。現在、ここは台北市内で唯一残る1930年代の警察建築で、内部は自由に見学できる。なお、寧夏路を挟んだ西側には、かつて警察官用の宿舎が幾棟か残っていたが、これはすでに取り壊され、現在は大型ショッピングセンターとなっている。

❹2005年当時の様子。戦後は増築が施され、3階建てとなっていた。しかし、元来の姿に戻すべく、大工事が行なわれた。
❺建物の地下には、かつて使用された水牢も残されており、展示物となっている。
❻階段もシンプルながら、優雅なデザインである。

❼かつての拘留室も残されている。水牢と併せて見学してみたい。
❽台北城・城壁の石塊が用いられたという壁が残る。
❾1932(昭和7)年発行の『台北市概略図』より。赤星光雄氏提供。

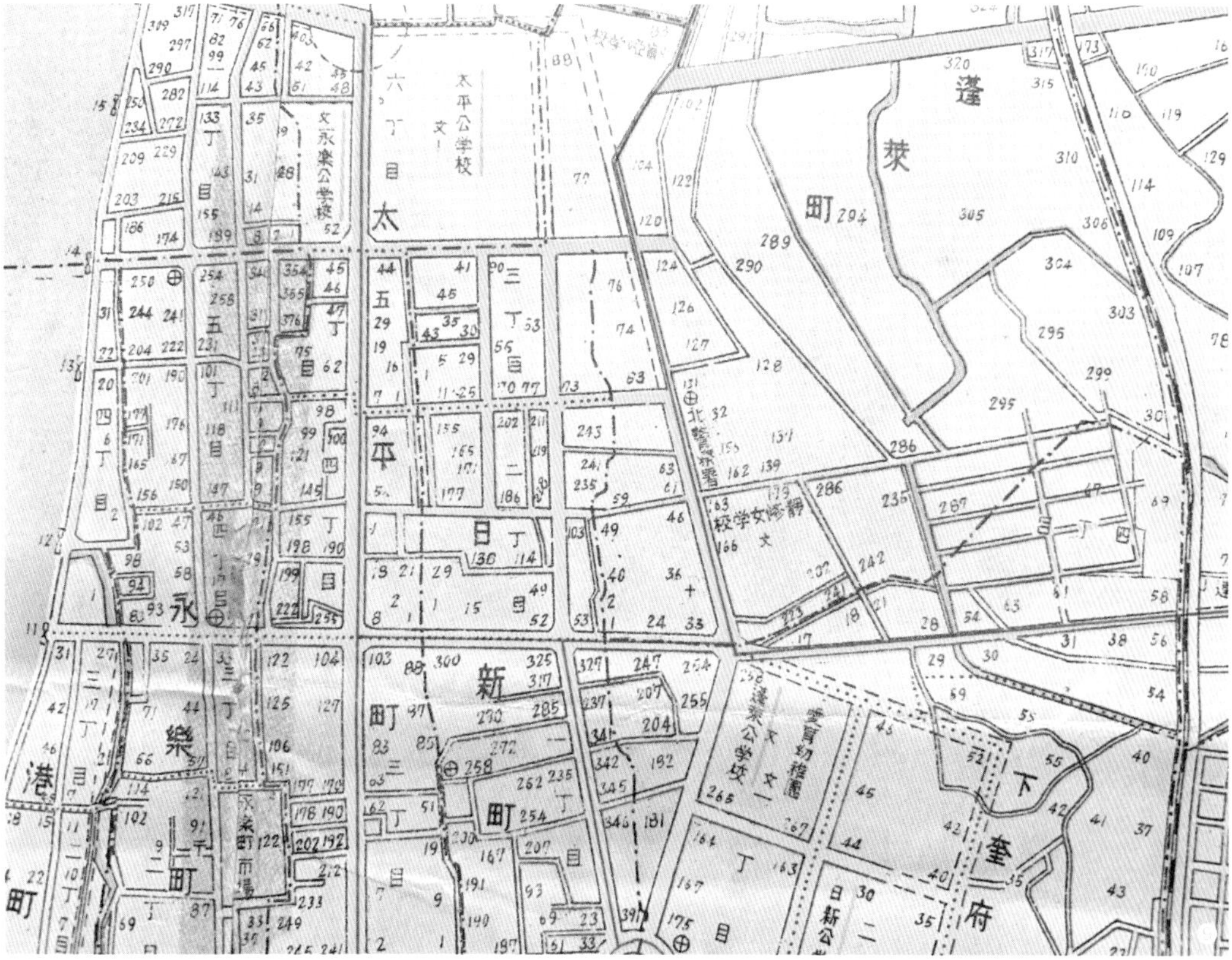

美しい洋館建築を再生させたレストラン

家樂利小酒館(GALERIE Bistro)

日本統治時代に建てられた洋館がフランス料理店となっている。MRT(都市交通システム)淡水線の中山駅近くに位置し、白亜の壁面が南国の陽光を浴びて輝いている。

一帯はやや雑然とした印象を拭えないが、そんな中、遠くから眺めるだけでも、その美しさが迫ってくるかのようである。外観に特別な装飾は見られず、簡素な雰囲気だが、それがかえって高貴な印象を醸し出している。

建物は前庭を擁しており、全体がゆったりとした配置になっている。MRT淡水線は現在、地下鉄となっているが、日本統治時代は地上を走っていた。ほんの一瞬ではあるものの、乗客は必ずや、この洋館の姿を車内から眺めていたはずである。

店内は白を基調とした明るい雰囲気となっており、清潔感が漂う。2階と3階はプライベート空間となっており、

❶背面は色濃く往年の面影が残る。建物を建てたのは布問屋を手広く営んだ張亦欒。戦後間もない頃に劉介宙が購入した。レストランはその子孫が経営している。

展示や会議、パーティーなどが行なわれている。こちらも歴史建築の趣に触れられる空間となっている。

また、裏側は正面とは異なり、赤煉瓦の色合いが繁茂した緑と青空に映えて美しい。食事はもちろんのこと、ぜひとも館内をゆっくり眺めてみたい。

建物についての文献や詳しい史料は残っていないが、竣工は1931（昭和6）年であったという。すでに80年以上の歴史を誇るが、古さのようなものはほとんど感じられない。設計を担った建築家はどのようなイメージを描いていたのか、興味が尽きない。館内にはギャラリースペースもあり、ティータイムを楽しむ人も多い。

❷ 裏手には古い階段が残る。芸術空間としても親しまれている空間だ。
❸市街地の中にたたずむ白亜の洋館。広い前庭が開放感を演出している。2階は展示空間となっている。

台湾人子弟を対象とした「公学校」の校舎が残る

日新國民小學――旧台北市日新公学校

　この学校は南京西路と承徳路の交差点に位置している。いずれも道幅が広く、交通量も多いが、この学校の正門はそちらに背を向けている。ややひっそりとした印象の太原路に向いて正門があり、閑静な雰囲気に包まれている。市街地の中心部にあるものの、喧噪とは無縁な空間である。

　この学校の敷地は広く、構内には亜熱帯の常葉樹が繁茂している。手頃な日陰を与えてくれる大きなガジュマルの樹も南国らしさを醸し出している。その様子は、林立する商業ビルに囲まれて、この一角だけが切り取られているかのようにも見える。

　この学校の開設は1917（大正6）年に遡る。当初は「大稲埕第二公学校」という名であった。その後、1922（大正11）年、町名改正を機に、「日新公学校」となった。なお、ここ

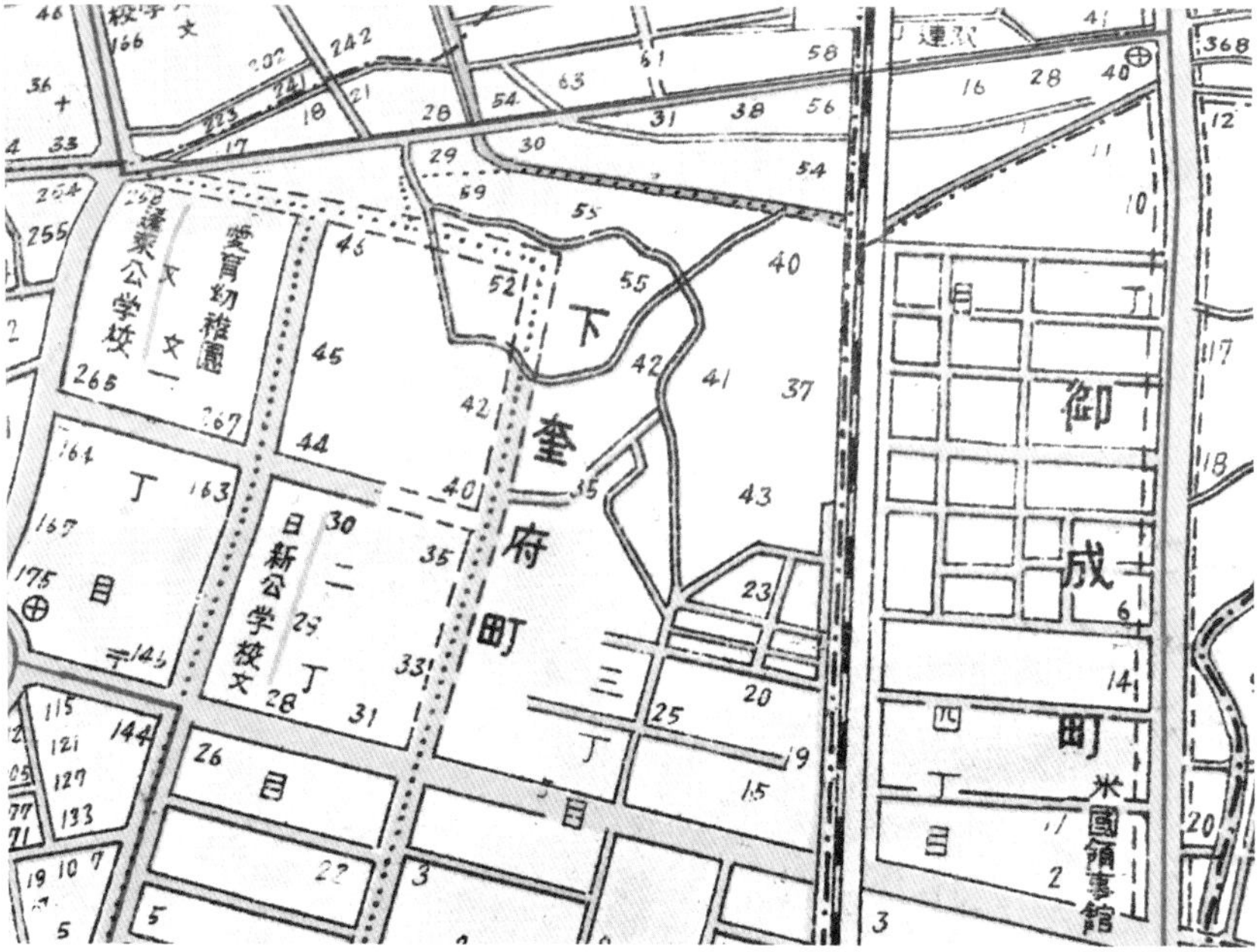

❶風格を保つ「紅樓」（赤煉瓦建築）。この一帯の住民は大半が漢人系住民であり、日本本土出身者は数える程度だった。
❷昭和7年に編纂された『台北市概略図』。左寄りに日新公学校と蓬莱公学校の文字が見える。赤星光雄氏提供。
❸赤煉瓦建築の校舎が現役で残っているケースは多くない。

は台湾人の男子児童を対象とした学校で、女子はすぐ近くの蓬莱公学校（現・蓬莱國民小學）に通っていた。ただし、1934（昭和9）年からは男女共学に変わっている。

正面に立ってみると、学校建築らしい落ち着いた雰囲気が感じられる。竣工以来、大がかりな増築や改修の工事がされていないため、やや薄暗い印象を禁じ得ないが、どっしりとした風格が漂っている。

この校舎は1920（大正9）年から使用されているという。赤煉瓦造りの2階建てで、現在も学舎として機能している。竣工時は市内指折りの規模を誇る建物だったというが、戦後になって、児童数が増加したため、新しい校舎が幾棟か建てられた。しかし、正門に面し、学校の表玄関となっているのは、あくまでもこの建物である。

台湾では赤煉瓦造りの建物を「紅樓」と呼ぶ。現在、学校はここに校史室などを設け、この建物を学校のシンボルとして扱っている。これからも児童たちに愛される老建築として、時代を生き抜いていくことであろう。

校舎の一部が残るカトリック系女学校

靜修女子高級中學 ――旧私立静修高等女学校

ここは台湾で最初に設けられたカトリック系の女学校である。そして、最初に内地人（日本本土出身者）と本島人（漢人系住民）を「共学」させた場でもあった。日本統治時代の教育制度を調べていく上では、欠かすことのできない存在である。

1916（大正5）年4月、カトリック・ドミニック修道院は高等女学校の設立を決め、翌年に生徒募集を開始している。初代校長はクレメンテ・フェルナンデス主教。開校式が行なわれたのは4月16日だったという。なお、校名は聖女イメルダを記念したものであり、「静心修身」という言葉にちなんでいるという。

校舎は2階建てで、雨天体育場と運動場があった。2階部の大広間2室は寄宿舎として使用されたという。「内地人と本島人の共学」とは言っても、内地人学生を第1部、本島人学生を第

❶列柱と欄干が存在感を示している。

2部として分けていた。また、一般人向けに特別科も併設しており、英語やフランス語、スペイン語、絵画、声楽、刺繍などの課目があった。また、全教職員が女性だったことも特筆されよう。

校舎はスペイン風のコロニアル建築で、竣工時からその優美な姿が注目されていた。戦後を迎え、学生数が増加したため、学校は規模拡大を決めた。校舎も建て替えが決まり、様相は一変してしまった。しかし、やはりこの建物を惜しむ声はとりわけ大きかったようである。正面上部の一部を残し、これを新造した建物の頂部にモニュメントとして据え付けるという手法が模索され、往時の姿を後世に伝える試みが実施された。

なお、構内には戦前の校舎が1棟だけ残っている。すでに増築されており、1階と2階の部分だけが往年の姿となっている。この建物の竣工は1927(昭和2)年という記録が残る。古びた列柱に歴史の重みが感じられる。

❷日本統治時代に撮影された古写真。旧校舎も独自の風格を誇り、高い評価を受けていた。
❸校舎頂部。先代の校舎の正面部分をモニュメントとして移築している。
❹ここは台湾で最初に設けられた私立女学校である。現在の生徒数は2800名というマンモス校である。

命脈を保つ瀟洒なハーフティンバー

國立臺灣博物館鐵道部園區

旧台湾総督府鉄道部

❶敷地は広く、建物の裏手には工務室や電源室といった日本時代の老家屋が何棟か残っている。
❷正面両翼の窓の下に取り付けられた大きな装飾。日差しを浴びて輝く。
❸列柱も凝ったデザイン。地下化されるまでは、建物の前を横切るように列車が駆け抜けていた。

ここは全台湾の鉄道を管理していた庁舎である。そして、1919（大正8）年の竣工以来、台北を代表する建築の1つとして注目を集めてきた。その優美な姿は、威厳と風格が重視された当時の建物の中で、やや異色の存在

❹高温多湿な台湾では珍しいハーフティンバー。台湾では「半木式」と呼ばれている。

とされてきた。

外観は鉄道の発祥国であるイギリスで見られそうなスタイルである。1階が煉瓦造りで、2階は木造というハーフティンバー構造。梁を壁面に出してデザインの一部とする凝った様式である。建坪数は560坪で2階建て。建物の後方には工員宿舎や資材置き場などがあり、全体としてはかなり広い敷地を擁していた。

設計者は台湾の官庁建築を数多く手がけた森山松之助とされている。しかし、これに加え、松ヶ崎萬長《つむなが》も関わっていたことが注目される。松ヶ崎は日本にドイツ建築を最初に紹介した人物で、当時、鉄道部改良課の嘱託技師であった。代表作の1つにドイツ風バロックスタイルの新竹駅舎があるが、この建物にも深い関わりがあった。

戦後も鉄道管理局として使用されたが、その機能が台北新駅舎に移されると、この建物はなかば放置されるようになってしまった。保線区は現役であり続けたが、本館の老朽化は激しく、木造の2階部分は使用することすらできず、かろうじて1階だけが現役とい

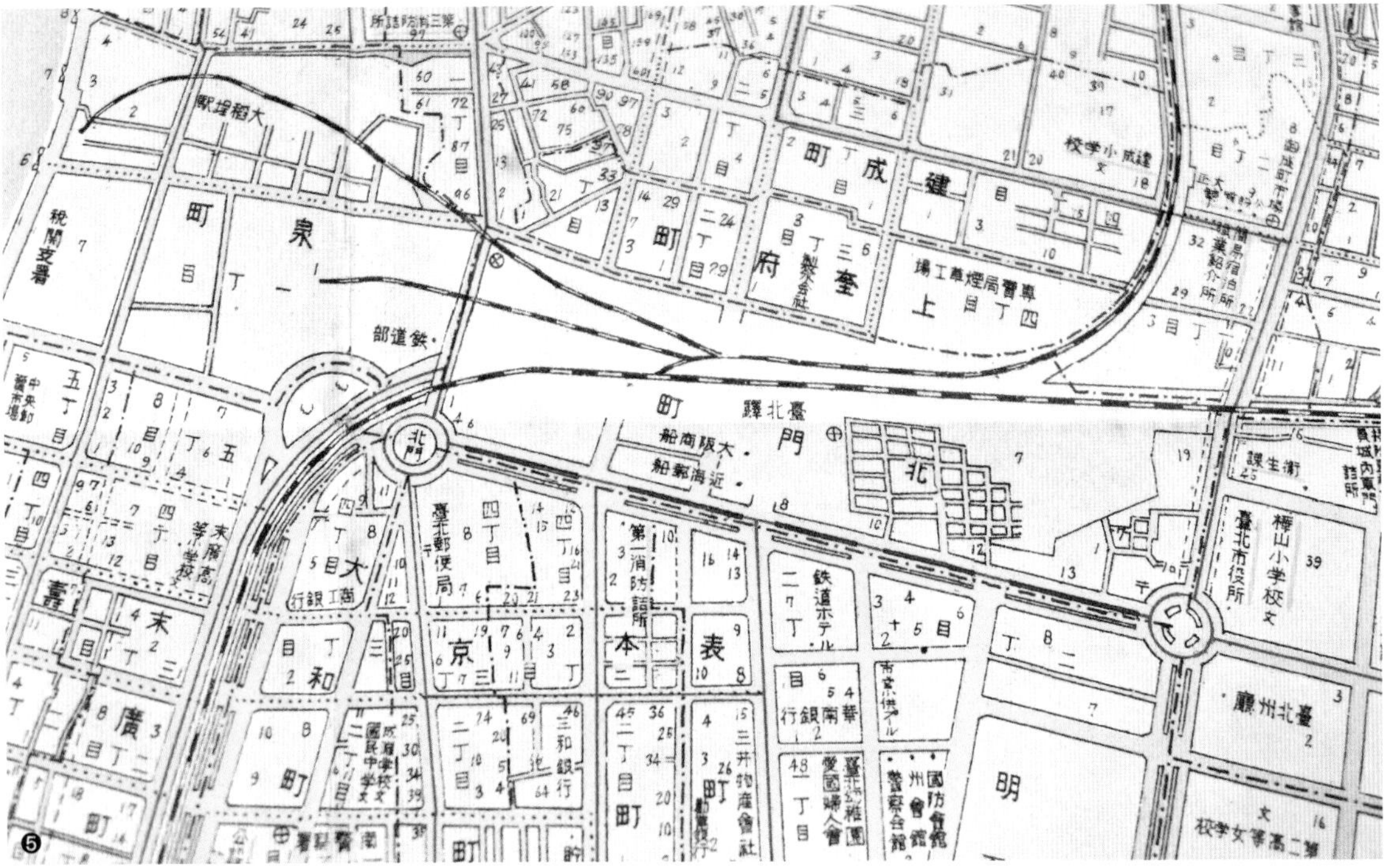

❺

❻

❺台北駅から淡水川（淡水河）にかけての様子。現在の台北駅はこの地図の場所よりも東側にある。「泉町」は鉄道員官舎が数多く並んでいた。赤星光雄氏提供。
❻日本統治時代の様子。ここは内地人街の「城内」と本島人街の「大稲埕」が接する場所でもあった。『古写真が語る台湾 日本統治時代の50年』より。

う状態になっていた。

２０２０年７月７日、博物館としてオープンを果たし、台湾の鉄道と歴史に関する展示が充実。特に大型ジオラマが人気を集めている。敷地内には保線関係の作業室や倉庫も展示空間として整備されている。その中でひときわ目立つのが正八角形のトイレである。どういった経緯でこの形になったのかは不明だが、確かに正八角形をしている。また、はずれには「地下司令室」も残されている。これは防空壕を兼ねたもので、戦争遺跡としても注目されている（次ページ）。

モニュメントとして保存される清国統治時代の遺構

臺灣鐵路管理局舊禮堂

旧台湾総督府鉄道部講堂

鉄道部の敷地内には講堂もあった。赤煉瓦造りの美しい建物である。台北に初めて鉄道が走った1891年10月、当時の台北駅は現在よりもかなり西にあり、淡水河に近かった。そして、ちょうどこの辺りに修繕工場が設けられていた。

鉄道研究家の洪致文氏によれば、この講堂の屋根の部分は、清国統治時代の修繕工場のものであるという。講堂の竣工は1909（明治42）年であり、物資に余裕のない時代である。鉄骨をはじめとする資材がそのまま利用された可能性は高い。

清国統治時代の構造物が今も残るのは他に例がなく、その価値は計り知れない。現在、建物はMRT（都市交通システム）と台湾桃園国際空港のアクセス鉄道の工事に合わせて移設されており、今後はモニュメントとして残される予定であるという。

❶現在も史跡に指定されている。建物は「市民大道」を設けた際、建物の道路側の部分が撤去されてしまった。
❷MRT松山新店線北門駅の2番出口のすぐ近くに講堂と地下指令室が残る。1943（昭和18）年に設けられたコンクリート製の地下指令室は防空壕を兼ねたもので、円錐型の形状が珍しい。

史跡の扱いを受ける三井のロゴ

臺北記憶倉庫

旧三井物産株式會社倉庫

忠孝西路に面した1棟の倉庫建築。大きな通りに面しているためか、とても小さく見えてしまうが、よく眺めると、倉庫らしくしっかりとした造りであることが分かる。

この建物は日本統治時代、三井物産株式会社が所有する倉庫だった。史料は少なく、詳細を知ることは難しいが、建物の正面上方には菱形に象られた同社の商標が描かれていた。なお、現在は地下化されているが、この建物の後方には基隆と高雄を結ぶ縦貫鉄道の線路が走っていた。

長らく使用されていなかったためか、荒れ果てた姿が痛々しかったが、台北市主導で修復工事が施され、現在は見違えるようになっている。館内は歴史文物を展示するスペースとして整備されている。

外観は何と言っても、赤煉瓦の壁面が印象的である。正面には3カ所の窓が並んでいる。そして、階下には亭仔脚（台湾式アーケード）が設けられ、4本の柱が規則正しく並ぶ。側面は東

❶赤煉瓦造りの倉庫建築。全面的な修復工事を経て、古めかしい雰囲気は一掃されている。
❷館内には台北の歴史に関する展示がある。
❸修復前の数年間は廃屋のような状態だった。2010年撮影。
❹「三井」のロゴは最も目立つ場所にある。2018年11月1日にリニューアルオープンした。

側は赤煉瓦の壁だけだが、西側には窓が並んでいる。両側ともに広場があり、イベントなどが行なわれている。

戦時中の空爆からも免れ、戦後の高度成長期をも乗り越え、今もその姿を保っていることは奇蹟に近い。なお、台北市はこの建物の修復を行なった際、若干の移設をしている。正直なところ、かなり真新しいため、歴史建築の趣には欠けるが、台北という都市の歩みを後世に伝える努力は今後も続けられていくことだろう。

なお、かつて正面上部に見られた三井のロゴはその部分をまとめて移設し、現在は玄関を入ってすぐの場所に置かれている。

中山18

倒壊寸前の老家屋を再生させた複合ショップ

❶老家屋を用いた複合ショップ。路地から少し入ったところに入口がある。
❷奥まった位置にあるカフェの様子。
❸カフェやかき氷店のほか、ヘアサロンなども入っている。

人知れず存在する木造家屋。入口は奥まった場所にあり、ややわかりにくい。しかし、その分、建物全体が「隠れ家」のような雰囲気に包まれている。

ここは1棟にいくつかの店舗が入った複合ショップで、内部には5つの部屋がある。史料がなく、長らく放置されていたため、建物についての詳細は不明だが、日本統治時代の建物であることは確かである。修繕に当たっては建て直した方が早く、費用も安いのは明白だった。しかし、土地の歴史が感じられる空間を残したいという気持ちから、オーナーはこういった形での整備を決めたという。

壁や天井、窓枠、廊下と、随所になんとも言えない木造家屋特有の趣が漂う。若き台湾の人々によって守られ、古きを温めた木造家屋。そこに今、魅せられた若者たちが吸い寄せられるように訪れている。

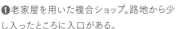

旧照島時計店

戦前の店名を記した文字が今も残る

❷現在も残されている文字。戦後は「大華鐘錶行」を名乗っていた。
❸照島時計店は「照島商会」という名でも呼ばれていた。館内は落ち着いた色合いでまとめられていた。2階の様子。

1階は店舗のほか、奥まった場所に部屋があり、工員たちが住み込んでいたという（写真はすべて2019年に撮影したもの）。

ここは時計店だった建物をリノベーションした家屋である。長らく放置され、廃墟のようだったが、2015年に居酒屋として生まれ変わった。いわゆる「歴史再生空間」である。

終戦時、時計店の主は恒松正一という人物だった。店名の「照島」は、鹿児島県いちき串木野市にある「照島海岸」に由来する。

照島時計店には常時、数人の工員が働いていたという。当時の時計店には珍しく、電話回線もあり、番号は6083番であった。この店で働いていた故・鄧添賢氏は16歳で恒松氏のもとに弟子入りし、休みは月に1度か2度。毎日6時から22時まで、とにかく修業に明け暮れたと往時を振り返っていた。

店舗は40坪程度で、2階には客間や寝室があり、畳敷きの部屋もあったという。2023年7月現在、「照島再生酒場」を名乗った居酒屋はすでに営業をしていないが、正面には「照島時計店」の文字が今も残されている。

旧徳丸理髪館

太い鉄線の入った亭仔脚が今も家屋を支えている

中山北路に面したうどん屋は、終戦まで理髪店だった。『台北市商工案内』には、「徳丸理髪館」として記載があり、電話番号は２９６３番だった。館主の徳丸清は台北市理髪業組合の組合長を務める人物だった。

徳丸理髪館は１９３８（昭和13）年に竣工した。徳丸は新天地を台湾に求め、30年間働き続けて、この家を建てた。地震対策も練られており、柱には太い鉄線が埋め込まれているのが自慢だったという。

子女である中田芳子氏は敗戦で台湾を引き揚げる際、父が独り、寂しそうに天を仰いでいるのを目にしたという。台湾の地に人生をかけた人は少なくないが、戦争はそういった人々のすべてを打ち砕いた。徳丸もまた、その犠牲者であった。

現在は、うどん屋となっているが、構造は今も日本統治時代のままである。

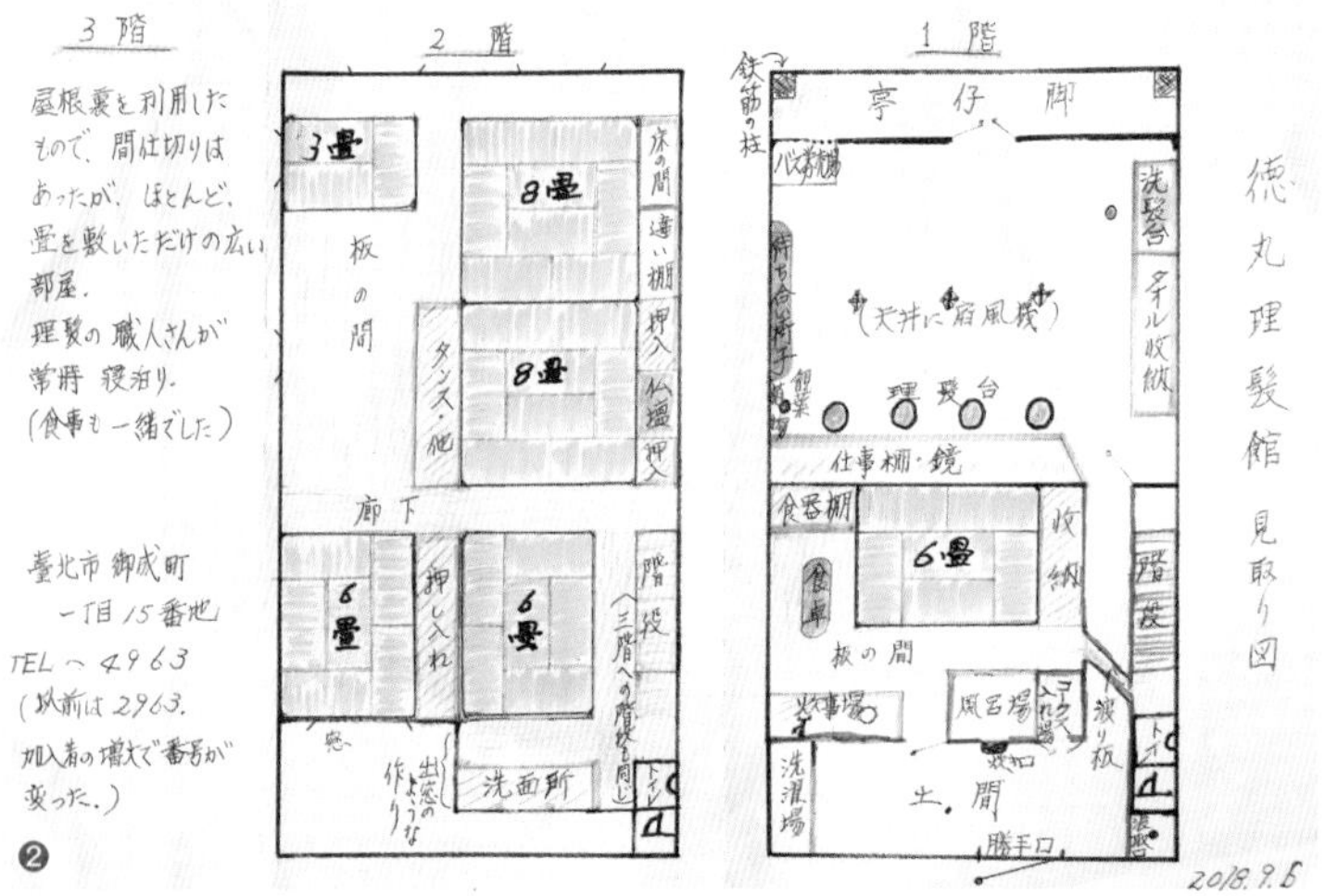

❷

❶

❶現在はうどん屋となっている。徳丸理髪館時代は店でバスの切符も売っていたという。❷中田芳子氏作成の徳丸理髪館の間取り図。店の脇にある路地は日本統治時代、「三条通り」と呼ばれていた。

❶文萌樓を除き、全ての建物が撤去されている。周囲は再開発のさなかである。
❷文萌樓はとりわけ繁盛した娼館だったという。内部は往年の姿を留めており、見学もできる。
❸2019年の様子。統一感があった往年の様子は過去のものとなった。

文萌樓

かつての「赤線」で女性の人権問題を考える

歸綏街はごく普通の路地に見えるが、以前は娼館が集まる赤線地帯だった。客層は労働者階層が大半を占めていた。台湾では現在、こういった地域を「風化區」と呼ぶ。規模は及ばないが、ここは萬華の華西街と並んで称されることもあったという。しかし、それは過去のものであり、夕暮れとともに活気に包まれたという往時の様子を知る人は年々少なくなっている。

建物は数棟が統一されたデザインでまとめられ、いずれも2階建てだった。竣工は1925（大正14）年前後と推定される。娼館は1階が性的接待を行なう空間で、2階は飲酒の空間になっていたという。また、表面には浅緑色のタイルが貼られているが、これは戦後のものと推測される。

現在、文萌樓は史跡に指定され、台湾における性産業の史実を後世に伝える空間として扱われている。しかし、並びの建物はすべて再開発で取り壊され、大型の高層建築が建設中である。

❶外観は薄緑のタイルが貼られ、とても地味な色合いだ。ここは「大稲埕変電所」を併設していた。
❷後方に回り込むと、変電施設をのぞき見ることができる。現在も変電所としては現役だ。
❸台湾電力株式会社の社章は「台」の字をモチーフにしている。

日本統治時代の社章が今も残る

臺灣電力公司建成變電所

旧台湾電力株式会社下奎府町散宿所

ここは日新國民小學に近い場所にある変電施設である。正式には「台湾電力株式会社下奎府町散宿所」を名乗っていた。散宿所とは電力会社が設けたサービスセンターのことである。

建物は交差点に面し、半円型の壁面が美しい造形をなしている。装飾などはないが、外壁にはスクラッチタイルが貼られ、単調な壁面にアクセントを付けている。その色合いは当時、「国防色」と呼ばれた浅緑色をしており、建物全体がくすんだ印象になっている。

正面上部には台湾電力会社の社章が残っている。会社は戦後、「臺灣電力公司」と名を変え、社章も新しいものになったが、ここで見られるのは日本統治時代の社章である。

知られることもなく埋もれゆく建築物。しかし、今も昔も変わることなく、人々の暮らしを支えている。現在、熱心な保存運動が展開されている。

空き家になって久しい郵便局にも歴史は刻まれている

旧台北下奎府町郵便局

この一帯は終戦まで、下奎府町《しもけいふちょう》と呼ばれていた。この地名は、かつてこの地に住んでいた平埔族（平地原住民）の一部族、ケタガラン族の人々の集落名「ケェヴツッ」にちなんだものである。

ここに放置された小さな郵便局がある。開局は１９２６（大正15）年12月21日。三等郵便局ではあったが、郵便業務のほか、電信業務も行なっていた。

現在、この建物はすでに郵便局としての役目を終えている。「郵局」（中国語で郵便局の意味）と記された看板も取り外され、建物は静かな眠りに就いているように思えてならない。

竣工は郵便局の開設と同じ年だったというが、公的な記録や史料はなく、設計者などについても不明である。なお、建物の脇に伸びる細い路地は、清国統治時代に敷かれた引き込み線の廃線跡と言われている。

❶建物の後ろ側には木造の職員宿舎が併設されていた。
❷2001年7月21日以降は空き家となっている。建物には亭仔脚（台湾式アーケード）が設けられている。

大学のキャンパスにある和洋結合型の邸宅

大同大學志生紀念館

❶オープンは2011年10月22日だった。洋館と木造家屋が一体化している独特の造り。
❷館内の様子。建築の手法を紹介するべく、壁や床下構造の解説文がある。
❸棟札は天井裏にある。脇には「神武天皇即位」の文字も見える。

この家屋は大同大學のキャンパス内にある建物で、大学が管理している。位置づけとしては校友会館のような存在である。

この学校は１９４２（昭和17）年に設立された大同工業職業学校を前身とする。建物はその創設者である林尚志の住居として設けられたものである。日本式の木造家屋と洋館建築とが組み合わさった構造となっている。

林尚志は家電メーカー「大同公司」の創業者で、戦前は「協志商号」を経営。台北市役所や電話交換局の施工を請け負った人物でもある。

竣工は１９４０（昭和15）年。洋館の屋根裏には、上棟時に据え付けられた「棟札」が残っている。そこには「奉上棟豊受皇大神守護」の文字が確認できる。見えにくい場所にあるため、長らく知られていなかったが、修復工事の際に発見され、話題となった。棟札は現在、来場者に見えやすいように配慮されているので、天井に注目してみたい。

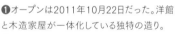

❶参拝は自由にできる。「雙連仙公廟」の名でも親しまれている。
❷日本統治時代、この一帯は宮前町と呼ばれていた。

台湾の寺廟建築に織り込まれた日本の香り

永静廟（雙連仙公廟）

台湾ならどこでも見られそうな道教寺院。ここは交通量の多い中山北路に近く、賑やかな地区にあるものの、少し奥まった場所にあるためか、繁華街らしい喧噪とは無縁の場所である。

廟の歴史をひもとくと、1928（昭和3）年に開かれたとある。しかし、台北州の認可を受けたのは1932（昭和7）年4月で、現在の廟宇もその時に設けられた。主神には孚佑帝君（呂洞賓）を祀っている。そのほかにも、太上道祖、釋迦、至聖先師、媽祖、關聖帝君などを合祀しており、仏教、道教、儒教の祭神が並んでいる。

この廟の敷地は広く、緑に包まれている。200坪あまりの敷地に100坪程度の建物が建っている。2階建ての廟宇は西洋建築の雰囲気も混じっており、独特な味わいがある。毎年旧暦10月15日は開堂記念日となっている。

浮光書店

町工場が並ぶ路地の中のブックカフェ

ＭＲＴ中山駅の西側に位置する赤峰街はバイクや自転車の修理工場が集まるエリアで、いわゆる町工場が並んでいる。近年、ここに若い世代が手掛けるポップなカフェやブティックが目立つようになり、話題となっている。

赤峰街一帯は日本統治時代、下奎府《しもけいふ》町《ちょう》と呼ばれ、昭和初期に街作りが行なわれた。１９３０年代に建てられたと推測されるこの建物は、長屋に似たスタイルで、2階建て。ベランダには凝った装飾が施されている。長らく遺棄されていたため、当初は扉や窓もなく、荒れ果てた状態だったが、10ヶ月の修復工事を経て、スタイリッシュな書店へと生まれ変わった。

書籍の販売だけでなく、イベントなども随時開催されている。目立たない場所ではあるが、その趣を愛するファンは多く、文化空間として親しまれている。

❶カフェが併設されており、くつろぎの時間が楽しめる。「文化空間」としての書店の気概が感じられる。

❷書店は2階にあり、店内は明るく、清潔感が漂っている。付近には何軒か、こういった書店やカフェがある。

8.

迪化街・圓環周辺

台湾ならではの風情を残す家並み

台北市の西側に位置する大稲埕エリアは、バロック風の装飾が印象的な商店建築が連なっている。この界隈は日本統治時代、永楽町や太平町と呼ばれていた。地域の中枢となるのは迪化街（旧・永楽町通り）と延平北路（旧・太平町通り）。散策向きなのは迪化街で、中でも賑やかなのは永楽市場周辺。迪化街の北側は商店建築や民家の比率が高くなる。２０１０年頃からは老家屋のリノベーションが急速に進み、装いを新たにしたところが多い。中国大陸・華南地方の伝統建築に洋風・和風のテイストが盛り込まれた商店建築は「台湾史の証人」である。散策は迪化街の南側のＭＲＴ「北門」駅と北側の「大橋頭」駅が拠点となる。

新しい息吹が注ぎ込まれた歴史建築

小藝埕 ― 旧屈臣氏大薬房

❶3階には「思劇場」という名のイベントスペースが設けられている。
❷ASWは2階に入っている茶館。英国風の雰囲気でまとめられたインテリアが自慢。
❸1階にある書店「1920s」は台湾の歴史や郷土文化にまつわる書籍が充実している。
❹3階のアンティーク・バー「1900」も人気がある。

迪化街は台北で最も「歴史」を感じさせるエリアである。同時に、人々の日常と暮らしぶりが垣間見られる場所でもある。古くは淡水河の水運で栄え、物資の積み出しで賑わった。その栄華は過去のものとなったが、活気だけは今もしっかり息づいている。

ここは永樂市場の向かいに位置している。かつては香港からやってきた漢方薬局だった。「屈臣氏大薬房」というのがその名前で、1931（昭和6）年3月に台湾総督府交通局から発行された旅行案内書には、この薬局が出した広告が見える。それによると、ここは同薬房の本局で、店主は李俊啓、薬剤師は李義人と記されている。興味深いのは、台湾中部の員林に支局があることだ。こちらの支局主は李俊當という人物で、同族経営であったことが推測される。

残念ながら、建物は1996年2月に火災で焼失してしまった。その後は無惨な姿のままで放置され、外壁と骨格だけが残る状態となっていた。しかも、1999年の921大震災でも大きく被害を受け、まさに倒壊寸前の様子だった。「永楽《えいらく》町」と呼ばれたこの一帯を代表する建物の1つだっただけに、その姿はなんとも痛々しかったが、台北市ではこの建物の修復を決め、工事が行なわれた。

現在、ここは「小藝埕」というアート空間となっている。1階には「1920s」という書店と台湾生まれのブランドショップ、2階には「ASW」という英国茶館が入っている。そして、3階にはイベントスペース「思劇場」があり、不定期ながら演劇の発表会や映画の上映会が開かれている。

建物は一新されているが、外壁はしっかりと往時の姿を保っている。正面に立ってみると、上部には中華風の模様が入っているのがわかる。華南地方の伝統様式と西洋建築の技法が混じり合った折衷様式である。

再生された老家屋は若い郷土を愛する人々の手に委ねられ、今日も大稲埕の繁栄を静かに眺めている。

❺外壁を残し、建物を新造するという手法で修復された。「屈臣氏」はWatsonsの漢字訳。現在、台湾には同名の外資薬局チェーンがあるが、無関係である。
❻2006年10月時の様子。火災によって建物は焼失。その後、ファサードを残したままの状態で建物が設けられた。

大稲埕地区の茶業史を伝える歴史建築

新芳春茶行

―旧合資会社新芳春茶行

3階建ての大きな建築物。交通量の多い民生西路に面し、周囲には高いビルが林立している。その狭間で、静かに存在感を放つ建物である。

1943（昭和18）年に発行された台北市商工会議所の名簿には、「合資会社新芳春茶行」として登記されている。元々は中国大陸福建地方の廈門《アモイ》で貿易商を営んでいた人物が、茶葉の交易が盛んになったことを受けて台北に移住。その後、土地を購入し、この建物を設けたとされる。新芳春茶行の登記は1935（昭和10）年であるので、竣工もこの時期のものと推測される。

建物は3階建てで、1階に商店としての空間があり、2階は応接室と事務所、3階は先祖を祀る祭壇と住居の空間になっていた。3階には小さなベランダが設けられている。また、建物の後方には、かつて庭園があった。

❶建物は民生西路に面している。東隣りについてはすでに建て替えられ、新しいビルが建っている。
❷在りし日の大稲埕を感じさせる客間が再現されている。企画展示なども随時行なわれている。
❸かつての文裕茶行は長らくナイトクラブとして使用されていた。
❹清国統治時代から欧米で好評を博した包種茶を扱い、建物は製茶工場も兼ねていた。

外観は洋館風だが、中国大陸南方に発達した様式も混在するデザイン。正面上部にはペディメントが設けられ、単調になりがちなタイル貼りの表面にアクセントを付けている。また、屋上部には精緻な彫り物が施された欄干柱が整然と並んでいる。

この建物は取り壊しの上、高層ビルを建てる計画があったが、１９３０年代に建てられた商店建築の歴史性を鑑み、保存することが決まった。現在は郷土史や茶業文化の歴史を展示する空間となっている。

なお、新芳春の東側数軒隣りには杏花閣がある。ここはかつて、文裕茶行という店舗で、経営していたのは林東輝という人物だった。１９６４年から「酒家」（ナイトクラブ）となり、隆盛を極めた。しかし、繁栄はすでに過去のもので、現在は空き家となっている。大きな看板が残るばかりである。

また、はす向かいにある「波麗路（ボレロ）」は１９３４（昭和９）年に開業した洋食レストラン。文化人が集う空間として名を馳せていた。

①

②

有記名茶

戦前の製茶場が残る歴史空間

台北には数多くの茶行（茶葉業者）があり、いわゆる老舗も少なくない。この建物は現在、「有記名茶」という業者が所有者となっている。店を開いたのは福建省安溪出身の王敬輝という人物で、１８９０年、厦門《アモイ》で開業した。台湾では１９０７（明治40）年から茶葉貿易を手がけている。当時の商号は「王有記茶荘」だった。

　ここはかつて「太平《たいへい》町」と呼ばれていた。建物の竣工は１９２２（大正11）年とされる。今もほぼ往時の姿を留めている。店舗を見ているかぎりでは古さはそれほど感じないが、内部に進み、奥まった部分に足を踏み入れると、そこはかつての製茶作業場で、時空を遡ってしまったかのような気分になる。やや薄暗い作業場には使い込まれた製茶器具が並んでいる。

　この建物は前後に2棟が連なる形になっている。公園に面した前棟は店舗として使用され、後棟は製茶作業の場になっていた。また、2階は居住空間となっており、3階には先祖を祀る祭

❶「茶行」の中でも、店舗や製茶作業場が半世紀以上の歴史を誇るところは少ない。
❷製茶作業室の様子。炭であぶりながら製茶するこだわりをもっている。1階奥の作業場は見学が可能。竹を用いた籠が並んでいて壮観だ。
❸2階はかつて、女工たちの作業場だった。
❹2階では古楽器の演奏など、イベントが行なわれることもある。

壇が設けられていたという。

現在、この店では台湾の茶業文化を後世に伝えるよう、努めている。茶葉の販売だけでなく、実際に製茶作業も行なっている。2階はサロンとなっており、優雅なひとときを過ごせる。

水運とともに盛衰した豪邸と路地

陳天來故居（錦記茶行）

ここはかつての豪商の邸宅である。

この一帯は日本統治時代以前から交易で栄えていた土地で、終戦までは「港《みなと》町《ちょう》」と呼ばれていた。文字通り、淡水河の水運を背景とした商業エリアであった。

陳天來は1891年に「錦記」という名の貿易商を開き、台湾茶を南洋市場へ送り出した。特にシンガポール華僑との繋がりが強く、輸出される台湾包種茶の3割方を押さえていたという。また、1927（昭和2）年から1939(同14)年まで、10年以上にもわたって台湾茶商公会の会長も務めている。

台北市商工会議所名簿にも錦記製茶株式会社の記載があり、取締役社長として陳天來の名が記されている。設立は1932（昭和7）年4月21日。資本金は50万円となっている。

この会社は後に経営を多角化させ、「蓬莱閣」（酒楼）、「第一劇場」、「永樂座」などを経営した。その中の「永樂座」は日本統治時代の台北で唯一、台湾人を対象とする映画館だった。現在は何の痕跡も残っていないが、台湾史をたどっていく上では見落とせない存在である。

この建物は細い路地に面している。この路地は現在、貴徳街と呼ばれてい

❶貴徳街は狭い路地だが、両脇にはぎっしりと建物が並んでいる。出窓と疑似列柱、ベランダが存在感を放つ。
❷錦記茶行の外観。陳家の住居でもあり、後方には小さな庭園があった。
❸淡水河の氾濫を意識し、建物全体が高床構造となっている。
❹2階には美しい欄干がある。玄関部は洪水対策のため、一段高いところにある。
❺「陳錦記（Tang-Gim-Kie）」の商号。ここから「GK（錦記）」の文字を組み合わせ、ロゴとしていた。

る。日本統治時代は「港町通り」と呼ばれて栄華を極めたが、土砂の堆積が進んだことで、大稲埕は港湾機能を徐々に失っていった。すでに往時の繁栄は過去のものとなり、現在の貴徳街はむしろ、台北市内の中でもうら寂しい路地に転落してしまっている。

そんな中、この建物は、ひときわ優雅な雰囲気を保っている。竣工は1923（大正12）年。建物は左右対称のデザインで、美しさが際立っている。2階にはベランダがあり、左右には採光を考慮した塔が並ぶ。

建物は当時、廈門《アモイ》で流行していた華南地方の伝統建築を欧風のスタイルと融合させたものである。この家屋は台北を代表する私邸建築とされ、総督府の要人や皇室関係者の視察なども受けていたという。

1階は事務所、2階は接待空間、そして3階が住居となっていた。かつては2階と3階から淡水河の様子が楽しめたという。なお、陳天來の南洋方面の人脈にちなみ、調度品は黒檀が用いられ、タイルはオランダから持ち込まれたものだったという。

現在は私邸となっているため、館内の様子を知ることはできない。しかし、大稲埕、そして、台北の歴史が刻まれた空間であることは疑いないだろう。

❶2階には展示やイベントなども開かれている。
❷鬼瓦には「永」の文字が刻まれている。
❸名実ともに人々の健康を守ってきた建物である。
❹1階には往年の医療器具などの展示がある。

名医で知られた大稲埕の病院建築

仁安醫院（臺北市社區營造中心）―仁安小児科医院

ここは延平北路と涼州街の交差点に残る病院建築である。これまでに何度か、建て替えの計画が出され、高層ビルにする話もあったというが、幸い、識者が奔走したことで保存が決まり、元来の姿となっている。

仁安医院は１９２４（大正13）年に開かれている。この病院を開いた柯謙諒氏は名医で知られ、この付近では知らない者はいなかったと言われる。診療項目として、内科、小児科のほか、外科、骨科、腹腔外科、胸部外科、泌尿科、そして、男性・女性避妊手術なども挙げられているが、１９３４（昭和14）年発行の電話帳には小児科医院として、その名が記されている。

建物は正面にバロック風の装飾を掲げ、瀟洒な雰囲気をまとっている。竣工は１９２７（昭和２）年。大きくはないものの、天井が高く、空間的な余裕が感じられる。１階は診療スペースで、２階は住居スペースだった。なお、柯家は代々犬好きで、応接間には飼い犬たちの愛くるしい姿が紹介されている。

この建物には、台湾総督府庁舎の余剰資材が用いられている。例えば、煉瓦には官印である菱形と波形の模様が刻み込まれており、セメントは浅野セメント会社のものが樽入りで届けられたという。さらに、梁には鉄道用のレールが用いられた。

現在は公共空間として整備されている。館内の参観も可能で、往年の診療所の様子が再現されている。１階には医療器具などの展示があり、手術台なども残されている。

２階は公共スペースとなっており、不定期ながら、文化講座や企画展示などが行なわれているという。町並みは時とともに変わっていくが、この建物が放つ風格は変わることなく、人々に親しまれている。

③

④

カフェ空間へと変わった病院建築

順天外科醫院

ここは１９２０年代の香りを残す歴史建築である。整然とした外観ではあるが、正面に見られる疑似列柱が印象的で、さりげない装飾が施されている。また、窓枠なども凝った造りとなっており、興味が尽きない。

ここは長らく外科医院として知られてきた。経営者である謝唐山は台東出身のプユマ族で、台北で台湾総督府が設けた「土人醫師養成所（土人は台湾人を示す）」に進学。１９０４（明治37）年に台湾総督府医学校を卒業し、原住民族で最初の医師となった。そして、林本源博愛医院勤務を経て、戦後に順天外科医院を開業した。後には医師公会（組合）の理事長にもなっている。

建物は１９２１（大正10）年に登記がなされている。開院時の住所表記は台北市太平町86番地。この住所をたどっていくと、1階は古川栄次郎という人物が経営していた飲食店であることがわかる。その後は松田商店という雑貨店になったという。

終戦を経て、１９４８年には謝一族がこの建物を購入。翌年から外科医院として使用されるようになった。医院として使用されたのは1階のみで、２階と3階は住居空間となっていた。

現在も正面には「順天外科醫院」という文字が残る。現在は保安街と呼ばれているこの路地には、かつては診療所や薬局が並んでいた。その後、一帯は没落を免れなかったが、この建物はそんな中、本来の姿を保ってきた。

現在、ここは歴史建築の再生事例として注目されている。入口の奥は大胆な吹き抜け構造となっており、高い天井が空間的な広がりを演出している。2階はギャラリースペースになっており、企画展示などが開かれている。気軽に訪ねられるので、散策の途中に立ち寄ってみたい。

❶

❶3階はイベントスペースとなっている。
❷外壁の疑似列柱がアクセントとなっている。
❸今も「順天外科醫院」の文字がしっかりと残る。
❹吹き抜けとなった空間には広がりが感じられる。台北で流行しているリノベーション空間の中でも評価の高い場所である。写真はいずれも2019年に撮影。

森高砂咖啡館

歴史再生空間で味わう台湾産コーヒー

台湾の特産品として烏龍茶の存在を挙げる声は多い。台湾茶の種類は豊富で、その香りや味わいが優れていることから、台湾土産の定番となっている。

一方で、台湾産のコーヒー豆も注目されている。その歴史は日本統治時代に遡り、特に1920年代に研究が進められた。戦後は衰退を強いられたが、2000年頃からカフェ文化の普及により、台湾産コーヒー豆は再び脚光を浴びるようになった。

❶南京西路と延平北路の交差点に位置する。コーヒー豆の購入も可能だ。
❷落ち着いた雰囲気の店内。ここは台湾人が初めて喫茶店を開いた場所とも言われている。
❸優雅な雰囲気の中でくつろぎの時間を過ごせる。
❹水出しコーヒーも人気がある。

この建物は1930年代に建てられたものと推測される。この時代、正面上部に装飾を施した様式が流行したが、ここもそういったスタイルを踏襲している。洋風のスタイルと台湾の伝統様式が融合したデザインである。

外観は大がかりな修復が施されており、古さは感じない。しかし、正面の扉などは自動扉ではあるものの、木材を使用していて、レトロな趣を漂わせている。また、館内は小さいながらも効率的な空間利用が考えられており、狭さを感じさせない。全体が落ち着いた色合いでまとめられており、優雅な雰囲気となっている。

店では厳選した台湾各地のコーヒー豆を扱っており、南投県産や屏東《へいとう》県産、嘉義《かぎ》県産、台東県産のコーヒー豆を味わうことができる。愛好家の間ではちょっとしたブームになっている台湾産のコーヒー豆。老家屋の趣とともに、ぜひ一度味わってみたいものである。

❶辜家は合唱団を運営しており、2階はその稽古場にもなっていた。往時の暖炉も残る。

時代を切り取ったかのような存在感

大稲埕辜顕榮邸宅

ここは大富豪として知られた辜顕栄の邸宅で、戦後は長らく幼稚園として使用されていた。辜顕栄は領台当初、治安が悪化し、混乱状態にあった台北城に日本軍を道案内し、無血入城に導いた人物である。1934（昭和9）年には台湾人としては初めての勅撰貴族院議員にもなっている。

建物の竣工は1920（大正9）年。淡水河の畔に位置し、付近には貿易会社が並んでいたという。しかし、現在は環河北路と呼ばれる幹線道路が建物と川の間を横切り、高い堤防も設けられている。さらに、前庭は駐車場になっているため、建物が川に面していたという印象はなくなっている。

辜顕栄は日本による台湾統治の功労者として特権を与えられ、専売物資の販売で財をなした。この建物も専売品の塩を扱っていたことから、「鹽館（塩館）」と呼ばれていた。

建物は当時流行していた西洋式のデザインと華南地方のスタイルの折衷様式である。しかし、内部は何度かの改

修を受けており、後方にあった1棟や宿舎、倉庫などはすでに取り壊されている。しかし、2階に上がってみると、往時の様子を留めており、高い天井と木目の落ち着いた雰囲気が印象的だ。階段も年季の入った木板が使用され、彫刻入りの欄干も健在である。

なお、ここで使用されていた家具類や調度品は、現在、台湾中部の鹿港《ろっこう》にある民俗文物館へ移されている。こちらも擬洋風建築の美しい建物で、訪問の価値がある。ここもまた、同じく辜一族が運営している。

この建物が幼稚園として使用されるようになったのは1963年からであるという。それ以来、園児たちの元気な声に囲まれながら、老建築は静かなたたずまいを見せていた。現在は今後、この建物をどのように活用するか、その方法が模索されている。

❷階段にも精緻な装飾が施され、重厚感を演出している。
❸外壁にアクセントを付けているメダリオン。
❹外壁にはタイルが貼られ、日光を浴びて美しく輝く。
❺細部にまでさりげなく装飾が施されている。

小さいながらも端正な教会建築

李春生紀念教會

貴徳街一帯は日本統治時代、「港町」と呼ばれていた。この教会はその中ほどに位置している。この通りには特に個性が感じられるわけではなく、ごく普通の路地に思えてしまうが、かつては数多くの商館が並び、台湾随一とも言われる繁栄を誇っていた。

そして、交易ばかりではなく、外来の文化が台湾に入り込むゲートとしても機能していた。キリスト教の布教も盛んで、数多くの宣教師たちがここから台湾各地へ入っていった。

この教会はそんな「港町」の中心部に設けられていた。李春生は茶商として財を成した豪商である。英国商人のジョン・ドットと組んだ彼は、「台湾茶業の父」とも言われている。その功績は大きく、1869年にアメリカに向けて、台湾産茶葉「フォルモサ・ティー」の輸出を始め、これが各地で

❶道幅の狭い路地の交差点に位置する。今も多くの信者が集まり、礼拝が行なわれている。

高い評価を得た。そして、台湾の茶葉は世界的な知名度を誇るようになっていった。

赤煉瓦造りの建物は、小さいながらもしっかりと風格を示している。竣工は1937（昭和12）年。李春生が他界した後、その功績を記念して教会が設けられた。

正面に立ってみると、正面左右に設けられた丸窓が目のように見える。そして、全体が人間の顔のようにも見えてくるから不思議だ。なお、この教会のある場所は、清国統治時代、「郵政支局（郵便局）」があった場所である。

教会は1981年に大きな改修を受け、外壁もタイルに貼り替えられている。しかし、この建物がもつ独特な雰囲気は保たれており、毎週日曜日、午前10時からの礼拝には、多くの信者がやってくる。

港町通りは没落してしまったが、この教会は変わることなく、人々に親しまれている。また、向かいにある「千秋街店屋」は台北で最も古い西洋スタイルの家屋である。合わせて訪ねてみたい。

❷正面には「李春生紀念教會」と記されたプレートがはめ込まれている。李春生（1838～1924）は台湾の名を世界に知らしめた豪商である。
❸「千秋街店屋」は清国統治時代末期に設けられた家屋で、建造は1880年代と推測される。
❹上部にはやや小ぶりな十字架が据え付けられている。
❺採光を意識した牛の目窓。これを眼に喩えると人間の顔のように見える。

④

②

⑤

③

再生された老家屋で大稲埕の歴史を感じる

民藝埕・南街得意―旧茂元薬店

❶南街得意は古きよき時代の風情が感じ取れる。店内にはアンティーク家具が並ぶ。
❷迪化街には台湾の伝統工芸品を扱う店が少なくない。「民藝埕」の様子。

老家屋を再生させた複合ショップ。建物は1913(大正2)年に茶業で財を築いた一族によって建てられ、1階部分は漢方薬を扱う「茂元薬店」が入っていた。戦前、戦後を問わず、大稲埕の活気を支えてきた建物だったが、残念ながら2003年に火災に遭って焼失。それでも伝統工法を熟知した職人によって修復され、大稲埕の歴史を伝える空間として蘇った。

運営は「世代群」というグループが行なっている。老家屋の再生を手掛け、歴史建築の保存と雇用促進、地域の活性化を組み合わせる手法で大きく注目されている。

1階は「民藝埕」というショップが入り、食器や茶器などを扱っている。そして、2階は「南街得意」という茶館が入っている。

台北の発展の礎を築いたこの土地に生まれた文化の新しい風。それを感じ取ることができれば、迪化街の印象にも変化が出てくるはずだ。

住宅街で静かに眠るかつての派出所

臺北市義勇消防大隊延平中隊第一分隊

旧永楽町5丁目警察官吏派出所

ここは迪化街に残るかつての派出所である。最近は観光客の姿が目立つようになっている迪化街だが、その中心部からやや北に外れた場所にある。建物としては大きなものではないが、造りはしっかりとしており、整然と並んだ窓枠が印象的だ。

終戦まで、人々は「永楽町5丁目の交番」と呼んでいた。管轄は大橋町1丁目、港町4丁目、永楽町5丁目の一部とされていた。建物の竣工は1933（昭和8）年で、12月28日に落成式が行なわれている。工費は地域住民の寄付によってまかなわれたという。

現在、この建物は派出所としての機能を終えている。最近までは交番と消防署の共同使用となっていたが、今は人影を見ることはない。現在は消防スタッフの詰め所となっているが、今後の行く末が気になるところである。

住宅街の中に残るかつての派出所。現在は人の出入りも少なく、忘れられた存在となっている。ドアも長い間閉ざされたままである。

小さいながらも風格を保つ警察建築

臺北市警察局延平派出所

旧太平町2丁目警察官吏派出所

日本統治時代の「太平町2丁目交番」。一帯は台北屈指の家屋密集地帯だった。居住人口も多く、その大半を本島人（漢人系住民）が占めた。

ここは戦後の台湾で最大の悲劇と言われる「二二八事件」の際、横暴を極める外省人官吏と警官に対し、民衆が抗議を行なった場所である。民衆はこの派出所から南下し、南門に近い専売局へ向かった。

建物は1931（昭和6）年1月22日に落成式が行なわれている。建坪は56坪と大きくないが、2階に40坪あまりの広間があった。なお、当時は2階建てで、建物の左手には「消防詰所」があった。

外観は大がかりな修復工事を受け、屋上にも増築が施された。さらに、表面には赤煉瓦を模したタイルが貼られてしまい、雰囲気は大きく変わっている。

❶付近は戦前からの古い建物が多く残っている。戦後は長らくクリーム色の壁面となっていた。2005年撮影。
❷すっきりとした外観。壁面には赤煉瓦を模したタイルが貼られている。交番は太平町2丁目、建成町1丁目の一部、日新町1丁目の一部を管轄していた。

稲舎

日本統治時代最初期の建物がレストランに

❶日本統治時代初期の建築物は珍しい。赤煉瓦の色合いが時代を感じさせる。
古楽器や伝統劇などのイベントも行なわれている。
❷2階と3階はギャラリースペースとなっている。
❸精米所は後に米問屋となり、その廃業後は雑貨店だった時期もあるという。
❹レストランとして生まれ変わった歴史空間。観光客にも好評だ。

精米所だった建物を再利用した個性派レストラン。この界隈はもともと精米所が多く、最盛期の１９３０年代には46軒もの工場が登記されていた。

現在、台湾の精米所は中南部に集中しており、台北ではほとんど見られないが、ここでは米食文化を盛り上げるべく、毎日欠かさず精米し、香り高い米を供しているという。

建物は築後１１０年程度と推測される。正確な年代は不明だが、日本統治時代初期に建てられた建築物が残っていることは少なく、その価値は計り知れない。また、精米所として使用されたのは１９２３（大正12）年からで、当時は1階は精米所、2階は住居、３階は倉庫として使われていた。床や梁は新しいものだが、今も構造は昔のままだという。また、壁に用いられた赤煉瓦も、スチールの柱で補強した上で、往時のものが生かされている。

２０１０年に工事は終わり、装いを新たにした。ギャラリースペースもあるので、散策の途中にのぞいてみたい。料理は定食のスタイルなので、少人数でも楽しめる。

歴史建築の味わいに浸れる個性派プチホテル

OrigInn Space・六館街尾洋式店屋

❶客室の様子。もともと、1階は商店で上は住居となっていた。

大稲埕《だいとうてい》は茶葉や米、布地などの交易で栄え、今でもバロック風の装飾を正面上部に据えた商館建築が多く並んでいる。ここはその入口に当たる場所にあり、南京西路と迪化街の交差点に近い。6棟が連なっている大型建築で、地元では長らく「六館街」と呼ばれていたという。

外壁はすっきりしているが、さりげなく装飾が施されており、アクセントとなっている。竣工は1931（昭和6）年。所有者は台湾北部の大富豪であり、名家の誉れ高い林本源。現在は一部がリノベーション空間となっており、ショップやレストラン、ビアバーなどが入っている。

中でも「OrigInn Space」は老家屋を用いたリノベホテルで、高い人気を誇る。屋内は天井が高く、レコードプレイヤーが置かれていたり、北欧ブランドのソファーが用意されたりしてい

❹1階は現在、カフェとして営業している。
❺部屋数が少ないので、早めの予約は必須。

❷客室はわずか4室。戦後は長らく布問屋となっていた建物である。
❸南京西路に面した外観。一棟がそのまま保存対象となっている。

❻年季の入った階段や手すりにも味わい深さが感じられる。

て、居心地の良い空間となっている。

保存対象の建物なので、改修には制限が多く、細かい手続きを経なければならない。そのため、リニューアルには1年を要した。そして、本来の姿を保つべく、増設などはせずに部屋数4部屋のプチホテルにしたという。正式オープンは2017年3月。老家屋を利用した宿泊施設としては台北初のケースであった。往年の裕福層の暮らしぶりに触れられる空間となっている。

❶前庭には植物が繁茂する。隠れ家的存在のカフェ・バー。

洋館の雰囲気の中で楽しむくつろぎの時間

AKA café ⁝ 旧郭烏隆邸

ここ数年、大稲埕《だいとうてい》地区では老家屋を再生させたカフェやショップが次々と誕生している。「AKA café」は予約制のカフェで、民樂街から路地を入った先にある。喧騒とは無縁の場所で、ここが台湾であることを忘れてしまう。

家屋は和洋中の折衷様式と言うべきもの。赤煉瓦の壁や老タイルが敷き詰められた床を差し込んだ日差しが優しく照らす。中庭には緑が生い茂り、小鳥のさえずりが聞こえてくる。

ここに暮らしていたのは郭烏隆。地元の名士で、海産物や雑穀、小麦粉、砂糖などを扱う卸問屋「郭怡美商行」（296ページ）を営む一方、数多くの組織の理事や監事などを務めた。1925（大正14）年には実業家・辜顯榮《こけんえい》が孔子廟の建立を発議したが、その際にも建設資金を寄付した有志であった。

カフェのオーナーであるネオ氏は著名なインテリアデザイナー。修復に当たっては、建物の趣を保つために大がかりな工事は避ける一方、内装にはモダンなデザインを盛り込んだという。

1階の客間の壁は淡い紫色に塗られ、気品溢れる空間となっている。2階では台湾茶道や香道の教室、3階では生け花教室が開かれることもある。

台湾に息づく「大正ロマン」。華やかなりし頃の雰囲気が再現された空間である。

❷ゆったりとした時間が流れる中で、くつろぎのひと時が楽しめる。永楽町通り(現・迪化街)に面した家屋は「郭怡美書店」(296ページ)となっている。

❹花や植物が並ぶ館内の様子。入口は小さくやや分かりにくい。呼び鈴を鳴らして細い通路を進む。

❸人と人を繋ぐサロンのような空間を目指したという。早めに予約を入れるのがベター。

❶

郭怡美書店

旧郭怡美商行

時代の最先端をいく台湾書店の旗手

❶中庭には空中に階段が渡されており、前衛的なデザインとなっている。

❷建築美に触れながら、多くの刊行物を手にできる。翻訳書籍や写真集なども充実している。
❸店内の雰囲気に触れることを目的にやってくるファンも多い。
❹店の奥にある中庭の先には郭家の住居があり、現在は「AKA café」となっている。

かつての永楽町《えいらくちょう》通り（現・迪化街）は大稲埕《だいとうてい》の繁栄を象徴する家並みとして知られていた。この辺りの家屋は「町屋」に似たスタイルで、正面が商店、奥まった場所に住居や倉庫を設けることが多かった。間には中庭が設けられ、作業場として使用された。この建物については、迪化街に面した正面部分が郭怡美書店、中庭を挟んで、奥が「AKAcafe」（294ページ）となっている。

永楽町通りに面した家屋は「郭怡美商行」だった。1896（明治29）年に創業し、食品の売買で財を成した。なお、永楽町通りは南側を南街、北側を北街、この辺りは中街と呼ばれていた。

2022年11月に書店として息を吹き返し、現在は大稲埕の文化を発信する空間として親しまれている。3階は台湾の伝統家屋をイメージしたインテリアとなっており、赤煉瓦や木目の色彩が落ち着きを演出している。なお、建物全体の照明は「瓦豆」（299ページ）の江信洋氏が担当している。

また、店内にはカフェを設け、語らいの場として機能させるだけでなく、随所に椅子やソファーが置かれ、書に親しむことができる。また、企画展や新刊発表会といったイベントにも力を入れている。

太平町通りの繁栄を今に伝える

大千百貨舊址 ― 旧亜細亜ホテル

ここは日本統治時代に「亜細亜ホテル」として建てられた。開幕は1928（昭和3）年6月27日。もともとは専売局の倉庫があった場所に建てられ、大稲埕《だいとうてい》地区の目抜き通りとなった太平《たいへい》町《ちょう》通り（現在の延平北路）に彩を添えた。

建物は3階建てで、モダニズムの流れを汲んだシンプルな外観である。中央上部にはペディメントがあり、アクセントとなっている。ここには「ASIA HOTEL」の文字があったが、修復時には戦後にこの場所で営業した「大千百貨」の文字が入れられた。等間隔で並ぶ窓枠と直線で表現される庇などが整然とした雰囲気を演出している。シンメトリーが美しいだけでなく、正面に立ってみると、威圧感すら感じる迫力がある。

しかし、亜細亜ホテルの運命は景気に左右されることとなった。1929年に始まった世界恐慌は台湾にもおよび、1931年には不渡りを出して廃業。3年足らずでその歴史は幕を閉じた。その後は地主でもあった「發記茶行」が管理した。その後の用途については詳細を掴めないが、昭和15年時の電話帳には「大和洋行」の名が記載されている。

戦後は使用者が転々としていたが、1970年に「大千百貨」というデパートになった。店員は300名に達したと言われ、名実ともに地域の中心となっていた。また、エレベーターを擁していたこともあり、こちらも話題となった。

ただし、時代の流れの中、延平北路界隈は1980年代には凋落を迎える。そして、大千百貨も1990年には閉業。その後は長らく放置されていた。しかし、2005年に歴史建築に指定され、2013年には修復工事も終わった。荒れ果てた姿は痛々しいものがあったが、現在は装いを新たにしている。

❶現在は延平北路となっている旧太平町通り。均整のとれた美しい建物である。地主の「發記茶行」は南洋方面との茶葉交易で知られた貿易商であった。❷日本統治時代に撮影された古写真。道幅の広い太平町通りは絵葉書の構図にもなっていた。

台湾の歯科医療史を伝える空間

瓦豆（舊民新齒科診所）

❶2014年3月14日に修復工事が終わり、現在はオフィスとして使用されている。1階の龍月堂糕餅舗も1932（昭和7）年創業の伝統菓子店。
❷現在はオフィスとして使用されているが、実際に使用されていた治療器具なども展示されている。

延平北路はかつて太平町《たいへいちょう》通りと呼ばれていた。大稲埕《だいとうてい》地区を貫く幹線道路である。長らく永楽町《えいらくちょう》通り（現・迪化街）が目抜き通りだったが、都市計画に従って整備された太平町通りも台北を代表する道路として知られていた。

ここは著名な照明デザイナーである江信洋氏が開いた事務所である。もともとは祖父である李錫麟医師が開いた歯科医院で、その空間を受け継ぎ、整備を進めた。李医師は１９４５年に開業し、１９５３年にここに移った。歯科技工士として知られ、入れ歯作りに定評があったという。建物についての詳細な記録はないが、整然と並ぶ窓枠にモダニズムの雰囲気が感じられる。

階段を上がると、優しい照明に照らされ、柔らかい色合いの空間が広がっている。天井は梁を大胆に残しており、撤去した際に出た板はトイレの壁とドアに用いている。

歯科医院は１９９５年に閉業し、李医師も２００５年４月に他界した。その後、江信洋氏はこの空間をオフィスとして使用しつつ、文物資料館として整備した。館内には待合室に置かれていたソファーや机、１９７０年代に使われていた歯科器具などが並ぶ。

今後はオフィス機能を別の場所に移し、自分たちの照明デザインのショールームと歯科医療史の文物館にする予定であるという。

問屋街にある人気のリノベカフェ

角公園咖啡

台北駅の北側に位置する太原路の一帯には瓶や缶の容器、包装材料などを扱う問屋が集まっている。ここはそんな一角にある若者に人気のカフェ。目立つ存在ではないが、生活感のある空間はファンが多く、週末は満席になることが多い。

「角公園」という名は近くにあった広場にちなんでいる。承徳路と南京西路の交差点に近い現在の建成公園のことで、1937（昭和12）年10月に「下《しも》奎《けい》府《ふ》町《ちょう》児童遊園地」の名で開園した。台北で初めての児童向け公園で、日新公学校（250ページ）に隣接し、人口稠密地帯だったことから公園の整備が進められたという。

建物は少なくとも80年の歳月は経ていると思われる。この辺りは空襲にも遭っているが、ここは無傷だった。修復時にはできるだけ本来の姿を生かすように配慮され、屋根はトタンのまま、梁も補強の上で往時の姿を残したという。壁の一部は昔ながらの窓枠を組み合わせた個性的なデザインとなっている。さらに、カウンターにはアンティークの木製棚が置かれ、存在感を示している。

❶高い天井が印象的な店内。戦後は玩具店や子供服店などになっていた。
❷店がオープンしたのは2015年12月。建成公園は現在も緑地となっている。

9.

台北郊外でも歴史建築散歩

圓山・士林・内湖

台北の市街地の北側には基隆川（現・基隆河）が流れている。その南側には台北で最初に開かれた公園・圓山公園がある。この辺りは圓山町と呼ばれた。そして、北側には台湾神社があり、大宮町と呼ばれていた。台湾神社は神宮昇格によって新社殿が設けられ、その東には護国神社（現在の忠烈祠の場所）があった。大宮町の北側は士林で、台北州七星郡士林街に属した。大宮町の東には七星郡内湖庄があった。圓山の散策はMRT「圓山」駅、士林の散策は「剣潭」、「士林」の両駅が拠点となる。ただし、物件は広範囲なエリアに点在しているので、時間に余裕をもって訪れたい。

ハーフティンバーの趣が優雅さを醸し出す

MAISON ACME 圓山別邸 ◆ 旧陳朝駿別邸

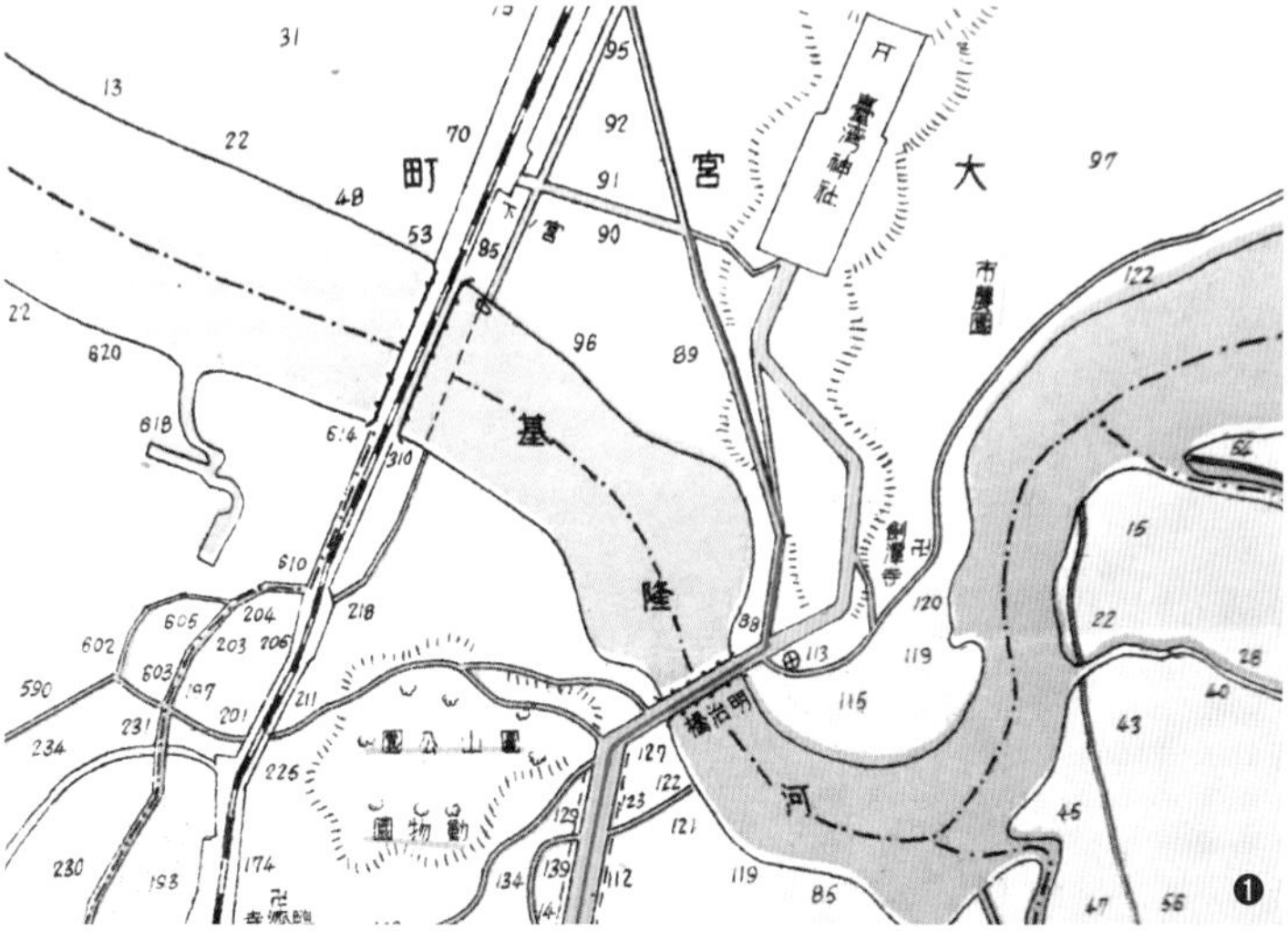

❶昭和7年発行の『台北市概略図』。明治橋の文字が見える。赤星光雄氏提供。
❷個性的な外観を誇る富豪の邸宅。庭には美しい花々が咲き乱れる。
❸富豪の邸宅は現在、アート空間として利用されている。館内の展示はシーズンごとに変わる。

台北に残る歴史建築の中でも指折りの優雅さをまとった建物である。特に天気の良い時に訪れると、おとぎ話の中から飛び出してきたかのようにも思えてしまう個性的な外観である。

この建物は茶商富豪の別邸として設けられた。家主の陳朝駿は１８８９年に設立された茶葉貿易の同業者組合「台北茶商公会」の初代会長に就いた人物。廈門《アモイ》から台湾に移住後、大稲埕に永裕茶行を開いた。この建物は社交場として使用されていたという。

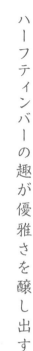

基隆河の畔にあり、かつては台湾神社に対峙していた。台湾神社は日本統治時代の終焉で廃社となり、現在、その場所には圓山大飯店が建っている。

すぐ近くを走っている橋梁は終戦までは明治橋と呼ばれていたが、戦後、中華民国・国民党政府によって「中山橋」と改名された。その後、２００２年に移設することを前提に解体された

❸

が、いまだに復元はされていない。

建物は外観、内観ともに上品なセンスでまとめられ、かつて上流階級の社交場として機能していたことが容易に推測できる。設計者などについては不詳だが、英国の雰囲気を色濃く漂わせたハーフティンバー構造で、2階の外壁に梁を出し、デザインの一部としているのが特色とされる。竣工は1914（大正3）年。木造部分は漆喰で固められており、これも瀟洒な雰囲気を醸し出している。

建物の前には台北市を縦断する中山北路が走り、自動車が休むことなく行き交っている。見上げてみると、台北松山空港に着陸する飛行機が轟音を奏でていく。それでも、この空間だけは別世界のように、落ち着いた雰囲気に包まれている。

館内の展示は企画展がメインとなっており、ウェブサイトでその詳細を知ることができる。グッズショップにはセンスを感じられる小物や記念品、書籍、写真集などが置かれ、お土産探しも楽しめる。

臨濟護國禪寺

旧鎮南山臨済護国禅寺

MRT（都市交通システム）淡水線の圓山駅のすぐ近くに、1世紀の歴史を誇る古刹がある。明治期に建てられた和風の寺院建築で、ここはとりわけ規模が大きい。台湾に残る木造建築の中でも指折りの大型物件である。

　鎮南山臨済護國禪寺は第4代台湾総督の児玉源太郎によって開かれたという経緯をもつ。台湾総督府は臨済宗の布教を斡旋し、ここは妙心寺派台湾別院として開かれた。開基は1900（明治33）年。本堂は1911（同44）年に完成したもので、翌年6月20日には盛大な入仏式が挙行されている。

　正面に回ってじっくり眺めていると、瓦屋根の美しさに息を呑むはずだ。そして、どっしりとした木造建築ならではの威容に圧倒される。現在、本堂は西を向いているが、元々は南を向いていた。確かに日本統治時代に撮影された古写真を見ると、向きは異なってい

❶境内には戦前の遺構が数多く眠っている。本堂の背後には地蔵尊が残る。
❷寺院後方には萬霊堂がある。広場には写し霊場の石仏が9尊、置かれている。
❸鐘楼は往時の姿を留めている。門柱も健在だ。

る。これは1984年に大がかりな補修工事が施された際、解体せずに、建物全体を方向転換したものである。

　私が最初に訪れた1997年当時、堂内には畳敷きのスペースが残っていた。本堂の脇にある鐘楼も台湾史を見続けてきた存在だが、当時、表面に黄色や赤といった派手な彩色が施されていた。戦後、中華民国体制下ではこういったことが頻繁に行なわれたが、現在は修復工事を経て、本来の姿に戻されている。

　境内には戦前の遺構がいくつも見られるので、ゆっくり散策を楽しみたい。

❹欄干に刻み込まれた日本人の名は現在も確認できる。
❺萬霊堂には児玉源太郎の名が刻まれた石柱も残っている。
❻戦前に置かれた句碑も残っているが、詳細は不明である。
❼本堂は「大雄寶殿」と呼ばれている。竣工からすでに1世紀という時が経過している。修復工事が終わったのは2008年8月27日だった。参拝は可能だ。

❶本殿は残っていないが、狛犬や石段の存在が神社であったことを伝えている。遠くから眺めると、典型的な神社の配置になっているのがわかる。

山麓に鎮座した小さな神社と浄水場

圓山水神社・圓山貯水池

圓山大飯店の後方には、圓山風景區と呼ばれるハイキングエリアがある。その一角に浄水池と小さな神社の遺構がある。この神社は正式には「圓山水神社」と称したが、人々からは「水神社」と呼ばれていたようである。

中山北路から細い石段を上り、鬱蒼とした森の中を進んでいくと、わずかな平地に出る。この場所に「圓山貯水池」がある。草山《そうざん》（現・陽明山）から水道管を設けて山に湧いた清水をここに流し込む。そして、浄水処理を行なった上で、台北市内に送水する。当時の統計では毎日17万人の飲料水が確保できたという。

神社跡地は樹木と雑草に覆われていた。しかし、貯水池の脇に「圓山水神社」と書かれた石柱が残っている。この石碑は、しっかりとした台座が組まれている。

この神社の詳細については記録が残っていないが、石灯籠には「昭和十三年四月二七日建立」と刻まれている。

神社は台北市水道課の職員有志によって創建が発議され、私設遙拝所として設けられたものだという。

石段を上っていくと、両側に狛犬が向かい合っていた。これも終戦と同時に廃社となった神社の遺構である。郷土の歩みを伝える歴史遺産として扱われていたが、２０１７年に一体が盗難に遭ってしまった。

残された狛犬は、心無い輩の振る舞いを憂いているのか、どことなく寂しそうな表情をしている。

❷石碑と石灯籠は無傷で残っている。本殿脇の石灯籠には「台北市水道課有志」と刻まれている。
❸狛犬の台座には寄進者の名がしっかりと刻まれている。
❹一対の狛犬が雑草に埋もれるように残っていたが、一体が盗難に遭ってしまった。2015年撮影。
❺現在は雑草に埋もれているが、水道施設は残っている。圓山に浄水場が設けられたのは1932(昭和7)年のことだった。
❻水瓶も残っている。裏には「武部八三郎」と寄贈者の名も刻まれている。

出窓構造が独特な印象の医療研究機関

旧熱帯医学研究所士林支所

ここは台湾総督府が設けた熱帯医学の研究機関である。台北の北郊に位置し、台湾神社の神域だった圓山《まるやま》の後方にある。なお、日本統治時代の士林は台北市ではなく、七星《しちせい》郡に属する士林街という行政区域にあった。

熱帯医学研究所は台湾総督府研究所衛生部を前身とし、1909（明治42）年4月に設立されている。衛生管理や殖産に関する研究と調査を使命とし、初代所長には当時の医学校の校長でもあった高木友枝が就任していた。

日本が台湾を統治下に置いた当初、最も恐れられていたのは熱帯特有の疫病であった。日本ではほとんどが未知の存在であり、その対策は急務とされた。実際に、台湾に渡った人々は熱帯病に罹患して命を落とすことが多く、恐怖心を煽っていた。

この研究機関についての史料は多くない。しかし、『台湾建築会誌』には、

❶旧熱帯医学研究所。戦後は中華民国・国民党政府に接収され、閉ざされた存在となっていた。

❶

この建物についての記載があり、詳細を知ることができる。敷地は広く、南国特有の緑が繁茂していた。また、風通しが常に考慮されているのは、台湾の医療機関の特色である。建物正面は左右が出窓構造となっており、採光にも配慮がなされている。

　現在は軍隊が管理者となっており、内部の参観は叶わない。かつては蒋介石の護衛を担った憲兵隊が入っており、「梅荘」と呼ばれていたが、その後は参謀総長の官舎になっていた。

　現在も厳しい警戒がなされている。ただし、中山北路からは高い塀越しではあるが、建物の外観を眺めることは可能だ。戦時体制はすでに過去のものとなっている現在の台湾だが、この空間が一般公開されるのは、いつになるだろうか。

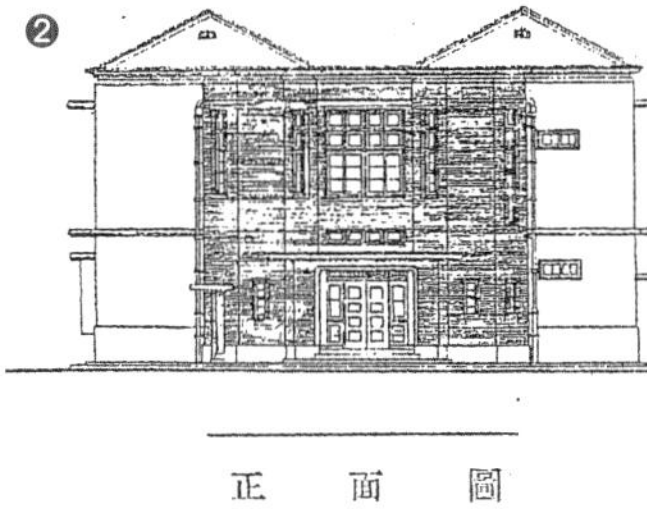

❷学会の機関誌である『台湾建築会誌』にはこの建物についての紹介がある。建物の竣工図。

❸出窓構造が強調されている建物の正面。
❹日本統治時代の様子。『台湾建築会誌』より。

士林國民小學圖書室―旧八芝蘭公学校門柱・旧講堂

1世紀にもわたって護られてきた門柱は健在

❶旧校名が刻まれた門柱。ここは総督府が台湾で最初に開かれた学堂の流れを汲む。日本が最初に開いた「外地」の教育施設でもあった。❷日本時代の講堂は一見した限りではそれほど古さを感じない造りである。

　この学校は台北市内有数のマンモス校であり、同時に芝山巌学堂《しざんがんがくどう》を起源とした長い歴史を誇る教育機関でもある。校門を入り、校舎を突き抜けると、かつて講堂として使用されていた建物が残っている。

　この講堂の竣工は1916（大正5）年12月25日。どっしりとした風格を漂わせている。その後、学校創設90周年を記念して、校友会が中心となって寄付金が集められ、修繕が施されて、現在に至る。建物には「芝蘭書院」という名も与えられている。

　その入口には「八芝蘭公学校」と刻まれた一対の門柱が立っている。八芝《はっし》蘭《らん》とは当初の学校名で、士林公学校と改められたのは1922（大正11）年のことだった。現在、学校は旧講堂と門柱を歴史的遺構として捉えており、手厚く護られている。校史室には日本統治時代の校旗も保存されている。

赤煉瓦の壁面が残る士林夜市発祥の地

士林公有市場 ― 旧公設士林庄市場

士林夜市（ナイトマーケット）に隣接する市場建築。夜市はいつ訪れても多くの人で賑わっているが、この建物の歴史を知る人は多くない。

士林夜市は慈誠宮という廟と深い結びつきを持つ。つまり、廟を訪れる参拝客を相手に出店が並び、それが公設市場と結びついて生まれたのが士林夜市なのである。

夜市には「美食街」と呼ばれる屋台街が形成されていたが、これはすでに再開発を受け、新しい建物に代わっている。公設市場も1度は閉鎖の憂き目に遭ったが、建物の一部は残されており、これを補強する形で新しい建物が設けられている。

士林市場は1910（明治43）年に開かれた。建物は1915（大正4）年に竣工したという記録が残る。現在も赤煉瓦の壁には「士林市場」の文字が確認できる。夜市散策の際は慈誠宮にも足を延ばし、土地の守護神に手を合わせ、道中の安全を祈りたい。

❶市場に隣接するように亭仔脚（台湾式アーケード）が一部残っている。
❷市場の外壁は往時のものが残されている。
❸慈誠宮の境内には日本式の石灯籠が残されている。

日本統治時代の駅長官舎が姿を留める

旧圓山駅長官舎

MRTの淡水線圓山《まるやま》駅のすぐ脇に、1棟の日本式木造家屋が残っている。柵に囲まれ、しかも鬱蒼と生い茂ったガジュマル（榕樹）の陰にあるため、全容を見ることはできない。

淡水線の歴史は日本統治時代初期の1901（明治34）年8月20日に遡るが、1997年に新都市交通システム化計画が実施され、近代的な路線に生まれ変わった。現在は圓山駅も高架化されており、モダンな装いとなっている。

建物の竣工は1900（明治33）年頃と推測される。これは淡水線の敷設、開業時期を根拠にしたものだが、造りから判断すると、それよりも後のものではないかとも思われる。官舎の間取りは台湾総督府が基準を設けていたために、推測は可能だが、内部の撮影や取材ができないため、詳細を知ることはできない。このように、神秘に包まれた「謎の建築物」も少なくはない。

MRT淡水線圓山駅のすぐ脇にある。生い茂ったガジュマルに覆われた姿になっている。

❶山型の屋根と円形窓が印象的な外観となっている。
❷高い天井が印象的。戦後は孫文にちなんで「中山堂」と呼ばれていた。
❸梁だけが残された穀物倉庫。これも日本統治時代の遺構である。

公民館となったアールデコ調の小さな公会堂

内湖公民會館 ―旧内湖庄役場会議室

内《ない》湖《こ》区は台北市の北東部に位置する新興開発エリアである。かつては「内湖庄」と呼ばれ、この建物は内湖庄役場に付随する会議室として設けられた。竣工は1930（昭和5）年。現在は公民館となっており、イベントや展示会などが開かれている。

建物は大きなものではないが、アールデコ調のデザインがすっきりとした印象を与えている。美しく切り立った山型の屋根と、採光を意識して設けられた円形窓、そして、水平な庇といった幾何学的な造形がこの建物の特色で、どことなく愛らしい雰囲気が漂っている。

なお、建物の裏手には、日本統治時代の穀物倉庫が残っており、屋根の梁だけがオブジェとなって残されている。こういった形での保存は例が少なく、珍しい。ぜひ足を運んでみたい。

食尚曼谷・郭家祖厝

タイ料理レストランとなった「古蹟餐廳」

❶奥にあるオープンスペース。赤煉瓦の壁面が迫り、ライトアップされた様子も美しい。
❷士林郭家の旧宅。白色テロの受難者である郭琇琮醫師の故居でもある。

連日行楽客で賑わう士林夜市。その北側には古い家並みが広がっている。ここもそういった家屋の1つ。日本統治時代に建てられた邸宅を改修したタイ料理レストランである。

❸老建築の美しさに触れながら、本格的なタイ料理が味わえる。
❹食事だけでなく、館内散策も楽しい。夜間はライトアップされる。
❺3階にはイベントスペースもある。
❻記念撮影を楽しめる配慮もあって、若者に人気。

大東路に面した建物の入口には、古さはそれほど感じない。しかし、内部に入ってみると、印象は変わる。ここがメインとなる飲食スペースだが、その先にも建物は続き、廃墟然とした2階建ての建物が迫る。ここには赤煉瓦の壁や精緻な装飾の柱、青く染められた老タイルの床などが残されている。

その奥にはオープンスペースがあり、ここでも食事が楽しめる。両側に赤煉瓦の壁面が迫り、上に広がる開放感と壁面による圧迫感とが絡み合う。夜間はライトアップも施され、さらに独特な雰囲気を醸しだす。

この建物は士林の名家とされる郭一族によって建てられた。士林には富豪が多く、大正から昭和初期に多くの邸宅が建てられた。残念ながら、ここは戦後に凋落を免れず、廃墟となっていたが、士林で生まれ育ったという現オーナーは、郷土の歴史が後世に伝わっていくことを願い、建物の修復を決めたという。現在は台北市から史跡に指定され、保存対象となっている。

士林に残る広大な産業遺産

紙場1918（士林紙廠）

台湾製紙株式会社士林工場

❶製紙工場跡地。現在も敷地内にはかつての施設が残っている。
❷台湾で最も早い時期に設けられた製紙工場だった。

ここは台北市でも指折りの大型産業遺産である。台湾製紙株式会社が設けた工場で、当時、台湾最大の製紙工場だった。同社は1918（大正7）年に会社設立が発起され、翌年9月に設立された。製紙のほか、紙の販売なども行なっていた。初代社長は衆議院議員で、合名会社柵瀬《さくらい》商会を率いた柵瀬軍之佐《ぐんのすけ》だった。

戦後、台湾各地にあった5社の製紙工場は全て中華民国・国民党政府に接収され、台湾紙業股份有限公司となった。1960年からは士林紙業股份有限公司として操業を続けたが、現在は廃墟のような姿となっている。再開発の計画も何度か立てられたが、実現はせず、今後の動きが注目されている。

なお、工場施設群の奥には基隆河が流れていたが、流水路の変更がなされ、かつての河川跡は基河路と住宅地になっている。

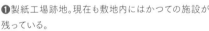

10.

知られざる郊外の建築遺産
文山・松山・南港

現在、台北市文山区と呼ばれているエリアは、日本統治時代、台北州文山郡に属していた。また、台北市松山区は旧称を「錫口」と言った。当初は台北州七星郡松山庄という行政単位だったが、1938(昭和13)年に台北市に編入された。南港は台北と基隆の間にあり、松山の東隣りに位置する。ここは日本統治時代、七星郡内湖庄の管轄下にあった。戦後は台北県南港鎮(鎮は町に相当)となったが、1968年に台北市に編入され、南港区となった。こういったエリアは他の地区に比べると、日本との関わりは薄く見えてしまうが、産業施設がいくつか残っているほか、家並みにもわずかながらに日本の面影を残すところがある。

❶現在、計5棟の倉庫が史跡の指定を受けており、イベントなどが開かれている。
❷敷地は広いので、ゆっくり見学を楽しみたい。
❸パブやレストラン、カフェなどがあるほか、アート作品や雑貨を扱うショップなども多い。

広大な敷地を誇った台湾最大の煙草工場

松山文創園區 ―旧台湾総督府専売局松山煙草工場

ここは台北市内に残る日本統治時代の遺構の中で、屈指の敷地面積を誇る産業遺産である。敷地面積は6万坪。台湾総督府専売局が設けた煙草《たばこ》工場で、当初は台北駅の北側に設けられていたが、その生産能力が限界に達したため、この場所に新工場が設けられた。

施設は１９３７（昭和12）年に竣工したが、本格的に稼働したのは翌々年の10月15日からだったという。当初から約１２００名の工員がここで働いていたと伝えられている。

この工場施設の特色として挙げておきたいのが、階段室やエレベーター室などを除くすべてが2階建てであること。そして、一部に鉄骨トラスが採用されているが、大半は鉄筋コンクリート構造となっていることだ。作業場の総面積は５３２７坪となっていた。

ここには工場の施設だけでなく、資

❹やや無骨な印象を受ける産業遺産だが、現在は敷地全体が文化空間として整備されている。

材保管倉庫から工員宿舎、医務局、公共浴室、託児所まで、必要と思われるものは、ほとんど揃っていると謳われた。工場全体が1つの集落のようだったとも言われている。

戦後は国民党となり、1947年には「臺灣省菸酒公賣局松山菸廠」と改名された。台湾総督府はアヘンや塩、砂糖、タバコ、酒、樟脳などを専売制を敷いて管理したが、戦後の国民党政府もまた、同じく専売制を敷き、これを重要な財源とした。

工場は1987年頃に最盛期を迎えたという。当時の工員数は1800名に達していたというが、その後は衰退し、1998年7月、移転に伴って、操業を停止した。その後は長らく遺棄されていたが、現在は史跡の扱いを受けている。

長らく閉ざされていたが、現在は市民に開かれた公共空間となっており、自由に見学ができる。書店や喫茶店、そして、台湾の若きデザイナーや芸術家たちの作品展示や販売なども行なわれている。新しい台湾文化の発信基地として、観光客にも人気がある。

空襲にも耐えた大型工場は博物館に

國家鐵道博物館籌備處

旧鉄道部 台北鉄道工場

台湾総督府鉄道部は、必要とされるすべての部品を自前で調達できることが自慢であったという。工場で働く職員の数も多く、鉄道工場と言えば、まず間違いなく大規模なものとされる時代であった。

この場所に鉄道工場が設けられたのは1935（昭和10）年のことである。すべての施設が完成したのは4年後だったが、この年の10月30日に盛大な落成式が挙行されている。この頃、すでに台北駅周辺は開発が進んでおり、構内にも大きな操車場を擁していたた

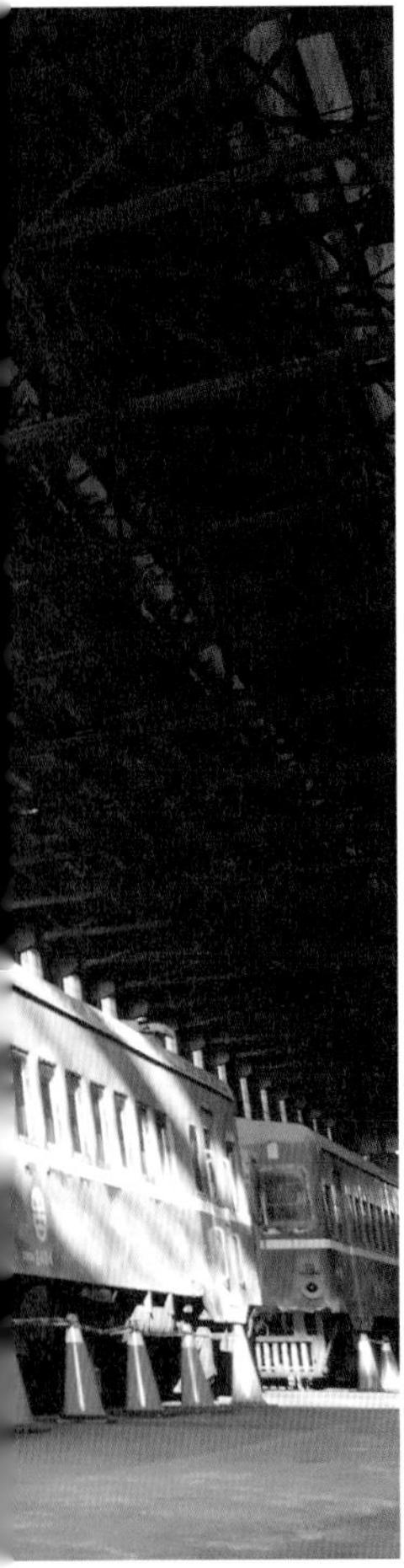

❶JR東日本から譲渡された583系寝台電車の中間車も展示される。
❷竣工間もない頃の様子。『古写真が語る台湾 日本統治時代の50年』より。
❸「台湾鉄道の父」として敬愛される鉄道部運輸課長・速水和彦の胸像。
❹事務所棟も日本統治時代の建物だが、こちらも装飾の類は一切ない。工場の敷地面積は5万7千坪だった。
❺工場には機関車の組み立てを行なう必要性から、40トンと15トンのクレーンが並んでいた。

め、当時は町はずれで、空き地が目立っていたというこの場所が選ばれた。

設計は宇敷赳夫《うしきたけお》が担った。宇敷は時の鉄道部改良課長の地位にあった人物で、先代の台北駅舎や現在もその姿を保つ台南駅や嘉義駅の設計者でもある。

この工場では機関車、客車、貨車を製造し、組み立てや修繕、塗装などを行なっていた。そして、動輪や台車、車体のみならず、工具や金属部品、蓄電池、装飾品などの付随品も製作していた。さらに、大工職から電気技師、装飾の専門家までもが常駐していた。

建物は事務棟のほか、2棟の工場が並列する形になっていた。いずれも鉄筋コンクリート構造で、外壁はモルタル仕上げ。装飾の類は一切ないと言っていい。実用性だけを考慮した機能本位の建物である。

工場は戦後、「臺北機廠」と呼ばれるようになった。長らく台湾の鉄道を支えてきたが、工場としての機能は、台北市が推進する再開発事業を受け、2012年6月に桃園市楊梅区に移転した。現在は鉄道博物館として整備が進められている。

⑤

①

ボイラーの余熱を用いた職員用の大浴場

臺北機廠澡堂 ―― 旧鉄道部台北鉄道工場大浴場

❶浴槽はボイラーを用いて加熱していた。これは1930年代半ばを迎えてから普及した方法だった。
❷浴場にある水道は蛇口の1つ1つが真鍮製で、鈍い輝きが独特な風情を醸し出す。
❸博物館開設に向けて、展示室には台湾の鉄道に関するコレクションが展示されている。
❹蛇口には台湾総督府鉄道部の紋章が入っている。

台北鉄道工場の敷地内には工員用の大浴場が設けられていた。見上げるばかりに高い天井が特色で、大きな半円状の屋根が美しく弧を描いている。

2つの浴槽は美しい円型をなしている。それぞれ直径が5メートルと大きく、深さは1・25メートルとなっている。

この浴場は作業用のボイラーから発する余熱を利用しているのが特色で、浴場としては2012年まで使用されていた。つまり、この加熱システムは故障することもなく、半世紀以上にもわたって使われてきたのである。

日中はやや薄暗いものの、かつては夕刻を迎えると、多くの工員で賑わったという。浴室の入口には手洗い場がある。これも日本統治時代に設けられたものだが、その蛇口に注目しておきたい。真鍮製の蛇口もまた、戦前にこの工場で造られたもので、鉄道部の紋章が入っている。

工員の疲れを癒してきた浴場施設。現在は浴場としては使用されていないが、史跡として、保存対象となっている。

なお、工場内には展示室があり、鉄道員たちの生活や日常について詳しい解説がある。展示物も豊富だ。現在はガイドツアーに参加する場合のみ、参観可能となっている。詳細はオフィシャルサイトでチェックできる。

古刹に通じる参道と日本式の石灯籠

指南山登山歩道—旧指南宮参道

台北市の南部に位置する指南宮は台湾道教の本山の1つであり、北部最大の道教寺院でもある。海抜223メートルの場所にあり、「猴山岳」と呼ばれる山峰の中腹に位置している。

この廟の開基は1891年に遡る。中国の八仙人の1人、呂洞賓を祀っている。俗称は仙公。理髪業の職業神とされる。これが大正時代、台湾で「夢に見たことが現実になる」と評判がたち、炭坑労働者の守護神としても崇められるようになった。

❶石灯籠は原形を留めているものが多いが、地震などで壊れているものもある。

廟は何度かの改築を経ているが、ここにも忘れ去られた日本統治時代の遺構が残っている。現在、指南宮までは道路が設けられ、バスや自家用車で行くことができる。また、2007年7月には「貓空纜車（ロープウェイ）」も開通して、とても便利になった。

しかし、この道路が開通する前は、1200段という石段を上らなければならなかった。これが日本統治時代の参道で、現在は登山歩道となっている。この旧参道を利用する参拝客は皆無に近く、ハイキングを楽しむ人々と健康維持に勤しむ老人たちが、早朝に訪れる程度である。

参道の入口は表通りからはずれており、少々わかりにくい。両脇には民家が並び、その間を石段が延びている。それでも、バスの車内からは一瞬なが

❷旧参道の入口はわかりにくい場所にあるが、往時の面影は残っている。

ら日本式の石灯籠が見える。

その先、石段を上がると、そこにも石灯籠は並んでいる。いずれも寄進者は台湾人の名だが、石灯籠そのものは明らかに日本式のものである。刻まれた文字も、ほとんど無傷で残っている。しかし、長年、風雨に晒され、倒壊しているものも少なくない。

早朝や夜間に参拝客の足下を照らしていた石灯籠は、今、その役目を終え、鬱蒼と生い茂った緑の中、静かに苔むしている。

❸指南宮の凌霄寶殿を設計したのは、空襲に遭った台湾総督府庁舎を修繕した故・李重耀氏。

軍需産業の工場建築も公共空間に

瓶蓋工廠台北製造所

旧国産コルク工業株式会社

台北郊外の南港にある工場跡地。日本統治時代に設立され、戦後も長らく工場として使用されてきた産業遺産である。前身となった「国産コルク工業株式会社」は1941（昭和16）年に設立されている。瓶のキャップやコルク、そして王冠などを製造していた。

戦時中に設けられたということで、軍事的な需要とも深い絡みがあった。しかし、数年後には敗戦を迎え、日本は台湾の領有権を放棄。経営者たちも台湾を離れていった。工場施設は中華民国・国民党政府に接収され、運営も中国から渡ってきた官吏たちに委ねられた。その後は「南港瓶蓋工廠」の名でコルクの製造は続けられた。

工場としては2004年に操業を停止している。その後の数年間は管理されることもなく、廃墟となっていた。それでも、うち捨てられた産業施設は独特の雰囲気を放つものである。やが

❶高い天井が工場らしい雰囲気を感じさせている。敷地内には戦後に増築されたり、新たに設けられた建物も混在している。写真はすべて2016年に撮影したもの。
❷梁にわずかに残った「天龍材木店」の文字。日本統治時代の大手材木商である。
❸「TR」の文字が刻まれた「台湾煉瓦会社」製造の耐火煉瓦。
❹この工場は台湾最大の発行部数を誇る「自由時報」の発行人だった故・呉阿明氏が若き日に働いていた場所でもある。

て、ひそかに注目されるようになり、映画などの撮影地にもなっていった。

私はこの建物を保存し、後世に伝えていこうと努力している若者たちとの縁を得た。杜崇勇さんの案内で、工場跡地を訪ねた。戦後も工場として機能していたため、敷地内には新しく建てられた施設も多い。杜さんによれば、現存する建物の中で、日本統治時代に建てられた家屋は全3棟あるという。

また、林怡君さんによると、戦時中に建てられた産業施設であることや、戦跡であること、さらに敷地内に繁茂した樹木の生態保護など、保存していく意義は決して小さくないという。彼らは台北市に産業遺産としての保護を訴えており、折衝を続けてきた。

有志はこの空間を芸術創作の場として整備することを希望してきた。2013年末には国産コルク工業株式会社の創業者の遺族もここを訪れた。戦時下の情報は非常に限られており、遺族の証言は貴重だ。熱心に耳を傾ける青年たちの姿には、情熱が感じられた。

現在は創作・展示の空間として生まれ変わり、市民に親しまれている。

④

街並みに埋もれるように残る市場建築

松山公有市場 ―旧公設松山食料品小売市場

❶天井には木柱が組まれた様子が見られる。日本時代、元日と秋の大掃除日以外は無休で、年に8日の半休日があるだけだった。
❷隣接するように市場の管理事務所があった。こちらは木造平屋で、歴史が感じられる建物である。

松山市場は「松山庄市場」として設けられた。開設は1911（明治44）年6月10日。その後、1938（昭和13）年に松山庄が台北市に編入されると、台北市営の公設市場となった。

現在の建物は1934（昭和9）年に建てられたものである。改築された部分が多く、古めかしい様子は感じられないが、柱や壁、基礎部分などは当時のものである。

この一帯はかつて、基隆河の積みだしで賑わい、物資の集積地であった。そういった時代の情景を思い描きながら、市場を散策していると、印象は徐々に変わってくる。日本統治時代、ここに入っていた店舗数は31軒。そのうちの16軒を獣肉業者が占めていたという。

饒河街観光夜市（ナイトマーケット）の散策のついでに訪れることは可能だが、市場の活気に触れたければ、午前中の訪問がおすすめだ。

校長官舎は生まれ変わって公民館に

文山公民會館

旧台北州深坑庄木柵国民学校校長官舎

ここはかつて、木柵公学校の校長官舎であった。木柵は終戦まで台北州文山郡深坑庄に属していた。木柵公学校は1906（明治39）年に設立された景尾公学校内湖分校を起源とし、1912年に木柵公学校となった。後に木柵国民学校と改称され、戦後は「木柵國民小學」となって現在に至っている。

この建物の竣工は1927（昭和2）年。屋根には日本式の黒瓦を配し、玄関は中央に位置しているが、間取りは左右非対称となっている。敷地面積は約193坪という記録が残っている。屋内は板間の応接間のほか、畳部屋があり、前庭にはザボンやバナナなどが植えられていたという。

ここは現在、台北市文山区で唯一の日本時代の家屋である。歴史を伝える建造物が大切に扱われている姿を目にすると、嬉しく思えてくる。

❶文山行政中心（区役所）との間の緑地には1897（明治30）年建立の忠魂碑が移設保存されている。文字を読みとることはできない。
❷2002年に公民会館（集会所）として生まれ変わった。イベントなどが行なわれる公共スペースとなっている。

庶民信仰の場へと変わった防空壕

龍洞・松山龍山宮 ─ 旧陸軍防空壕

台北市の東のはずれに防空壕が廟になって残っているところがある。丘の上にあり、地元住民と登山客以外は、その存在を知る人はほとんどいない。

奉天宮という廟の脇の石段を上っていくと、頂上に蒋介石の像が立っている。その銅像からさらに進んだ先にある小さな祠が龍山宮である。

簡素な造りだが、入口には大きな看板が据え付けられている。奥に歩を進めると、そのまま洞窟につながっている。ここが戦時中に設けられた防空壕である。壕内の高さは2メートルほど。幅は狭くないので、移動に不便は感じない。なお、防空壕は軍事用倉庫としても使用されていたという。

洞内にはかつて砲口があった。現在はふさがれているが、これは通気口を兼ねたものだったという。壕内には5つの祠が設けられている。参拝客は少なくない。

❶廟として利用されている防空壕。かつては高射砲が設けられていた。
❷戦後は倉庫として使用されていた。

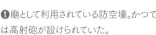

石塊に刻まれた日本統治時代の文字

寶藏巖國際藝術村―旧寶藏寺

知名度は高くないが、約300年の歴史を誇る古刹である。元々は清国統治時代に中国大陸からやってきた移民たちが設けた祠で、日本統治時代の1913（大正2）年に「寶藏寺」と改名している。その後、1968年に元来の「寶藏巖」の名に戻った。

台北を俯瞰できる高台のため、戦時中、日本軍は防空壕やトーチカ、高射砲台、弾薬庫などを設けた。これらは戦後、中華民国軍に接収された。

往年の様子を伝える建築物は残っていないが、入口に置かれた石塊をよく見ると、それは石灯籠の一部であった。そこには「昭和十四年二月建立」と刻まれている。こういった「知られざる遺構」を探すことも建築探訪の楽しみなのかもしれない。

❶歴史を伝える日本統治時代の文字。付近一帯は「芸術村」として整備されている。

❷戦後は下級兵士や貧民たちが住みついた。寺院の建物は戦後のもの。

生まれ変わった和洋折衷の高級官舎

靜心苑―旧台湾総督府松山療養所所長官舎

❶結核療養所の所長官舎。建物のみならず、樹木も「老木」として守られている。

❷間取りは「L」字型となっており、風通しが考慮されている。裏庭にはテラスが設けられ、池に泳ぐ錦鯉を眺められる。
❸現在はカフェ・レストランとなっている。市民向けの講座やイベントが開かれることも多い。
❹向かいには医官の官舎も残り、建物についての解説や遺構の展示がある。

台湾総督府松山療養所は結核患者の隔離治療施設で、開設時は台湾唯一の存在だった。1915(大正4)年3月に台北州が定員28名の「錫口養生院」を設立。これが1924(大正13)年に台湾総督府に移管され、翌年3月に「台湾総督府松山療養所」と改名した。1942(昭和17)年には台南にも結核の療養施設が設けられている。

療養所は姿を留めていないが、所長官舎と医官官舎は修復工事が施され、現在は公共空間となっている。両者ともに和洋折衷のスタイルで、風通しと日当たりが考慮された作りである。所長官舎には棟札が残っており、1935(昭和10)年12月2日に上棟式が開かれたことがわかる。

所長官舎は台湾総督府が定めた官舎建築基準によると「高等官第三種」に該当する。広い庭を擁し、敷地は約233坪となっていた。屋内には増築部分を含めて6間の部屋があった。また、玄関には正八角形の柱があり、往時のスクラッチタイルが残っている。

長らく放置された状態となっていたが、2006年に文化財の指定を受けた。修復工事が終了したのは2020年5月。公共空間としてだけなく、カフェ・レストランとしても利用でき、建物の趣に触れることができる。向かいにも、かつての医官官舎が整備され、展示空間となっている。

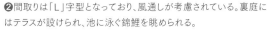

工場内の浴場を再整備した私設図書館

不只是圖書館

旧台湾総督府専売局 松山煙草工場浴場

❶「泡書區」は本のお風呂に浸かるというコンセプト。浴場の雰囲気を残しつつ、新しい文芸空間が創出されている。
❷かつての浴場は外部にせり出したような場所にある。オープンは2020年7月1日のことだった。

専売局松山工場は市内最大規模を誇る産業施設だっただけに、工員の生活を支える様々な施設があった。浴場もその1つである。ここは元女性用浴場であり、詳細は不明なものの、築80年を超える建物であることは確かだ。工場としての機能が移転した後は、長らく倉庫となっていて、全体が荒れるに任された状態だった。

ここを整備したのは気鋭のデザイナー・邱柏文氏だった（172ページ）。邱氏が率いる「柏成設計」がデザインを担い、修復が進められた。その際、設計概念となったのは「本があふれるお風呂。そして、そこ浸かれる文化空間」というものだった。建物が持つ趣や歴史性ばかりでなく、浴場という機能をも意識し、全体をまとめたという。

靴を脱いで入り、書棚の間を進んでいく。そして、右手のカウンターでチケットを購入するが、これは日本の銭湯をモチーフにしているという。ちなみに、チケットは蔵書票をイメージしたものとなっている。その先には白を基調とした明るく開放的な空間が広がっている。全体として、釘などは1本も用いず、本来の姿をしっかりと残した上で、新しい息吹を注入することにこだわったという。

その奥にある浴場には半円形の浴槽が健在で、桶などのアイテムもさりげなく置かれている。タイルや木製の窓枠は往時のものが残されており、窓に向かって席が設けられている。庭にはハーブやシダ植物など、台湾原生種を中心に約100種が植えられており、それらを愛でながら、読書が楽しめる。

ここは台湾では珍しく、有料の私設図書館となっている。そのため、ワーキングスペースとして利用する常連が多く、浴場跡に配された机も広めになっている。デザインや芸術、建築に関する雑誌はもちろん、書籍も約1万冊が揃っているため、幅広い層が訪れている。元浴場をリノベーションした斬新な歴史再生空間。講座やトークイベントも開催されており、台湾のデザインシーンを牽引する場としても機能している。

❸屋外も緑地として整備されている。亜熱帯の深い緑や花々が癒しの空間を演出している。
❹台湾でも珍しい私設図書館。デザインやインテリアに関する書籍が充実。

11.

北投・陽明山

温泉郷に残る日本統治時代の建築群

北投は台湾随一の温泉郷であった。その多くは日本人を相手にした旅館だったため、和風建築が数多く並んでいた。陸軍との関係も深く、保養所や別荘の類も多かった。温泉街は北投公園を中心とした山麓部に形成され、現在もいくつかの旅館建築が残っているが、廃墟となったものや遺棄されたものも多い。また、北投は寺院建築が多いのも特色で、今もいくつかが往時の姿を保っている。市内の喧噪から逃れ、のんびりと建築巡りを楽しんでみたい。MRT「新北投」駅が最寄り駅となる。草山は現在、陽明山と呼ばれているが、日本統治時代から温泉郷として、そして、桜の名所としても名を馳せていた。別荘だった建物がいくつか残っている。

南国の緑にしっかりと溶け込んだ洋風建築

北投溫泉博物館 ── 旧台北州立北投公共浴場

❶2階の大広間は畳敷きで、72畳の広さを誇った。湯上り後にくつろぎの空間を供していた。
❷正面玄関は2階に設けられた。竣工時、1階は235坪、2階は190坪あまりだった。1923(大正12)年4月25日、皇太子(のちの昭和天皇)が当地を行啓した際、2階が増築され、220坪となった。

北投を代表する建築物と言えば、まずはこの建物が挙げられる。台北州が経営した公共浴場で、竣工は1913(大正2)年。オープンは6月17日だった。台湾随一の規模を誇り、北投温泉のシンボルとも言うべき存在だった。

❸北投温泉は「台湾の箱根」と異名を取る温泉郷であった。

外観は和洋折衷のデザインとなっている。一見したところでは、欧州の片田舎で巡り合いそうな雰囲気だが、屋根には日本式の黒瓦が異彩を放っている。繁茂する亜熱帯性の植物が南国風情を醸し出し、そこに溶け込んだ洋風建築は、印象的な景観となっている。

建物の1階はどっしりとした構えの煉瓦造りだが、2階は軽やかな印象の木造建築となっている。いわゆる「ハーフティンバー構造」で、敷地面積は700坪となっている。

設計は後に諏訪の片倉館を設計する森山松之助。1階に設けられた浴場は大きく、男子浴場には「立ち湯」があり、50人が同時に入れるという広さだった。湯量も豊富で、まさにプールのようだったという。

玄関は2階にあり、大きな畳敷きの休憩スペースを擁していた。ふすまで仕切られた部屋では食事や冷たい飲み物が用意され、窓の外には公園の緑と北投渓の流れが眺められた。

しかし、戦後を迎えると、温泉浴場としては使用されなくなり、荒れ果てた状態が続いていたという。本来が瀟

❹ステンドグラスが南国の強い日差しを受け、館内に光を取り込んでいる。

酒なたたずまいを誇っていただけに、その様子は無惨だったと、北投で生まれ育った古老たちは嘆息する。

現在は博物館として再整備されており、北投地区の郷土文化と温泉にまつわる内容の展示物がある。館内に浴場設備はないので入浴はできないが、日本人が持ち込んだ温泉文化が台湾でどのような発展を遂げているのか、じっくりと探ってみたいところである。

❺日本統治時代に発行された絵葉書。冨永勝氏所蔵。

❻浴室は男女に分かれていた。「遊泳槽」は立ち湯のスタイルで、台湾唯一のものだった。これは古代ローマの沐浴場をイメージしたものとされる。
❼郷土文化と温泉についての展示がある。イベントも随時行なわれている。
❽皇太子の台湾行啓に際し、増築が施された。眺望の良いベランダもあった。
❾竣工時の様子。このベランダの奥に渓流が眺められた。冨永勝氏所蔵。

梅庭遊客中心

別荘だった建物が観光案内所に

❶日本統治時代末期に設けられたと推測される。和洋折衷のスタイルだったが、現在は洋間のみとなっている。

北投公園内には「北投溫泉博物館」のほかに、もう1棟、日本統治時代の家屋が残されている。かつての公共浴場のすぐ隣りに位置しているが、この建物の存在を知る人は多くなかった。いつも門が固く閉ざされ、高い塀が建物を包み隠していたからである。

ここは通称「梅庭」と呼ばれている。現在は展示スペースを擁した観光案内所となっており、自由に内部を参観できる。日本統治時代に建てられたことは確かだが、史料や文献はなく、所有者や竣工年などの詳細は不明である。戦前は個人所有の別荘となっていたようだが、これも推測の域を出ない。

梅庭の名は戦後に付けられたものである。ここは監察院長を務めた于右任の別荘だった時期があり、その頃にこの名が付けられた。門に掲げられた「梅庭」の文字も達筆で知られた于右任によるものである。その後は民間に払い下げられたが、現在は公共財産として台北市の管理下にある。

❷現在は「遊客中心（観光案内所）」となっている。これは修復直後の様子。

❸庭からは北投公園の濃い緑と渓流が眺められる。

戦時中に建てられた家屋と言われてはいるが、戦後に何度かの増改築が行なわれており、一時期は壁にペンキで彩色が施されたりしていた。屋内は戦前によく見られた和洋折衷のスタイルだが、家屋の真下に防空壕が設けられているのが珍しい。また、屋根裏にも小さな部屋が設けられていた。

２００６年１月16日からは工期７カ月の改修工事が行なわれ、装いを新たにした。木造家屋だけあって、傷みは激しく、工事は大がかりなものとなった。それでも本来の姿を損なわないよう、細心の注意が払われたという。

北投地区の地図やパンフレットを入手できるほか、企画展なども開かれているので、散策の途中に立ち寄ってみたいところである。

北投公園

自然景観を切り取った緑豊かな温泉公園

❶噴水池と胸像。開園時には盛大な式典が執り行なわれたという。
❷公園の中心部にはエコ建築として知られる台北市立図書館の北投分館が建っている。
❸泉源から流れ出た湯は、滝となっているところもある。これは「湯の滝」と称された。
❹井村大吉の胸像は終戦後、孫文のものに代わった。台座だけが往時の姿を留めている。
❺秋から冬にかけては「足湯」を楽しむ人々も多い。

北投は台北市の北郊に位置する台湾最大の温泉郷である。その中心には緑豊かな公園が設けられていた。開園は1911（明治44）年に遡り、すでに1世紀以上の歴史を誇る。まさに、北投地区の歩みを知る歴史の証人というべき存在である。

1916（大正5）年4月に淡水線の新北投支線が開業して以来、北投温泉の知名度は上がり、訪れる行楽客は増えていった。北投公園は台北を代表する行楽地の1つにも挙げられるようになり、台北との間には「自動客車（ガソリンカー）」による直通列車も運行されていた。

亜熱帯植物が繁茂する園内には、北投渓と呼ばれる清流が流れている。北投温泉の泉源は複数存在しているが、この公園の頂部に位置する地獄谷（現在は地熱谷と呼ばれている）からあふれ出た湯が渓流となってこの公園を流れている。

この公園は、時の台北廳長・井村大吉によって発案された。井村はまず州立公共浴場を完成させ、続いて公園の整備を進めていった。園内には噴水や

③

④

⑤

花壇が設けられ、多くの人々が憩いの場として、ここを訪れていた。
　井村の離任後、園内に彼の胸像が設けられることとなった。除幕式は1934（昭和9）年4月7日に行なわれている。現在、残念ながら、井村の胸像は撤去されており、1965年からは中華民国の国父とされる孫文の像が置かれている。
　それでも、基礎となっている台座の部分は日本統治時代のものが今も使われている。後面には戦後に新しい銘板がはめ込まれているため、一見しただけでは史実を知ることはできないが、注目しておきたい存在である。
　なお、この胸像前には大小の噴水池がある。いずれも日本統治時代に設けられたものであるが、胸像前の噴水のデザインは旧台湾総督官邸の正面にあるものと同一である。北投在住の郷土史研究家・楊燁氏によると、池のデザインは花びらのように見えるが、これは円と方形を組み合わせたものであるという。どういった経緯で台湾総督官邸のものと同じデザインになったのか、興味深いところである。

昔ながらの風情を保つ温泉銭湯

瀧乃湯浴室 ―旧瀧乃湯

ここは北投温泉にただ1軒残る木造の浴場である。新北投駅を降り、北投公園の中をしばらく歩いていくと、傍らに1軒の公衆浴場が見えてくる。北投渓の流れに面した小さな老建築。ここが「瀧《たき》乃《の》湯《ゆ》」である。

一見して日本統治時代の建物だとわかる木造家屋だが、何度か改装が施され、装いを一新している。それでもこの建物を包み込んだ雰囲気は、まさに昔ながらの銭湯である。浴場についての記録は少なく、特に建築に関する史料はほとんど存在していない。それでも、北投の歴史と温泉文化を語る上では、やはり欠かせない場所である。

足を踏み入れてみれば、ここがいかに長い年月を経ているかが感じられる。屋内はやや薄暗く、湯船も古さは否めないが、湯はラジウムを含み、湯量も豊富で贅沢だ。台北生まれの石井勝氏によれば、ここには「打たせ湯」があ

❶皇太子殿下御渡渉記念碑。昭和天皇が皇太子時代に北投を訪れた際の記念碑が移設されて置かれている。
❷北投温泉に残る銭湯。まさに日本の湯治場の雰囲気が感じられる空間だ。2015年撮影。

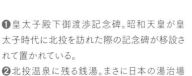

り、高い位置から湯が落ちる仕組みが印象的だったという。

敷地内には「皇太子殿下御渡渉記念碑」がある。これは皇太子（後の昭和天皇）が北投温泉を清遊された際に設けられた石碑である。戦後は打ち捨てられていたが、ここに持ち込まれ、安置された。

建物は２０１７年にお色直しをして装いを新たにした。昔ながらの風情はやや失われた感がある。しかし、湯船に浸かり、疲れを癒した人々のことを考えると、感慨を禁じ得ない。温泉浴場に漂う雰囲気と台湾らしさが入り混じった風情に触れてみたい。

❸こういった温泉浴場は台湾全域を見ても少ない。湯治場の雰囲気が漂う。2014年撮影。

北投穀倉——旧北投信用購買利用組合倉庫

現在も使用される日本統治時代の穀物倉庫

ここは日本統治時代に設けられた穀物倉庫である。1936（昭和11）年に工事が始まり、翌年に竣工している。管理者は北投信用購買利用組合だった。戦後、中華民国が台湾を統治するようになると、日本統治時代に設けられた

❷現在は主に肥料や資材を置く場所となっている。
❸戦後の建物だが、レトロな雰囲気のカフェが併設されている。

❶倉庫としては現役である。かつては「L」字型をしていたが、中央部はすでに撤去されており、残骸が残るばかりとなっている。

❹穀物倉庫という性格上、通風には細心の配慮がなされている。建物の随所に通気口が設けられていた。

あらゆる公的建造物は国民党政府に接収された。この建物も戦後に組織された「北投農會（農協）」の管轄下に入った。

建物は中庭を擁し、「L」字型をしていた。しかし、節部はすでに廃墟のようになっている。それでも倉庫は今も使用されており、内部を見せてもらうと、肥料などが山積みになっていた。

建物は煉瓦造りで、高い天井が印象に残る。検査室や包装室なども併設され、木材には良質な檜《ひのき》材が使用された。内部には今も木で組まれた梁が見られる。また、倉庫という機能から、外観には全く装飾が施されていない。無骨な印象ではあるが、そのためだろうか、古さもあまり感じられない。なお、戦時下、食糧統制が実施されていた時には配給所にもなっていたという。

台湾全土を見回しても、日本統治時代に建てられた穀物倉庫が残っているケースは例が少ない。北投地区のみならず、關渡平原をはじめとする台湾北部の農業史を語る上で欠かせない産業遺産である。現在、倉庫は公開されていないが、併設された建物が喫茶店として整備されている。

❶湯守観音は知る人ぞ知る存在となっているが、年に一度の公開日には多くの参拝者が訪れる。
❷堂内は畳敷きとなっている。ここは当初、臨済宗妙心寺派布教所として開かれた。

鉄道員たちによって設けられた仏教寺院

普濟寺―旧鉄真院

ここは主に台湾総督府鉄道部の職員たちが中心となって開かれたという経緯を持つ寺院である。信徒にも鉄道関係者が多かった。そのため、名称も「鉄真院」となっていた。

寺院が開かれたのは１９０５（明治38）年9月のことである。温泉街からは奥まった場所にあるが、徐々にその存在が知られるようになっていった。昭和時代に入った頃からは、温泉街が見おろせる名刹として、景勝地の扱いを受けることも多かったようだ。

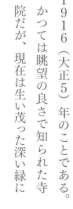

石段を上っていくと、正面に本堂が重厚な構えを見せている。建物の竣工は１９１６（大正５）年のことである。

かつては眺望の良さで知られた寺院だが、現在は生い茂った深い緑に

❸黒瓦を用いた屋根は何度か修復されているという。竣工時、台湾でも指折りの規模を誇る大型寺院であった。
❹村上鉄道翁略伝の碑。技師・村上彰一の功績が刻まれている。撰文したのは台湾総督府総務長官の下村宏だった。

覆われている。しかし、緑に埋もれたその様子もどこか日本的な雰囲気をまとっており、亜熱帯植物とのコントラストが印象的だ。

本堂の内部は畳敷きとなっている。全体的に清掃が行き届いており、大切に扱われているのがわかる。

ここには「湯守《ゆもり》観音」と呼ばれる像がある。正式には「大慈大悲北投湯守観音大菩薩」というもので、これが本堂の壁に埋め込まれる形で残されている。この像を拝めるのは、旧正月前後の公開日だけで、年に1度のみである。穏やかな表情をした観音像は今も昔も変わることなく、静かに北投の街を見守っている。

書院造りの和風旅館が郷土資料館に

北投文物館 ―旧佳山旅館・陸軍士官倶楽部

❶長い年月を経た木造家屋だけあって、大がかりな修復工事が施された。現在は日本家屋の趣を生かし、日本にまつわる文化イベントなどが催されている。

ここは「佳山旅館」と呼ばれていた温泉宿である。創業は1921（大正10）年という記録が残る。建物の竣工は1925（大正14）年前後とされているが、詳細な史料は残っていない。

この旅館は山肌に位置し、源泉である地獄谷（地熱谷）のさらに奥、新北投駅からは最も遠い場所にあった。北投の温泉街を抜け、さらに歩いて20分を要したという。しかし、温泉街から離れている分だけ、閑静な環境となっており、敷地も800坪と広かった。

建物は純和風の木造2階建てで、旅館建築によく見られる書院造りであった。私が最初にここを訪れた際、玄関や廊下、床の間、そして、畳やふすまに至るまで、ほぼ完全に往時の雰囲気が保たれていた。まさに和風建築ならではの情緒が凝縮された空間であり、ここが台湾であることを忘れてしまいそうだった。

❷玄関の様子。文物館がオープンしたのは1984年のことだった。

❸入口部には神社の石灯籠を模した門柱がある。

その後、建物の老朽化が進み、大がかりな修復工事が行なわれた。付近から湧き出る硫黄泉による腐食だけでなく、白蟻の害も深刻だったという。工事は元来の姿を損なわないよう、細心の注意が払われた。数年にわたる大工事だっただけに、リニューアルオープンの際は大きく話題となった。

この建物は1920年代以降、陸軍が士官倶楽部・招待所として使用していた。特に太平洋戦争の末期、戦況が悪化すると、特攻隊兵士として出撃する青年たちが、最後の一晩を過ごす場所となった。

館内の2階には、今も畳敷きの大広間が残されている。ここは悲しい運命を背負った若者たちにとって人生最後の宴の場だったのである。

④

⑤

❹戦後は外交部（外務省に相当）が管理していたが、後に民間に払い下げられ、郷土資料館がオープンしたという経緯をもつ。
❺館内では食事を楽しむこともできる。和の雰囲気が色濃く漂う。
❻畳敷きの空間ならではの優雅な雰囲気が楽しめる。
❼浴室も展示空間となっている。緩やかな曲線が優美さを醸し出す。
❽2階の大広間。かつての宴会場は、日本と台湾の交流の場として機能している。イベントは随時行なわれている。

戦後に張学良が暮らした日本家屋

少帥禪園 旧新高旅館

この建物は「新高旅館」と呼ばれる宿泊施設だった。その由来について記された史料はほとんど存在しない。前ページで紹介した北投文物館の裏手に位置し、リノベーションを受けた上で、現在はレストランとなっている。

1940（昭和15）年に刊行された『台湾鉄道旅行案内』の地図を見ると、確かに新高旅館という名がこの辺りに記されている。しかし、今もなお、竣工年や日本統治時代の管理者氏名などの詳細は得られない。

戦後、この場所はわずかな時期ではあるが、張学良が幽閉されていた。当時の暮らしぶりは謎に包まれており、知られざる歴史となっているが、館内にはそれにまつわる展示などもある。

レストランは木造家屋の趣を前面に押し出したインテリアが自慢で、ビュッフェスタイルで多国籍料理が楽しめる。そして、傍らにはもう1棟の木造建築

❶美しい瓦屋根が南国の日差しに照らされている。高台に位置しているためか、夏場でも過ごしやすい。

がある。ここは「小六茶舗」という名の茶芸館となっている。茶芸館とは台湾式の茶館のことで、ゆっくりとくつろぎながら、台湾茶を味わえる。ここからの眺めは素晴らしく、北投の温泉街はもちろん、淡水河を隔てて観音山の山並みまでもが一望できる。訪問の際は時間に余裕をもって訪ねたい。

両棟とも、保存状態は良好だ。竣工からすでに1世紀に近い歳月を経ているが、老家屋を愛する人々の手によって、守られている。

❷館内の様子。木造家屋の温もりが守られている。

❸テラスも設けられている。建物は斜面に沿うように並んでいるので、入口から石段を下ると美しい瓦屋根が眺められる。
❹小六茶舗は元々、離れ座敷だった。眺望は素晴らしく、北投の家並みが一望できる。

畳敷きの本堂が残る善光寺の台北別院

北投善光寺―旧善光寺台北別院

❶北白川宮能久親王の位牌が残されている。
❷岡本翁頌徳碑。本堂へ向かう石段の脇に石碑が残る。石材は秩父青石が用いられた。

❸1932(昭和7)年に挙行された善光寺大法要は盛大なものだった。日本本土からも多くの信者がやってきたという。当時の遺品は今も堂内に残されている。
❹堂内の様子。建て直されてはいるが、内部には畳敷きの空間が確保されている。

北投の温泉街から曲がりくねった山道を進むこと半時間。現在は「銀光巷」と呼ばれている旧参道を進んでいくと、その終点にこの寺院がある。

　高台にあるため、ここからの眺望は素晴らしい。大きな谷間が見おろせ、北投の温泉街が一望できるほか、遠くには「淡水富士」と呼ばれた観音山までもが見わたせる。

　ここは浄土宗西山深草派に属した寺院で、同派が台湾に設けた唯一の寺院であった。長野の善光寺別院として開かれ、多くの善男善女が訪れていたという。その由来は1895（明治28）年に遡る。同年、近衛師団を率いて台湾にやってきた北白川宮能久親王が新領土・台湾にも善光寺を建てるようにと側近に伝えたという。その後、小さな炭坑があったというこの場所が寄進され、ここに善光寺の台北別院が設け

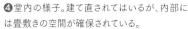

④

られることになった。

本堂そのものは建て直されているが、堂内は今も畳敷きとなっており、日本らしい風情が感じられる。中央には日本統治時代から受け継がれたという大きな仏壇が置かれている。

寺院の傍らには、北投石の発見者・岡本要八郎を記念した石碑が置かれている。北投石は硫酸バリウムの一種で、微量のラジウムを含むために、放射性を持っている。これは1905（明治38）年10月に岡本が北投温泉に入浴の際、河床に沈殿物を発見。1912（明治45）年には新鉱物と認定され、北投石（Hokutolite）と命名された。後には天然記念物に指定され、台湾の地名が付いた唯一の地質鉱物となった。

石碑の裏には「紀元二六〇〇年建」と刻まれている（紀元2600年は西暦1940年）。草むらの中に埋もれるように存在するため、気づきにくいが、北投善光寺を訪れたなら、ぜひとも見ておきたい遺構である。

彫りこまれた不動明王と大蛇明神の碑

不動明王石窟 ―旧北投不動明王祠

この祠は北投の温泉街から続く坂道を登った先にある。ここまで来ると、しっとりとした清々しい空気が身体を優しく包み込み、爽快な気分にさせてくれる。

祠は不動明王を祀ったもので、岩盤をくり抜くようにして設けられていた。不動明王は燃えさかる炎を背にして、右手に剣、左手に綱を持っている。その眼光は鋭く、猛々しい怒りの表情が印象的だ。ここの像は台北市萬華の藤原光蔵という石工の手によって彫られたものである。

この祠は温泉療養施設「星の湯」と関係が深い。創設者も星の湯の経営者・佐野庄太郎だった。星の湯では湯治に訪れた宿泊客に対し、湯上がり後のリハビリを兼ねて、この祠までの散策を勧めていたという。

日本統治時代、付近一帯は祠にちなんで、「不動山」と呼ばれていたよう

である。また、当時の絵はがきの中には「佐野公園」という表記をしたものも見られる。周辺には大小20に近い祠や寺院があり、宗教銀座の様相を呈していた。現在も以前ほどではないが、いくつかの宗教施設が集まっている。

祠の脇には「お不動の滝」と呼ばれた小さな滝がある。そして、自然石を組んだ石灯籠や小さな石柱、手水舎なども残っている。また、この一帯に数多く棲息している蛇を祀った「大蛇明神」と「青龍明神」の石碑もある。

元々は湯治に訪れた行楽客が散策を兼ねて参拝することを目的に建てられたという小さな祠。現在は台北市の史跡に指定され、保存が約束されている。

❶不動明王を祀る祠。自然石を組んだ独特な石灯籠も残る。
❷手水鉢の保存状態は良好だ。世話人の名前がはっきりと読み取れる。
❸傍らには「草庵創建之蹟」と書かれた石碑が残るが、下の部分は埋もれている。裏には「皇紀二六〇一年二月十二日」と刻まれている。
❹滝を挟んで「大蛇明神」の石柱がある。「昭和八年五月吉日」の文字が刻まれている。北投地区から草山にかけては蛇が多く棲息している。
❺忿怒の形相の不動明王。

台湾最大規模の温泉浴場は今

臺北市教師研習中心 ー 旧草山衆楽園

❶堂々とした風格をまとう建物。付近で切り出した安山岩が多用され、それが縦横に美しく積まれている。現在は台北市の管轄下に入り、教員の研修センターとして使用されている。
❷日本統治時代から著名な行楽地で、多くの市民が訪れる場所だった。『台湾国立公園写真集』より。

台北から路線バスに揺られて陽明山へ向かう。ここは日本統治時代に草山《そうざん》と呼ばれていた土地で、終戦まで日本屈指の大温泉地として知られてきた。台湾最大の温泉郷と言われる北投ほどではないが、古くから保養地として名を馳せていた。

バスが陽明山に着く手前に衆楽園《しゅうらくえん》と呼ばれた公共の温泉浴場がある。ここは台湾指折りの娯楽施設で、戦前の観光案内では必ず紹介されていた。この建物は１９２９（昭和４）年10月25日に起工式が行なわれ、翌年10月31日に竣工している。その後、景勝地として草山の名が広まっていくと、この建物も絵葉書などの素材となり、徐々に知られていった。

竣工時、ここは台湾最大の浴場だった。総面積は５６４・８坪。２階建ての建物がどっしりとした構えを見せていた。周囲には花壇があり、色とりど

りの花々が美しさを競っていたという。

用材はこの一帯で切り出された安山岩の自然石が用いられ、重厚感を放っていた。石塊を組み合わせた壁面や広々とした館内など、注目したい箇所は少なくない。日本統治時代はビリヤード場や卓球室などもあったという。

しかしながら、終戦後は中華民国・国民党政府の接収に遭い、営業停止となった。後には台北市の管轄下に入り、教職員の研修センターとして使用されるようになって現在に至る。シンボルとなっていた円形の大浴場も取り壊されてしまい、現在は浴場の設備そのものがない。石造りのどっしりとした風格に触れることだけが、かつての姿を偲ぶ唯一の手段となっている。

❸玄関部分は石組みとなっており、重厚さを醸し出している。
❹かつての浴場は会議室となっている。現在、温泉浴を楽しむことはできない。
❺戦後は陽明山國家公園（国立公園）の管理事務所として使用された時期もあった。

石組みの玄関が印象的な貴賓館

草山行館—旧台湾製糖株式会社招待所

陽明山國家公園（国立公園）には日本統治時代に建てられた貴賓館が残っている。台湾製糖株式会社が所有していた建物で、建坪549坪という広さを誇る。正面は石造りだが、後方は基本的に木造となっていた。玄関部には付近一帯で切り出された自然石が用いられ、やや無骨な印象を受ける。

この建物は私企業が設けた招待所だが、一説には1923（大正12）年に摂政の身分で台湾を行啓した皇太子（のちの昭和天皇）がここを訪れることを想定していたという。結局、それは実現しなかったが、その贅沢さは確かに際立ったものがある。

間取りは採光と風通しが強く意識されている。実際に、館内のどこにいても自然光が差し込んでくる印象だ。これは当時、台湾各地に設けられた保養所や療養施設によく見られる特色だった。

終戦後、1949年からは蒋介石の住居として使用された。この時、呼称が「草山賓館」と改められた。

2003年4月5日には芸術展示空間としてオープンし、「草山行館」という名になった。案内板やパンフレットでは、蒋介石と夫人の宋美齢が暮らした場所という一面だけが取り上げられ、日本統治時代の様子や建築、歴史的見地からの紹介は少ないが、足を運んでみたい歴史の現場ではある。

なお、2007年4月7日、この建物は火災に遭った。しかし、すぐに修復が決められ、2011年12月30日に再び公開された。

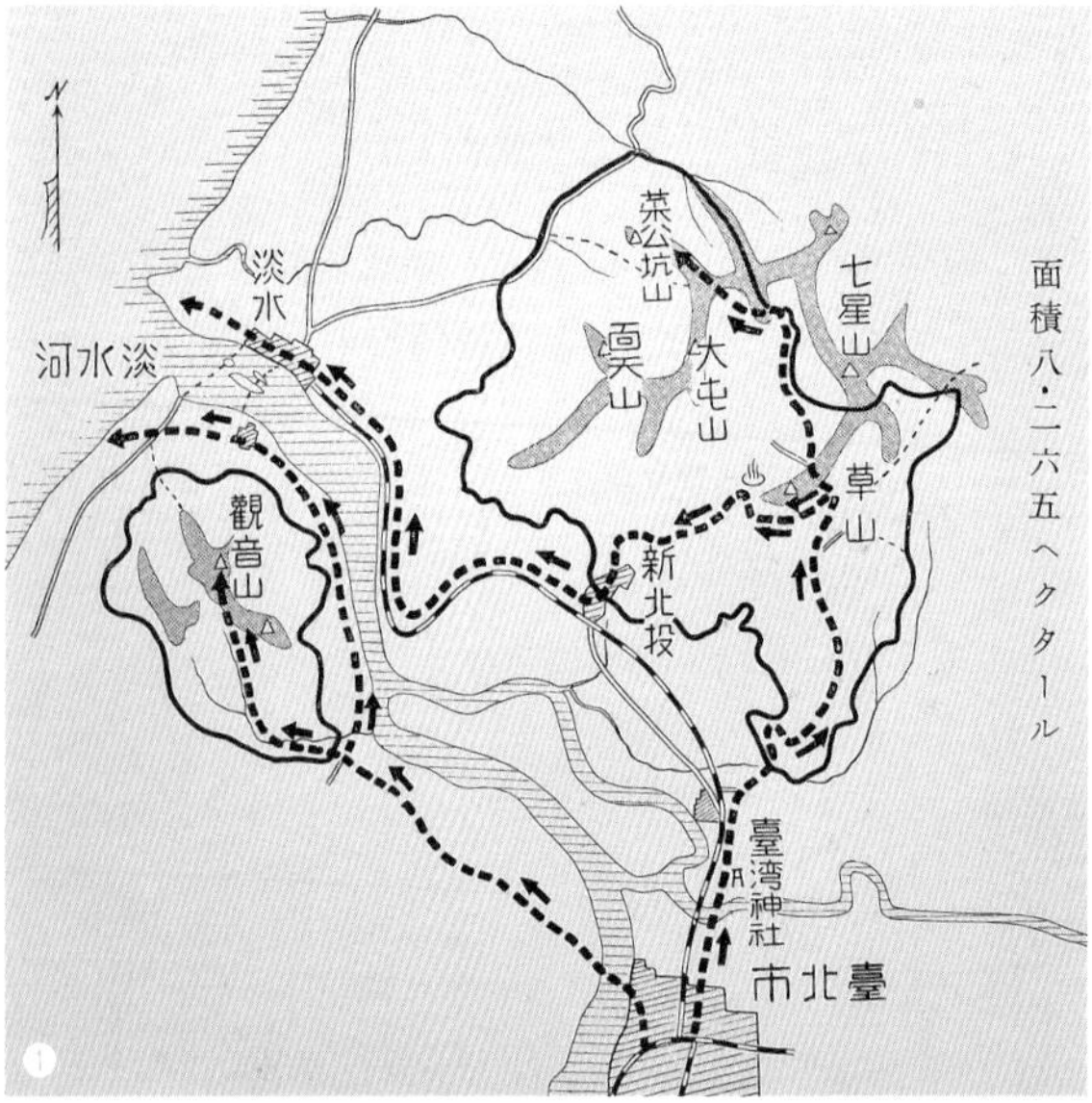

❶草山は台北郊外の別荘地となっていた。戦時中は空襲を逃れる子供たちの疎開地にもなった。
❷林の中に忽然と現れる建物。蒋介石が避暑に好んで訪れた場所である。
❸館内の様子。付近にもいくつかの別荘のような家屋が並んでいる。

②

③

天台玉皇宮

小さな廟に残る日本統治時代の太鼓

❶廟の創建は1949年10月とされている。主神は太上老君。例祭は旧暦2月15日に執り行なわれている。

❷太鼓の胴面には寄贈者の名が記されている。銘板には「東京市浅草区聖天町」と老舗宮本卯之助商店の住所が刻まれている。
❸本堂の脇には手水鉢が残り、現在は植木鉢となっている。「奉納」の文字が残る。

北投は寺廟の多い地域でもある。それらはいずれも温泉街が見おろせる高台にあり、その一帯は上北投《かみほくとう》と呼ばれていた。

「天台玉皇宮」というこの廟は、本堂が木造の日本家屋である。しかし、その歴史背景は謎に包まれており、創建者はもちろん、往時の名称すらわからない状態である。

堂内は畳敷きで、廊下などを見ても、明らかに日本式の家屋である。そして、日本人が残した長胴太鼓も残っており、渋い輝きを放っている。筆書きで、「台北市　福田永太郎　昭和十四年五月吉祥日」とある。銘板も残っており、太鼓や御輿、祭礼具の老舗「宮本卯之助商店」が製造者であることがわかる。

太鼓の一面は牛革を張ったもので、鋲は手打ち。用材には欅が用いられている。その仕上がりの良さは、素人の目にもはっきりと理解できる。知る人も少ない小さな廟だが、ここには歴史を伝える貴重な遺物が眠っている。

どっしりとした構えを誇る和風旅館

吟松閣 ― 旧吟松庵旅館

日本統治時代の旅館建築。終戦までの名称は「吟松庵《ぎんしょうあん》」だった。戦前の北投温泉ではよく知られた旅館で、旅行案内書などでも頻繁にこの名前を見かける。上北投は新北投駅や北投公園からは離れており、便利ではないが、緑があふれ、湯上がり後の散策が楽しいことから、多くの湯治客が集まっていた。

石段を上がっていくと、左手に日本式の石灯籠が置かれ、その奥に木造の旅館がどっしりとした構えを見せている。そして、池には錦鯉が泳ぎ、石橋でそこを渡って玄関に向かうという造りになっていた。

建物は平屋造りだが、奥に2階建ての別棟があった。歴史ある温泉旅館の風情を愛する人は多く、建物の保存も決まっていたが、残念ながら、2013年末で温泉旅館としての営業を突如止めてしまった。門は閉ざされ、今後の動きが注目されている。

❶玄関脇に石灯籠が残る。突然の閉業は多くの常連客を悲しませた。

❷付近一帯は別荘地帯で、旅館や保養所が点在していた。2023年6月現在、建物は修復工事中である。

再整備されて生まれ変わった旧陸軍の療養施設

三軍總醫院北投分院

旧陸軍衛戍療養院北投分院

北投の温泉街に陸軍の診療所が残っている。その歴史は1898（明治31）年に遡り、「陸軍衛戍療養院北投分院」を名乗っていた。日露戦争で負傷した傷痍軍人の療養を目的に建てられた施設であった。

現在の管理者は中華民国陸軍だが、長らく放置されていた。しかも、正面入り口からは見えない場所にあったため、知る人は多くなかった。

戦前の建物で残っているのは玄関を擁した第1棟のみで、温暖湿潤な気候を受け、風通しが考慮されている。建物は南を向いており、高台にあるためか、暑さが心なしか和らいでいるようにも感じられる。

2013年に修復工事は終わり、見学が可能となった。病院入口からは最も奥まった場所にあるが、鬱蒼と生い茂る緑の中に木造の療養施設が溶け込む様子をぜひ眺めてみたい。

❶屋根は全面的に修復され、装いを新たにした。現在は自由に参観できる。

❷工事完了を記念したプレートが残されている。
❸現在は足湯場なども整備されている。

赤煉瓦造りの小さな教会

臺灣基督長老教會北投教會

旧カナダ長老派 北投教会

❶建物は小さく、目立たない存在である。戦時中は軍の倉庫として使用されることもあった。

❷煉瓦造りの教会は台湾でも珍しい。❸収容人数は少ないが、毎週礼拝が行なわれている。

雑然とした家並みの中に、戦前の教会建築が残る。台湾北部の布教は宣教師ジョージ・レスリー・マッケイ（漢字では「馬偕」）によるところが大きい。英領カナダ長老教会派のマッケイは1872年に淡水に上陸し、北投でも布教活動を行なった。全島に20数カ所の教会を設けたマッケイは「台湾基督長老教会の生みの親」と称される。

教会が開かれたのは1876年。後に土地の寄進を受け、現在の場所に移った。竣工は1912（明治45）年。設計は台湾で30余の教会を手掛けた宣教師のウィリアム・ゴールド（漢字では「呉威廉」と表記）だった。

正面上部は三角屋根と半円を組み合わせたデザイン。屋根は台湾式の紅瓦だったが、雨漏りが激しく、梁も朽ちてしまったので、改修されたという。

毎週日曜日には礼拝者が集まり、小さな教会はちょっとした賑わいとなる。

山間に沸く清水を街に運ぶ送水の道

草山第三水源地・水管橋

❶水管橋。人口の増加に対応するべく設けられたこの水道系統は、1928(昭和3)年3月に工事が始まった。送水が始まったのは1932(昭和7)年3月からであった。

陽明山は終戦までは「草山《そうざん》」と呼ばれ、風光明媚な行楽地として名を馳せていた。その美しい景観は今も保たれ、桜の名所にもなっている。

草山には3カ所の水源地があった。ここはその1つで、海抜303メートルの地点にある。水源室は水管橋のたもとに位置し、安山岩とコンクリートを用いて造られた趣深い建物である。水量は豊富で、勢いよく流れ出ている清水は圧巻である。

水源室の正面には「湧泉臺」と記された扁額が掲げられていたというが、現在はその文字を確認することはできない。ちなみに、揮毫したのは台北市長や新竹州知事、専売局長を務めた田端幸三郎だった。

橋の正式名称は「草山第三水管橋」。水管橋は送水を目的に設けられたもので、完成は1929（昭和4）年6月12日とされている。長さは48・4メートルで、幅は1・99メートルとなっている。一見するとごく普通の橋に思えてしまうが、足下には水路が埋め込まれ、勢いよく水が流れている。

この橋は「松渓」という清流が形成した渓谷にあり、橋上からも高さ約30メートルの滝が眺められる。松渓と湧水は目と鼻の先にあるが、松渓の河川水は多量の鉱物を含んでおり、湧水とは水質が全く違うというのも興味深い。

この草山水道系統の設計者は佐野藤次郎。日本ではダム工学の権威として知られ、台湾水道の父と言われたウィリアム・K・バルトンの弟子でもある。

水源の管理上、一般公開はされていないが、現在はこの橋だけでなく、水道系統そのものが史跡の指定を受けており、湧水池から水管、貯水池など、日本統治時代に設けられた14カ所の施設が現役のまま保存対象となっている。

❷

❷草山水道系統では3つの水管橋が設けられていた。ここはその中で最も新しい。すぐ脇に滝が見られる。
❸第3水源は東洋随一の湧泉とも評された。
❹清水は濾過を要さずに飲用できたという。1943(昭和18)年7月にはやや下流に第4水源も設けられた。

❹

草山水道(天母送水管)

山道に沿って伸びる無骨な送水管

❶送水管敷設中の様子。『台北市十年誌』より。

台北市の北部に位置する天母地区は、外国人が多く居住する高級住宅地として知られている。ここはそんな住宅街の奥にある産業遺産である。

天母から山中に向かってのびる自然散策歩道は、かつて台北と金山(旧名・金包里)を結ぶ産業道路だった。現在は「天母古道」という名で整備されており、散策コースとして人気がある。

1400段もあるという長い石段を踏みしめていくと、途中から太い水道管が左手に寄り添ってくる。これは草山(現・陽明山)の水源地と台北を結ぶ水道施設の一部である。日本統治時代に設けられたもので、現在も変わることなく、人々の暮らしを支えている。

鉄管に耳を寄せてみると、内部を流れる水の音が聞こえてくるはずだ。草山に水源地が開かれたのは1932(昭和7)年のこと。急増していた台北市民の新しい水瓶として設けられたものだった。

当初の調査では3カ所の湧水が候補となった。結局、そのうちの2カ所で取水が行なわれ、306ページで紹介

❷天母古道は自然散策を楽しむ人々に愛されている。
季節を問わず、早朝は身体を動かす人々で賑わっている。

した圓山浄水場に運び込まれることになった。そして、基隆河を越えて台北市内まで送られた。送水区間が長いこともあって、工事には約4年の歳月を要し、工費214万2132円が費やされたという記録が残る。

現在も水力発電所や水道橋など、山中にはいくつかの施設が残っている。それらはいずれも現役で、一般公開はされていないが、この天母の水道管については随時、その姿を見ることができる。台北市民の暮らしを支え続ける水道施設。小さな「功労者」は、今日もまた、山中で静かにその役目を全うしている。

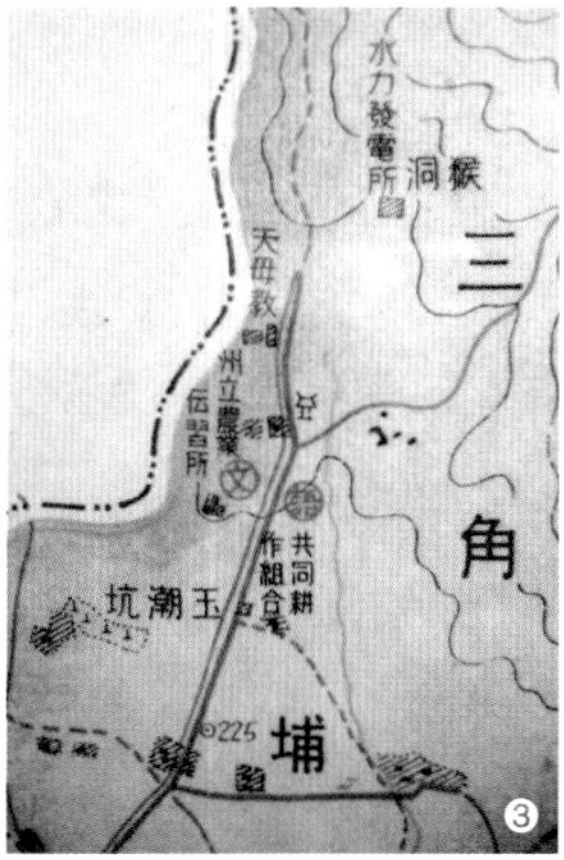

❸天母の旧名は三角埔。昭和6年、中治稔郎が開いた「天母教」の教団がここに置かれた。天母の地名はこの宗教団体に由来する。赤星光雄氏提供。

新北投車站

新北投駅旧駅舎

解体・移設・復元と歩んだ老駅舎の歴史

❶新北投支線は約10年の工事期間を経て、1997年3月28日に「捷運」と呼ばれる都市交通システムに生まれ変わった。
❷七星公園内に置かれた旧駅舎。現駅舎の脇に位置する。
❸館内はショップとなっており、土産物や鉄道グッズなどが売られている。

北投温泉の最寄り駅。現在は高架駅となり、モダンな駅舎となっているが、その傍らに木造駅舎が残されている。その歴史は1916（大正5）年4月1日に遡る。

ここは戦前の台湾では唯一の頭端式（櫛形）配置の駅だった。この線路配置は貨物を扱わない唯一の終着駅というのがその理由だが、台湾では他に例を見ない構造だった。当初、屋根には等間隔の牛の目窓が並んでいたが、1937（昭和12）年に北側に増築が施されたため、4つの牛の目窓の中で、1つだけが不均衡に離れている。

1988年、新北投支線は淡水線とともに再整備を理由に一時廃線となり、駅舎は台湾中部・彰化《しょうか》県にあったテーマパーク「台湾民俗村」に移設保存された。しかし、2012年に経営不振によって閉園。その後はこの駅舎も放置され、荒廃していた。

2017年4月1日、駅舎は七星公園に復元されて現在に至る。彰化に移設された際と台北に戻された際、それぞれ解体・復元された経緯もあり、大がかりな工事を経ている。純然たる歴史建築ではないが、華やかさと重厚感を併せ持つ建築美は健在だ。内部では北投の歴史を紹介する展示や、記念品の販売が行なわれている。

旧白団官舎・糸賀公一邸

蒋介石が招いた日本人軍事顧問団の住居跡

❶旧糸賀邸の様子。改装はされているものの、歴史を感じさせる建物である。
❷内部の様子。建物は和洋折衷の造りで、ゆとりが保たれている。
❸独自の泉源を持っており、湯量は豊富だ。

北投温泉の泉源となっている地熱谷は日本統治時代、「地獄谷」の名で親しまれていた。そこを見おろせる場所には陸軍が管理する偕行社のほか、「星の湯」をはじめとする保養所・療養施設が点在していた。

終戦を迎え、台湾は中華民国体制に取り込まれたが、その後、蒋介石総統の要請で日本人軍事顧問団「白団」が招かれた。その際、富田直亮（中国名・白鴻亮）をリーダーとするメンバーに当てがわれた住居がこの辺りにあった。その家屋が1棟残っている。これが白団のメンバーである故糸賀公一氏が住んでいた邸宅である。

糸賀氏は中国名「賀公吉」を名乗り、1951年に台湾に渡った。その後、1968年に白団の活動が終了するまで、中華民国軍を日本式の訓練で鍛え上げた。その経緯はもちろん、実態も謎に包まれている白団だが、台湾と日本、そして中華民国の歴史を眺めていく上で、その意義は小さくはない。

糸賀氏は2011年1月29日に99才の生涯を閉じている。知る人ぞ知る台湾史である。

MAP 1. 官庁建築が点在する行政エリア

總統府周辺

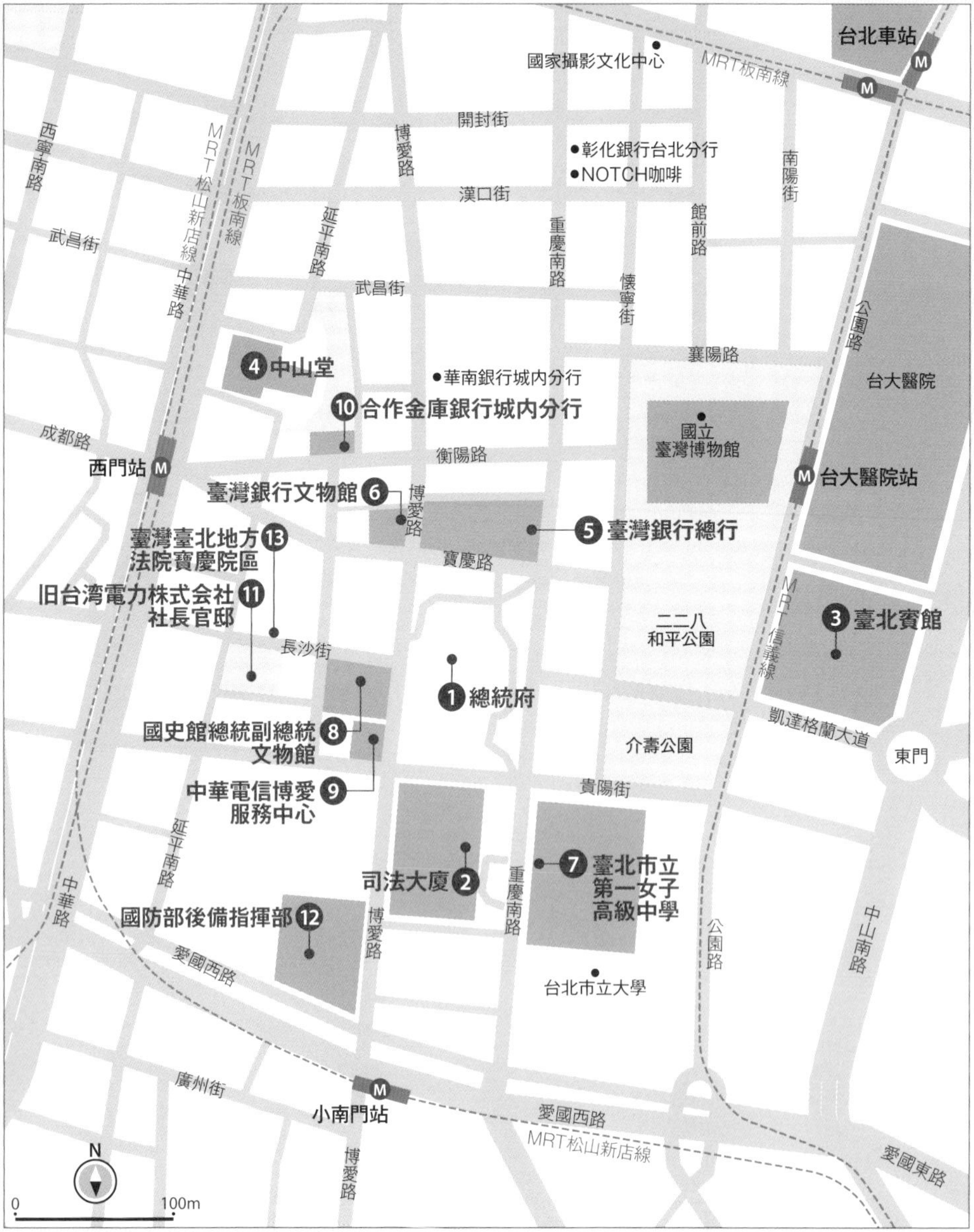

MAP 2.

島都・台北市の中心街を歩く
國立臺灣博物館周辺

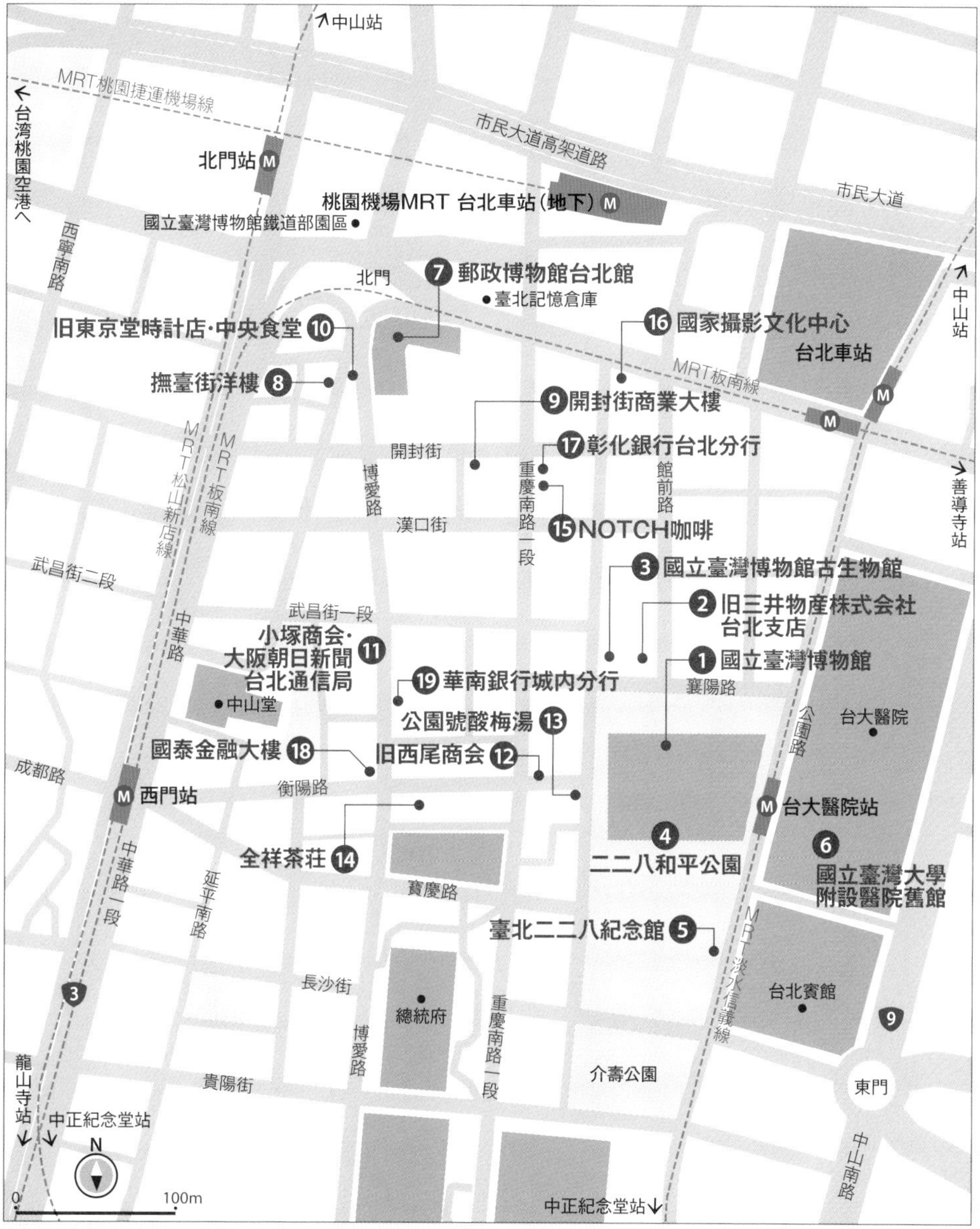

MAP 3.

日本時代の繁華街と台北発祥の地

西門町・萬華周辺

MAP 4.

知られざるもう1つの内地人街
旧台湾総督府専売局周辺

MAP 5.

帝国大学とともに発展した文教エリア

國立臺灣大學(旧台北帝国大学)周辺

MAP 6.

新興開発地に点在する歴史建築たち

台北市東部

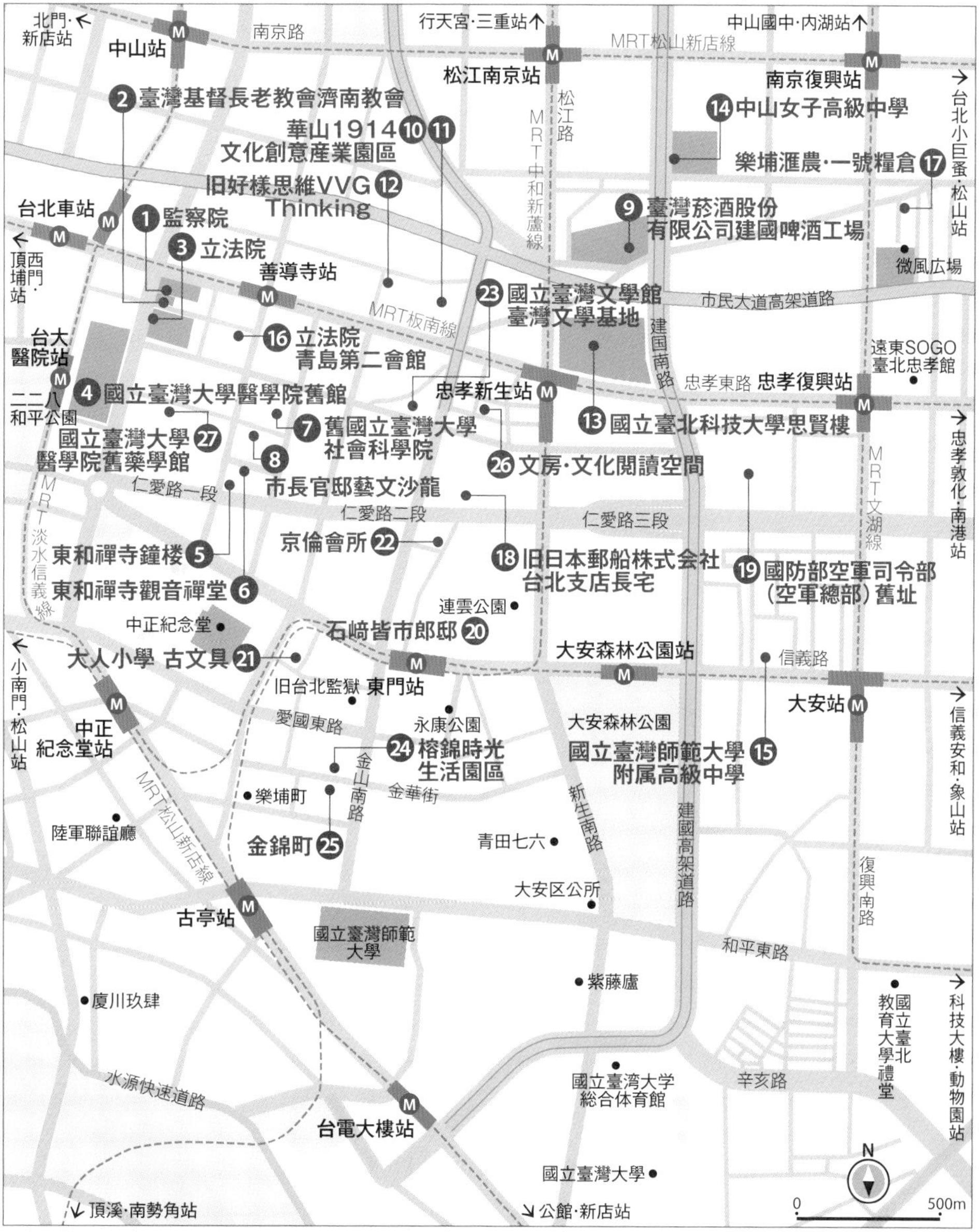

MAP 7.

「勅使街道」を中心に発展した市街地

台北市北部

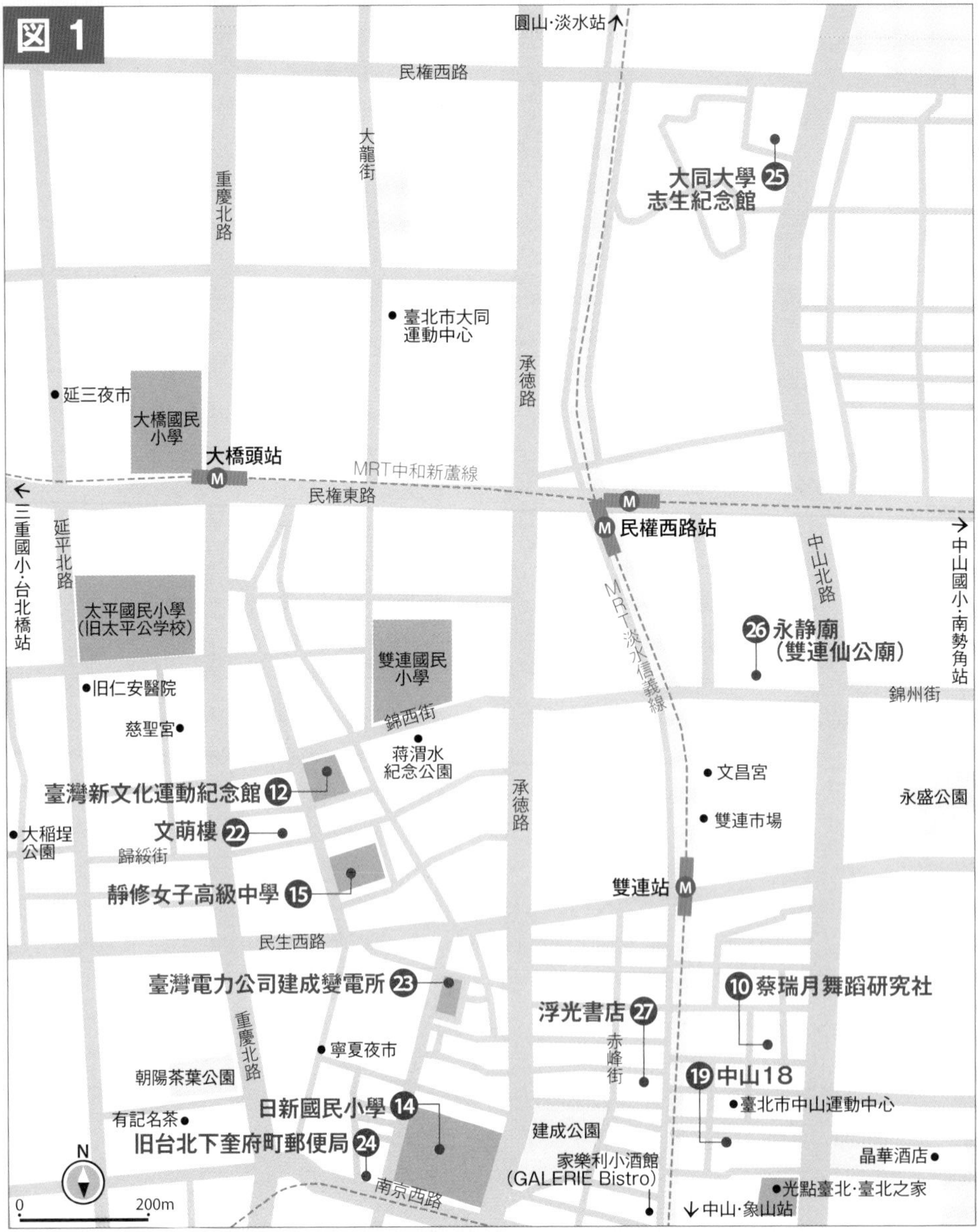

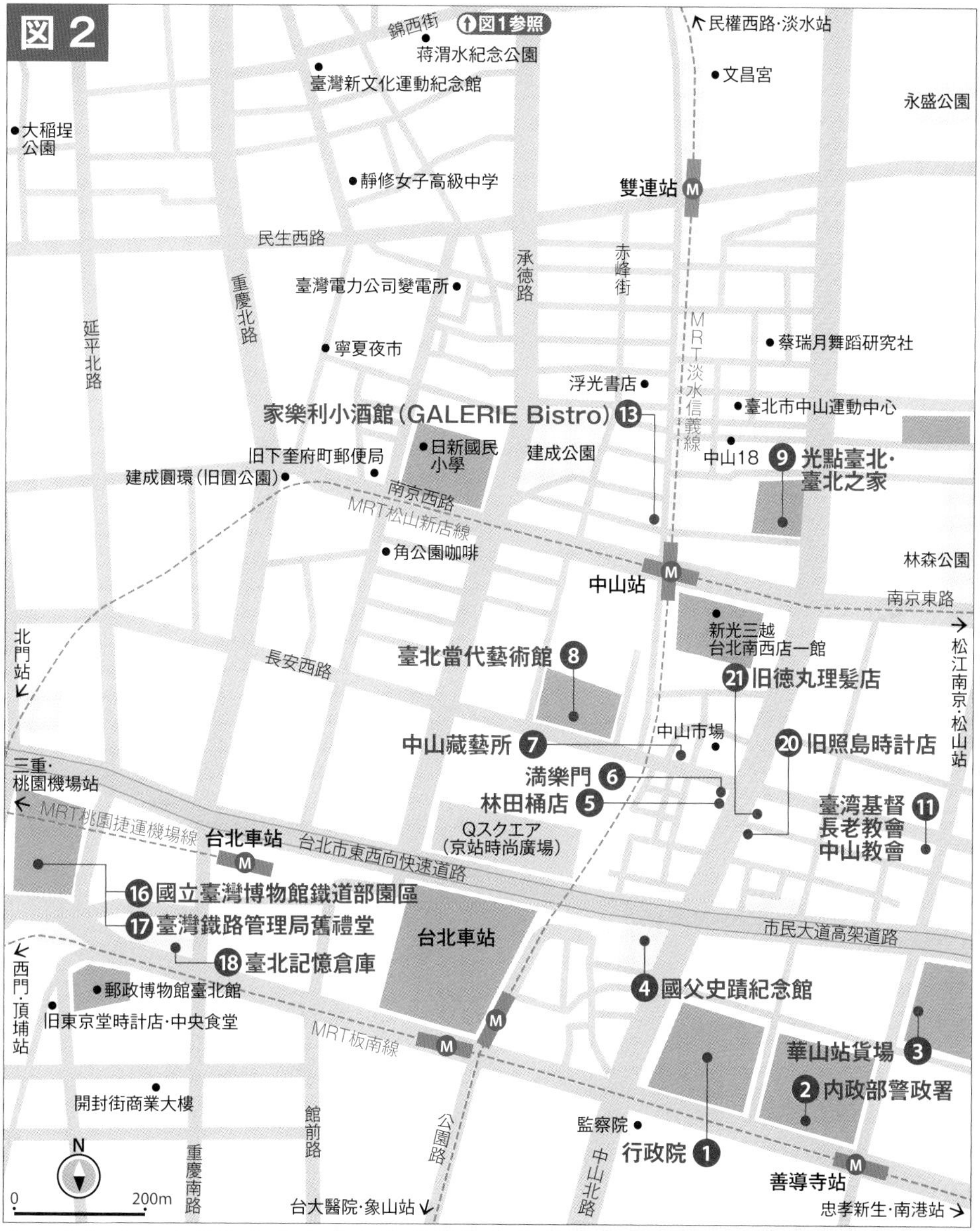
図2
図1参照
錦西街
蒋渭水紀念公園
臺灣新文化運動紀念館
民權西路·淡水站
文昌宮
永盛公園
大稲埕公園
靜修女子高級中学
雙連站
民生西路
承德路
赤峰街
重慶北路
臺灣電力公司變電所
延平北路
寧夏夜市
MRT淡水信義線
蔡瑞月舞蹈研究社
浮光書店
臺北市中山運動中心
家樂利小酒館（GALERIE Bistro）13
日新國民小學
建成公園
旧下奎府町郵便局
建成圓環（旧圓公園）
中山18
9 光點臺北·臺北之家
南京西路
MRT松山新店線
角公園咖啡
林森公園
中山站
南京東路
新光三越台北南西店一館
松江南京·松山站
北門站
長安西路
臺北當代藝術館 8
21 旧德丸理髮店
中山市場
中山藏藝所 7
20 旧照島時計店
満樂門 6
林田桶店 5
臺湾基督長老教會中山教會 11
三重·桃園機場站
MRT桃園捷運機場線
台北車站
台北市東西向快速道路
Qスクエア（京站時尚廣場）
16 國立臺灣博物館鐵道部園區
17 臺灣鐵路管理局舊禮堂
台北車站
市民大道高架道路
18 臺北記憶倉庫
西門·頂埔站
郵政博物館臺北館
旧東京堂時計店·中央食堂
4 國父史蹟紀念館
MRT板南線
華山站貨場 3
2 內政部警政署
開封街商業大樓
館前路
公園路
監察院
中山北路
行政院 1
重慶南路
善導寺站
N
0
200m
台大醫院·象山站
忠孝新生·南港站

MAP 8. 台湾ならではの風情を残す家並み
迪化街・圓環周辺

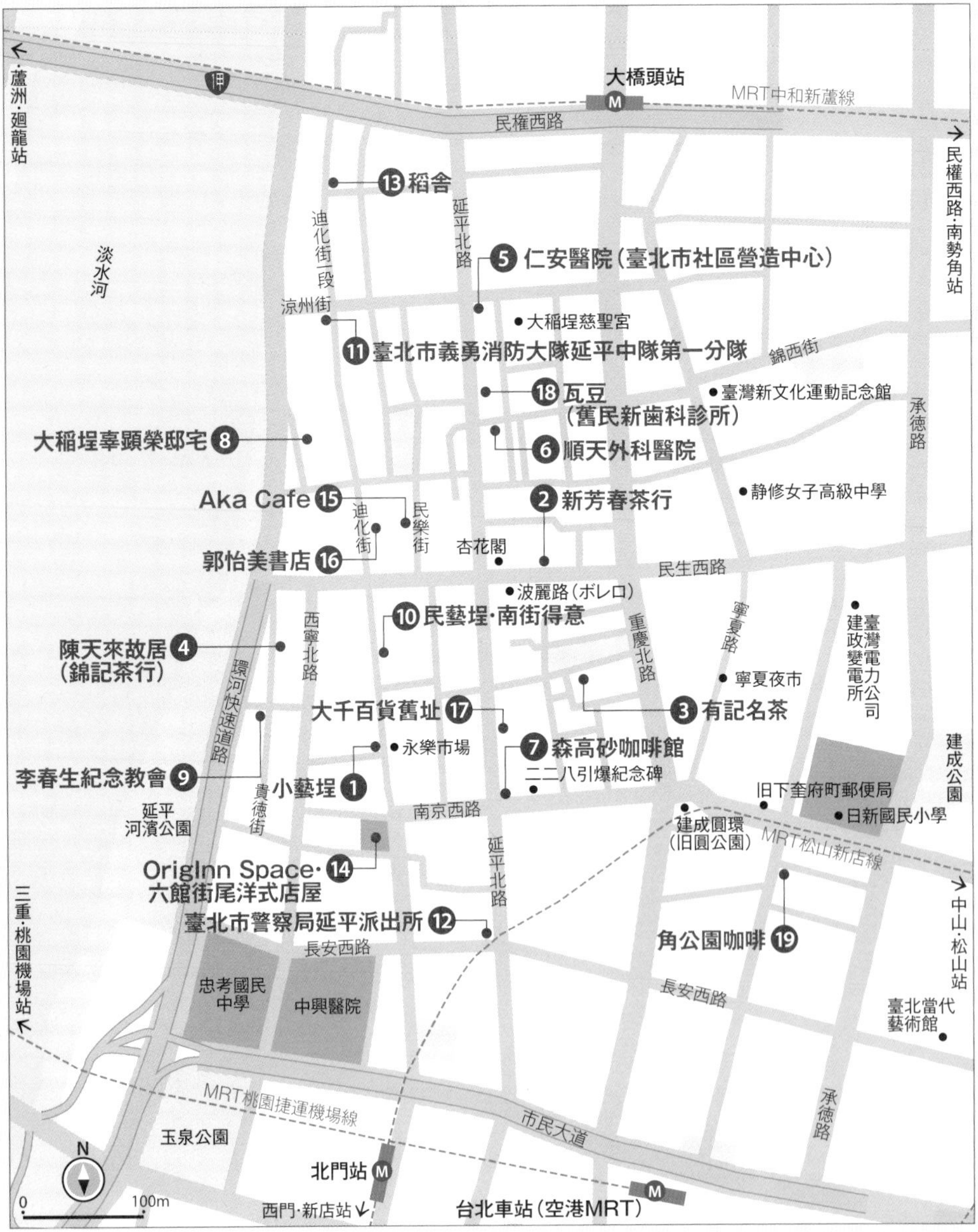

MAP 9.

台北郊外でも歴史建築さんぽ
圓山・士林・内湖

図 1
芝山・淡水站
中正路
承德路
士林國民小學圖書室 5
士林站
士林官邸
園芸展覧館
大東路
大西路
文林路
中山北路
紙場1918 10
9 食尚曼谷・郭家祖厝
士林公有市場 6
大南路
慈誠宮
4 旧熱帯医学研究所士林支所
基河路
士林夜市
銘傳大学
承德路
前港公園
3 圓山水神社・圓山貯水池
前港街
通河東街一段
剣潭站
華齡街
自來水事業處
MRT淡水信義線
台湾神社狛犬
基隆河
中山北路
圓山大飯店
(旧台湾神社)
忠烈祠(旧護国神社)
北安路
旧台湾神宮
旧台湾神社
貯木池
敦煌路
中山高速公路
大佳河濱公園
重慶北路
保安宮
2 臨濟護國禪寺
1 MAISON ACME 圓山別邸
孔子廟
臺北市立美術館
旧圓山駅長官舎 7
圓山站
中山北路
承德路
建國北路
N
0
200m
民權西路・象山站

図 2
内湖站
大湖公園・南港展覧館站
内湖路二段
成功路四段
セブンイレブン
台北市政府警察局内湖派出所
セブンイレブン
8 内湖公民會館
旧内湖
穀倉
清白公園
MRT文湖線
湖光市場
セブンイレブン
康寧國民小學
康寧路
文徳・動物園站
N
0
100m

MAP 10. 知られざる郊外の建築遺産

文山・松山・南港

図1

図2

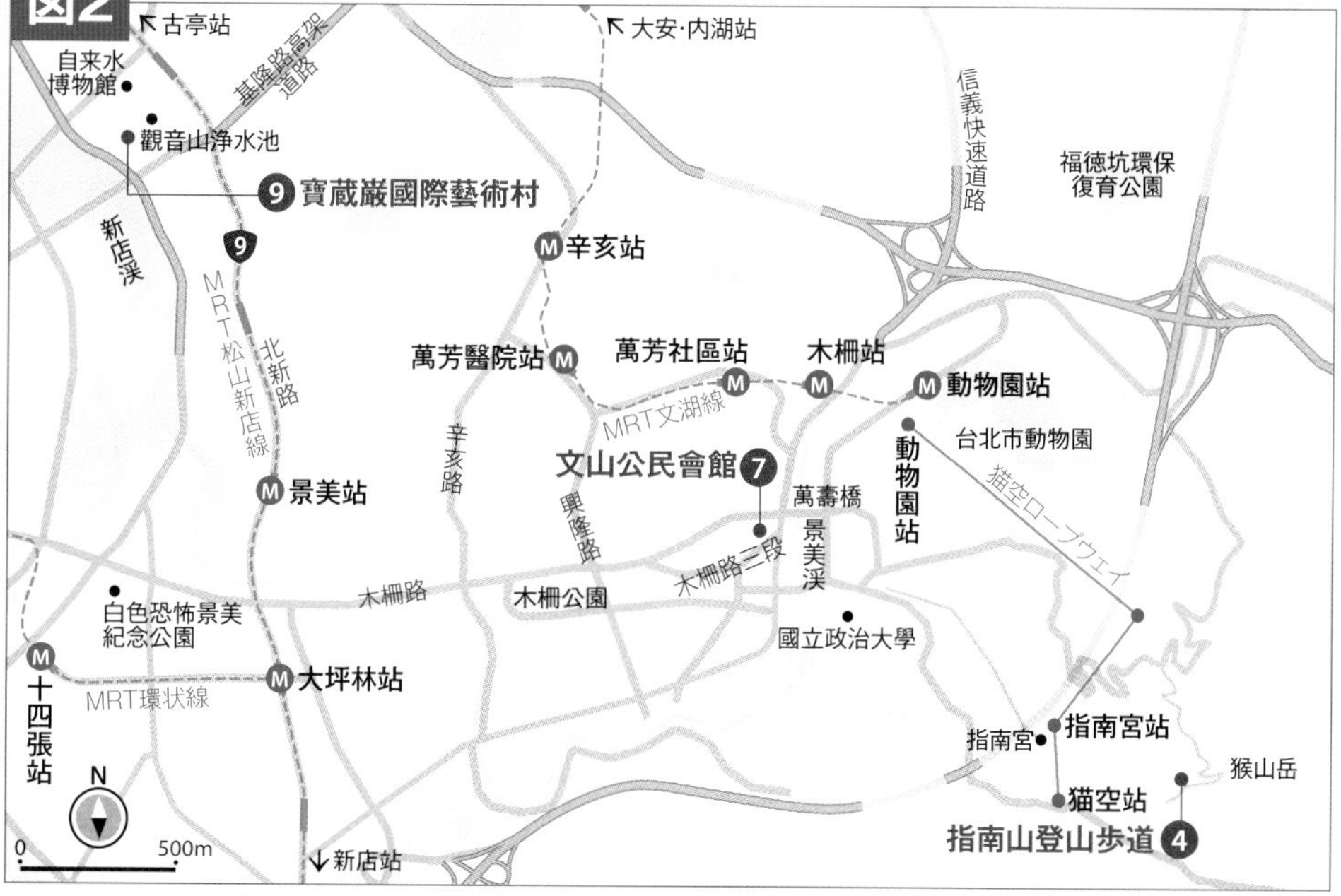

MAP 11. 温泉郷に残る日本統治時代の建築群

北投・陽明山

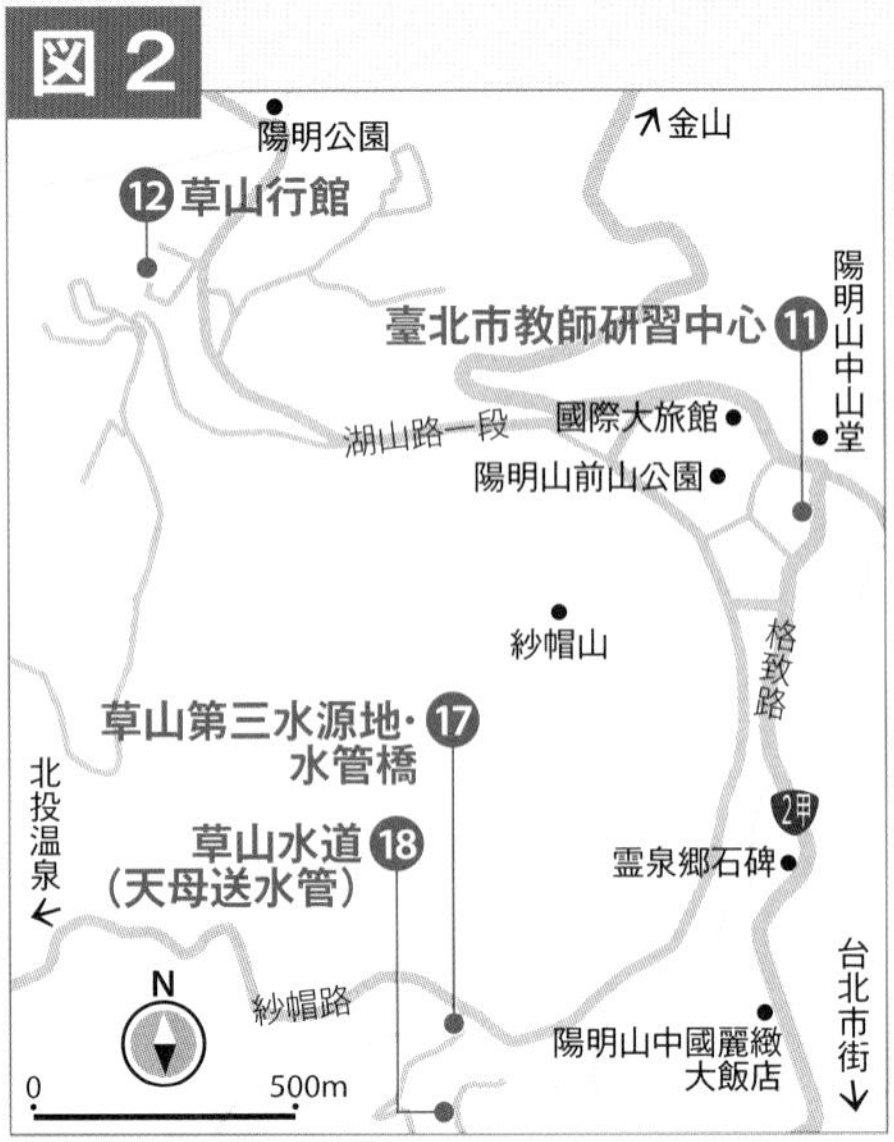

■凡例：見学の目安

1 参観・参拝自由
2 外観のみ参観自由
3 開館時間内のみ参観可能
4 ショップ・カフェなどとして営業
5 特定の曜日・時間のみ参観可能(公式HP参照)
6 特別公開日のみ内部の参観可能(公式HP参照)
7 授業時間外であれば構内立ち入り可能
8 業務に差し支えない範囲なら見学可能
9 見学ツアーを実施(公式HP参照)
10 基本的に立ち入りは不可

		竣工年(月日)	史蹟指定(指定年月日)	見学の目安
	台北市文武町1丁目1番地	1919(大正)8年3月	国定古蹟(1998年7月30日)	5
	台北市文武町6丁目1番地	1934(昭和9)年10月30日	国定古蹟(1998年7月30日)	6
	台北市文武町3丁目1番地	1913(大正2)年3月31日	国定古蹟(1998年7月30日)	6
	台北市栄町4丁目33番地	1936(昭和11)年12月15日	国定古蹟(2019年1月24日)	3
	台北市栄町2丁目1番地	1937(昭和12)年6月30日	市定古蹟(1998年5月4日)	8
	台北市栄町3丁目1番地	1937(昭和12)年	市定古蹟(1998年5月4日)	6
	台北市文武町5丁目1番地	1933(昭和8)年	市定古蹟(1998年3月25日)	10
	台北市書院町2丁目1番地	1925(大正14)年	市定古蹟(1998年5月4日)	3
	台北市書院町2丁目	1937(昭和12)年7月2日	市定古蹟(1998年5月4日)	8
	台北市栄町2丁目20番地	1927(昭和2)年	市定古蹟(1998年5月4日)	8
	台北市書院町2丁目4番地	不詳	市定古蹟(1998年5月4日)	2
	台北市書院町3丁目2番地	1920(大正9)年8月3日	市定古蹟(2004年1月15日)	10
	台北市乃木町1丁目1番地	1913(大正2)年12月20日	市定古蹟(1998年9月1日)	10
	台北市文武町3丁目2番地	1915(大正4)年4月18日	国定古蹟(1998年6月10日)	3
	台北市表町1丁目31番地	1940(昭和15)年	市定古蹟(1998年7月22日)	2
	台北市表町1丁目2-1番地	1933(昭和8)年	市定古蹟(1991年5月24日)	3
	台北市文武町2丁目	1908(明治41)年(開園)	市定古蹟(放送亭・1996年3月25日)	1
	台北市文武町2丁目3番地	1930(昭和5)年12月	(史跡指定なし)	3
	台北市明石町1丁目1番地	1916(大正5)年	市定古蹟(1998年3月25日)	8
	台北市京町4丁目8番地	1930(昭和5)年6月17日	市定古蹟(1992年8月14日)	8
	台北市大和町4丁目8番地	1910(明治43)年	市定古蹟(1997年11月21日)	3
	台北市本町3丁目5番地	不詳	歴史建築(2003年5月5日)	2
	台北市大和町4丁目	不詳	市定古蹟(2020年5月15日)	2

現在も残る
台北の日本統治時代の建築物一覧

地図番号	現代の名称・住所		竣工当時の名称・住所
1章　官庁建築が点在する行政エリア　總統府周辺			
❶	總統府	台北市重慶南路1段122号	台湾総督府
❷	司法大廈	台北市重慶南路1段124号	台湾総督府高等法院・台北地方法院
❸	臺北賓館	台北市凱達格蘭大道1号	台湾総督官邸
❹	中山堂	台北市延平南路98号	台北公会堂
❺	臺灣銀行總行	台北市重慶南路1段120号	台湾銀行本店
❻	臺灣銀行文物館	台北市博愛路162号	帝国生命保険株式会社台北支店
❼	臺北市立第一女子高級中學	台北市重慶南路1段165号	台北第一高等女学校
❽	國史館總統副總統文物館	台北市長沙街1段2号	台湾総督府交通局逓信部
❾	中華電信博愛服務中心	台北市博愛路168号	台湾総督府電話交換局
❿	合作金庫銀行城内分行	台北市衡陽路87号	台北信用組合
⓫	（旧台湾電力会社社長官邸）	台北市延平南路119号	台湾電力株式会社社長官邸
⓬	國防部後備指揮部	台北市博愛路172号	台湾軍司令部
⓭	臺灣臺北地方法院寶慶院區	台北市長沙街1段27号	台北陸軍偕行社
2章　島都・台北市の中心街を歩く　國立臺灣博物館周辺			
❶	國立臺灣博物館	台北市襄陽路2号	台湾総督府博物館
❷	（旧三井物産株式会社台北支店）	台北市館前路54号	三井物産株式会社台北支店
❸	國立臺灣博物館古生物館	台北市襄陽路25号	日本勧業銀行
❹	二二八和平公園	台北市凱達格蘭大道3号	台北新公園
❺	臺北二二八紀念館	台北市凱達格蘭大道3号	台北ラジオ放送局
❻	國立臺灣大學附設醫院舊館	台北市常德街1号	台湾総督府台北医院
❼	郵政博物館臺北館	台北市忠孝西路1段114号	台北郵便局
❽	撫臺街洋樓	台北市延平南路26号	高石組・佐土原商事
❾	開封街商業大樓	台北市開封街1段32号	菅野外科医院
❿	（旧東京堂時計店・中央食堂）	台北市博愛路2号	東京堂時計店

	竣工年(月日)	史蹟指定(指定年月日)	見学の目安
台北市京町1丁目35番地	不詳	(史跡指定なし)	4
台北市栄町1丁目38番地	不詳	市定古蹟(2023年2月17日)	4
台北市栄町1丁目30番地	不詳	市定古蹟(2022年3月3日)	4
台北市栄町2丁目8番地	不詳	歴史建築(2006年8月15日)	4
台北市本町3丁目1番地	1929(昭和4)年前後	歴史建築(2012年10月29日)	4
台北市表町2丁目16番地	1937(昭和12)年10月31日	市定古蹟(2014年5月26日)	3
台北市本町3丁目1番地	1929(昭和4)年前後	歴史建築(2012年10月29日)	8
台北市栄町3丁目18番地	1932(昭和7)年11月28日	歴史建築(2017年5月15日)	10
台北市京町1丁目49番地	1927(昭和2)年7月15日	歴史建築(2023年4月24日)	8
台北市西門町1丁目1番地	1908(明治41)年	市定古蹟(1997年2月20日)	3
台北市若竹町2丁目22番地	1910(明治43)年	市定古蹟(2011年12月7日)	1
台北市新起町1丁目	1923(大正12)年2月10日	歴史建築(2006年2月21日) ※鐘楼と樹心会館	1
台北市濱町2丁目13番地	不詳	(史跡指定なし)	1
台北市入船町2丁目38番地	不詳	市定古蹟(2016年1月29日)	2
台北市八甲町・新富町	不詳	歴史建築(2010年3月29日	1
台北市老松町3丁目23番地	1920年代	市定古蹟(1999年6月29日)	7
台北市新富町3丁目21・22番	1935(昭和10)年6月28日	市定古蹟(2006年7月5日)	4
台北市緑町5丁目41番地	1911(明治44)年6月15日(上棟式挙行)	市定古蹟(2003年9月23日)	1
台北市堀江町	1932(昭和7)年	市定古蹟(2000年7月11日)	4
台北市堀江町326番地	不詳	歴史建築(2006年10月30日)	1
台北市新富町5丁目56番地	不詳	市定古蹟(2021年5月7日)	2
台北市八甲町2丁目20番地	不詳	歴史建築(2019年5月7日)	2
台北市新富町3丁目	不詳	(史跡指定なし)	4
台北市築地町3丁目13番地	1924(大正13)年	(史跡指定なし)	4
台北市濱町4丁目4番地・6番地	1920(大正9)年前後(慈雲寺)	市定古蹟(慈雲寺・2007年7月11日)	1・4
台北市入船町3丁目147番地	不詳	(史跡指定なし)	8
台北市入船町4丁目32番地	不詳	歴史建築(2014年11月6日)	3
台北市児玉町1丁目15番地	1913(大正2)年10月4日	国定古蹟(1998年6月10日)	2
台北市児玉町3丁目4番地	1907(明治40)年	市定古蹟(2004年1月15日)	4
台北市千歳町2丁目11番地	1930(昭和5)年	市定古蹟(2011年11月24日)	10

地図番号	現代の名称・住所		竣工当時の名称・住所
⑪	(小塚商会・大阪朝日新聞台北通信局)	台北市博愛路102号	小塚商店第1支店・ 大阪朝日新聞社台北通信局
⑫	(旧西尾商会)	台北市衡陽路17号・重慶南路1段119号	西尾商店・西尾商会
⑬	公園號酸梅湯	台北市衡陽路2号	升川洋服店
⑭	全祥茶莊	台北市衡陽路58号	和泉時計店台北支店
⑮	NOTCH咖啡	台北市重慶南路1段35号	島津製作所台北出張所・支店
⑯	國家攝影文化中心	台北市忠孝西路1段70号	大阪商船株式会社台北支店
⑰	彰化銀行台北分行	台北市重慶南路1段25号・27号	辰馬商会本店
⑱	國泰金融大樓(旧菊元菊元百貨店)	台北市博愛路150号	菊元百貨店
⑲	華南銀行城内分行	台北市博愛路93号	近藤商会
3章　日本時代の繁華街と台北発祥の地　西門町・萬華周辺			
❶	西門紅樓	台北市成都路10号	公設西門町食料品小売市場
❷	法華寺	台北市西寧南路194号	日蓮宗法華寺
❸	萬華406號廣場	台北市中華路1段174号	浄土真宗本願寺派台湾別院(西本願寺)
❹	臺北市電影主題公園	台北市康定路19号	台湾瓦斯株式会社
❺	旧朝北醫院	台北市貴陽街2段181号	朝北医院
❻	剝皮寮歴史街區	台北市康定路173巷	不詳
❼	老松國民小學	台北市桂林路64号	老松国民学校
❽	新富町文化市場	台北市三水街70号	公設新富町食料品小売市場
❾	糖廍文化園區(臺灣糖業公司臺北倉庫)	台北市大理街132号之7、9、10	台湾製糖株式会社台北製糖所
❿	萬華林宅	台北市西園路1段306巷24号、26号	林家邸宅
⑪	和平青草園	台北市西園路2段42号	仁済療養院跡地
⑫	金義合行	台北市康定路279号	金義合商会
⑬	龍山郵局	台北市廣州街67号	八甲町郵便局
⑭	Cafe85度C萬華廣州店	台北市廣州街150号	不詳
⑮	大村武串焼居酒屋	台北市漢口街2段83巷2号	大村武邸・台北喜多舞台
⑯	慈雲寺・小小蔬房	台北市萬華区漢口街2段125号	慈雲寺・興發材木店ほか
⑰	阿猜嬷甜湯・懐舊生活館	台北市華西街3号	カフェー友鶴・萬華遊郭
⑱	青雲閣　QYG Art	台北市萬華区環河南路2段5巷6弄20号	不詳
4章　知られざるもう1つの内地人街　旧台湾総督府専売局周辺			
❶	臺灣菸酒股份有限公司	台北市南昌路1段1号、4号	台湾総督府専売局
❷	陸軍聯誼廳・孫立人将軍官邸	台北市南昌路1段136号	台湾軍司令官公邸
❸	(尾辻國吉邸)	台北市福州街11号	尾辻國吉邸

		竣工年(月日)	史蹟指定(指定年月日)	見学の目安
	台北市錦町	1930年前後	歴史建築(2006年12月7日)	4
	台北市龍口町1丁目12番地	1909(明治42)年4月7日	市定古蹟(1998年5月4日)	7
	台北市南門町6丁目2番地	1928(昭和3)年	歴史建築(2013年6月11日)	6
	台北市南門町台北植物園内	1924(大正13)年	市定古蹟(2008年11月10日)	3
	台北市龍口町1丁目1番地	1931(昭和6)年4月	市定古蹟(1993年2月5日)	3
	台北市児玉町1丁目10番地	1902(明治35)年	国定古蹟(1998年6月10日)	3
	台北市児玉町1丁目10番地	不詳	国定古蹟(1998年6月10日)	3
	台北市川端町448番地	2004年復元実施	市定古蹟(2004年2月12日)	3
	台北市川端町	不詳	歴史建築(2023年5月15日)	4
	台北市児玉町3丁目1番地	1937(昭和12)年2月6日	市定古蹟(2007年1月29日)	2
	台北市龍口町5丁目6番地	1933(昭和8)年1月30日(作業開始日)	歴史建築(2014年8月22日)	10
	台北市佐久間町3丁目16番地?	1929(昭和4)年前後?	歴史建築(2007年3月27日)	4
	台北市川端町	1936(昭和11)年	歴史建築(2015年7月16日)	4・5
	台北市富田町27・47番地	1931(昭和6)年3月31日(校門と守衛室)	市定古蹟(1998年3月25日)	1
	台北市富田町329番地	1926(昭和元)年3月31日	市定古蹟(1998年3月25日)	1
	台北市富田町	不詳	(史跡指定なし)	2
	台北市富田町329番地	1936(昭和11)年6月13日	市定古蹟(2017年10月6日)	1
	台北市富田町225番地	1925(大正14)年2月28日	市定古蹟(2009年7月28日)	5
	台北市水道町	1908(明治41)年	市定古蹟(1993年2月5日)	3
	台北市水道町浄水池	1908(明治41)年	市定古蹟(1993年2月5日)	6
	台北市昭和町462番地之32	1931(昭和6)年	市定古蹟(2006年11月1日)	4
	台北市昭和町	1932年前後	歴史建築(2006年11月1日)	6
	台北市昭和町475番地	不詳	歴史建築(2023年1月16日)	4
	台北市古亭町	1929(昭和4)年10月26日	市定古蹟1998年3月25日)	1
	台北市古亭町	1926(大正15)年3月31日	市定古蹟(2003年8月12日)	1
	台北市古亭町	1929(昭和4)年6月30日	市定古蹟(1998年3月25日)	2
	台北市錦町6条通り	1925年前後	市定古蹟(2006年3月31日)	3
	台北市大安字龍安坡567番地	不詳	(史跡指定なし)	7
	台北市下内埔96番地	不詳	市定古蹟(2008年5月27日)	7
	台北市大安字龍案坡527番地	不詳	市定古蹟(1997年7月23日)	4
	台北市錦町	1939(昭和14)年前後	(史跡指定なし)	2
	台北市古亭町204番地	1933(昭和8)年	歴史建築(2003年12月24日)	3

地図番号	現代の名称・住所		竣工当時の名称・住所
❹	樂埔町	台北市杭州南路2段67号	不詳
❺	建國高級中學	台北市南海路56号	台北州立台北第一中学校
❻	國立臺灣藝術教育館南海書院	台北市南海路南海学園内	建功神社
❼	臺北植物園腊葉館	台北市南海路53号	台北植物園標本館
❽	二二八國家紀念館	台北市南海路54号	台湾教育会館
❾	國立臺灣博物館南門館	台北市南昌路1段1号	専売局台北南門工場・樟脳工場事務所
❿	小白宮	同上	専売局樟脳工場物品倉庫
⓫	紀州庵文學森林	台北市同安街107号	料亭紀州庵
⓬	野草居食屋	台北市中正区同安街28巷1号	石井稔邸
⓭	(旧大磯医院)	台北市寧波西街60、60－1号	大磯医院
⓮	龍口町塵芥焼却場	台北市和平西路2段104巷	龍口町ごみ焼却場
⓯	東美院	台北帝国大学教授官舎	台北市牯嶺街60巷4号・6号
⓰	廈川玖肆(川端藝會所)	台北市廈門街94号	川端町派出所
5章　帝国大学とともに発展した文教エリア　國立臺灣大學(旧台北帝国大学)周辺			
❶	國立臺灣大學	台北市羅斯福路4段1号	台北帝国大学
❷	國立臺灣大學行政大樓	台北市羅斯福路4段1号(國立臺灣大學内)	台北帝国大学附属農林専門部
❸	(旧台北帝国大学農林専門部化学教室)	台北市羅斯福路4段1号(國立臺灣大學内)	台北帝国大学農林専門部化学教室
❹	國立臺灣大學昆蟲學系	台北市羅斯福路4段113巷27号	台北帝国大学理農学部昆虫学教室
❺	磯永吉紀念室(磯小屋)	台北市基隆路4段42巷付近(國立臺灣大學内)	高等農林学校作業室
❻	自來水博物館	台北市思源街1号	台北水源地ポンプ室
❼	觀音山蓄水池	台北市思源街1号	台北水道水源地浄水池
❽	青田七六	台北市青田街7巷6号	足立仁邸
❾	旧台湾倉庫株式会社所有家屋(聲音光年)	台北市和平東路1段187号	台灣倉庫會社所有家屋
❿	青田茶館	台北市青田街8巷12号	庄司萬太郎邸
⓫	國立臺灣師範大學	台北市和平東路1段162号	台湾総督府台北高等学校
⓬	國立臺灣師範大學文薈廳	台北市和平東路1段162号	台北高等学校生徒控所
⓭	國立臺灣師範大學禮堂	台北市和平東路1段162号(國立臺灣師範大學内)	台北高等学校講堂
⓮	林務局保育小站	台北市金山南路2段203巷24号	台湾総督府殖産局山林課官舎群
⓯	國立臺北教育大學附設實驗國民小學行政樓	台北市和平東路2段94号	台北師範学校附属第二国民学校
⓰	國立臺北教育大學禮堂	台北市和平東路2段134号	台湾総督府台北第二師範学校講堂
⓱	紫藤廬	台北市新生南路3段16巷1号	浅香貞次郎邸
⓲	臺灣電力公司核能火力發電工程處	台北市和平東路1段39号	台湾電力会社臨時庁舎
⓳	梁實秋故居	台北市雲和街11号	富田義介邸

		竣工年(月日)	史蹟指定(指定年月日)	見学の目安
	台北市龍安坡462之46番地	1933(昭和8)年前後	歴史建築(2023年1月17日)	3
	台北市昭和町	不詳	歴史建築(2012年11月1日)	4・3
	台北市昭和町511番地	不詳	(史跡指定なし)	10
	台北市樺山町1番地	1915(大正4)年4月24日	国定古蹟(1998年7月30日)	6
	台北市幸町7番地	1916(大正5)年	市定古蹟(1998年5月4日)	2
	台北市幸町15番地	不詳	市定古蹟(2017年6月12日)	6
	台北市東門町6番地	1919(大正8)年	市定古蹟(1998年3月25日)	3
	台北市東門町68番地	1930(昭和5)年(鐘楼)	市定古蹟(1997年8月14日)	1
	台北市東門町	1917(大正6)年	市定古蹟(2013年2月26日)	3
	台北市幸町117番地	1919(大正8)年4月前後	市定古蹟(1998年5月4日)	2
	台北市東門町30番地	1935(昭和10)年	歴史建築(2018年7月3日)	4
	台北市上埤頭154番地	1940(昭和15)年前後	市定古蹟(2000年6月30日)	8
	台北市樺山町78番地	1916(大正5)年	市定古蹟(2003年3月17日)	1
	台北市樺山町63番地	1918(大正7)年前後	市定古蹟(2007年10月12日)	4
	台北市樺山町63番地	1918(大正7) 年前後	市定古蹟(2007年10月12日)	10
	台北市大安十二甲185番地	1918(大正7)年	市定古蹟(1998年7月22日)	3
	台北市上埤頭140番地	1937(昭和12)年6月15日	市定古蹟(1997年2月20日)	2
	台北市大安十二甲288番地	1938(昭和13)年12月5日	(史跡指定なし)	10
	台北市幸町29番地	1927(昭和2)年8月6日	歴史建築(2021年5月7日)	2
	台北市朱厝崙	1944(昭和19)年	歴史建築(2011年4月28日)	4
	台北市旭町	不詳	(史跡指定なし)	10
	台北市大安十二甲	不詳	市定古蹟(2015年9月10日)	1
	台北市東門町191番地	不詳	歴史建築(2023年4月28日)	10
	台北市福住町12番地	不詳	(史跡指定なし)	4
	台北市東門町(文化村)	不詳	(史跡指定なし)	3
	台北市幸町	1935(昭和10)年代	歴史建築(2004年10月1日)	3
	台北市錦町27番地	不詳	歴史建築(2013年12月3日)	4
	台北市錦町27番地	不詳	歴史建築(2007年5月30日)	4
	台北市幸町146番地	不詳	歴史建築(2007年5月30日)	3
	台北市東門町	1937(昭和12)年6月15日	歴史建築(2022年3月18日)	2
	台北市樺山町39番地	1940(昭和15)年	国定古蹟(1998年7月30日)	5

地図番号	現代の名称・住所		竣工当時の名称・住所
⑳	臺北來卡之家	台北市青田街6巷3号	岩瀬祐一・下條久馬一邸
㉑	大院子	台北市和平東路1段248巷10号	台北帝国大学昭和町クラブ・海軍士官招待所
㉒	JCA Living Lab	台北市温州街18巷10号	台北帝国大学教職員住宅(今富敬之邸)
6章　新興開発地に点在する歴史建築たち　台北市東部			
❶	監察院	台北市忠孝東路1段2号	台北州庁
❷	臺灣基督長老教會濟南教會	台北市中山南路3号	日本基督教団台北幸町教会
❸	立法院	台北市中山南路1号	台北第二高等女学校
❹	國立臺灣大學醫學院舊館	台北市仁愛路1段1号	台北帝国大学医学部・医学専門部
❺	東和禪寺鐘樓	台北市仁愛路1段17号	曹洞宗大本山台湾別院鐘楼
❻	東和禪寺觀音禪堂	台北市仁愛路1段21-33号	曹洞宗大本山台湾別院観音禅堂
❼	舊國立臺灣大學社會科學院	台北市徐州路21号	台北高等商業学校
❽	市長官邸藝文沙龍	台北市徐州路46号	台北州知事公邸
❾	臺灣菸酒股份有限公司臺北啤酒工場	台北市八徳路2段85号	高砂麦酒会社工場
❿	華山1914文化創意産業園區	台北市八徳路1段1号	台湾総督府専売局台北第一工場
⓫	華山1914文創園區紅磚區	台北市杭州北路紅磚六合院	日本樟脳株式会社台北支店工場
⓬	(旧好樣思維 VVG Thinking)	台北市杭州北路紅磚六合院西3棟	不詳
⓭	國立臺北科技大學思賢樓	台北市忠孝東路3段1号	台北州立台北工業学校
⓮	中山女子高級中學	台北市長安東路2段141号	台北第三高等女学校
⓯	國立臺灣師範大學附属高級中學	台北市信義路3段143号	台北第三中學校
⓰	立法院青島第二會館	台北市青島東路10号	七星郡役所
⓱	樂埔滙農・一號糧倉	台北市八徳路2段346巷3弄2号	陸軍軍用倉庫
⓲	(旧日本郵船株式会社台北支店長宅)	台北市仁愛路	日本郵船株式会社台北支店長宅
⓳	國防部空軍司令部(空軍總部)舊址	台北市仁愛路3段55号	台湾総督府工業研究所
⓴	(旧石崎皆市郎邸)	台北市臨沂街65巷11號	石崎皆市郎邸
㉑	大人小學 古文具	台北市信義路二段86巷62號	不詳
㉒	京倫會所	台北市臨沂街44巷1号	不詳
㉓	國立臺灣文學館臺灣文學基地	台北市濟南路2段27号	台北市幸町の官舎・社宅群
㉔	榕錦時光生活園區	台北市金華街167号	旧台北監獄・刑務所官舎群
㉕	金錦町	台北市金華街84・85号	台湾総督府専売局職員住宅
㉖	文房・文化閱讀空間	台北市臨沂街27巷1号	不詳
㉗	國立臺灣大學醫學院舊藥學館	台北市徐州路2之5号	台北帝国大学薬理学教室
7章　「勅使街道」を中心に発展した市街地　台北市北部			
❶	行政院	台北市忠孝東路1段1号	台北市役所

	竣工年(月日)	史蹟指定(指定年月日)	見学の目安
台北市樺山町37・38番地	1938(昭和13)年	(史跡指定なし)	10
台北市樺山町51番地	1937(昭和12)年7月	歴史建築(2020年3月25日)	2
台北市北門町19番地	1900(明治33)年	歴史建築(2007年10月17日)	3
台北市御成町1丁目17番地	不詳	(史跡指定なし)	4
台北市御成町1丁目	不詳	(史跡指定なし)	4
台北市御成町2丁目1番地	1930(昭和5)年	市定古蹟(1998年5月4日)	4
台北市建成町4丁目16番地	1934(昭和9)年	市定古蹟(1998年5月4日)	3
台北市御成町4丁目	1926(大正15)年	市定古蹟(1997年2月20日)	4
台北市御成町4丁目	不詳	市定古蹟(1999年12月31日	3
台北市大正町1丁目18番地	1927(昭和2)年	市定古蹟(1998年10月14日)	2
台北市蓬莱町132・133番地	1933(昭和8)年4月	市定古蹟(1998年3月25日)	3
台北市下奎府町4丁目	1931(昭和6)年	(史跡指定なし)	4
台北市下奎府町2丁目28番地	1920(大正9)年前後	歴史建築(2012年6月12日)	7
台北市蓬莱町167番地	不詳	(史跡指定なし)	10
台北市泉町1丁目1番地	1919(大正8)年5月27日	国定古蹟(1992年1月10日、2005年6月7日、2007年1月18日)	3
台北市北門町	1909(明治42)年	市定古蹟(2010年9月30日)	10
台北市北門町	不詳	歴史建築(2012年5月7日)	3
台北市御成町4丁目	不詳	(史跡指定なし)	4
台北市御成町1丁目19番地	不詳	(史跡指定なし)	4
台北市御成町1丁目15番地	1938(昭和13)年	(史跡指定なし)	4
台北市日新町2丁目	1925年前後	市定古蹟(2006年12月20日)	3
台北市下奎府町2丁目45番地	不詳	市定古蹟(2019年9月9日)	2
台北下奎府町1丁目145番地	1926(大正15)年前後	歴史建築(2015年12月31日)	2
台北市宮前町	1940(昭和15)年12月30日(上棟式)	(史跡指定なし)	5
台北市宮前町88番地	1932(昭和7)年4月	(史跡指定なし)	1
台北市下奎府町3丁目34番地	不詳	(史跡指定なし)	4
台北市永楽町2丁目88番地	不詳	(史跡指定なし)	4
台北市日新町2丁目11番地 (新芳春)	不詳	市定古蹟(2009年9月29日)	3
台北日新町2丁目262番地	不詳	歴史建築(2010年12月3日)	4
台北市港町3丁目17番地	不詳	市定古蹟(2006年12月15日)	2
台北市太平町5丁目44番地	1927(昭和2)年	市定古蹟(2021年8月5日)	3

地図番号	現代の名称・住所		竣工当時の名称・住所
❷	内政部警政署	台北市忠孝東路1段7号	台北市樺山尋常小学校
❸	華山站貨場	台北市林森北路27号	樺山貨物駅
❹	國父史蹟紀念館	台北市中山北路1段46号	料亭梅屋敷
❺	林田桶店	台北市中山北路1段108号	林田桶店
❻	満樂門	台北市長安西路2号	和発雑貨店
❼	中山藏藝所	台北市長安西路15号	台湾総督府技芸訓練所・台北市職業紹介所
❽	臺北當代藝術館	台北市長安西路39号	台北市建成尋常小学校
❾	光點臺北・臺北之家	台北市中山北路2段18号	アメリカ領事館
❿	蔡瑞月舞踊研究社	台北市中山北路2段48巷8号、10号	不詳
⓫	臺湾基督長老教會中山教會	台北市林森北路62号	日本聖公会台北大正町教会
⓬	臺灣新文化運動紀念館	台北市寧夏路87号	台北北警察署
⓭	家樂利小酒館(GALERIE Bistro)	台北市南京西路25巷2号	不詳
⓮	日新國民小學	台北市太原路151号	台北市日新公学校
⓯	静修女子高級中學	台北市寧夏路59号	私立静修高等女学校
⓰	國立臺灣博物館鐵道部園區	台北市延平北路1段2号	台湾総督府鉄道部
⓱	臺灣鐵路管理局舊禮堂	台北市延平北路1段2号	台湾総督府鉄道部工場
⓲	臺北記憶倉庫	台北市忠孝西路1段265号	三井物産株式会社倉庫
⓳	中山18	台北市中山北路2段26巷18号	不詳
⓴	(旧照島時計店)	台北市中山北路1段49号	照島時計店
㉑	(旧徳丸理髪店)	台北市中山北路1段55号	徳丸理髪館
㉒	文萌樓	台北市歸綏街139号	不詳
㉓	臺灣電力公司建成變電所	台北市太原路187号	台湾電力株式会社下奎府町散宿所
㉔	(旧台北下奎府町郵便局)	台北市南京西路105号	台北下奎府町郵便局
㉕	大同大學志生紀念館	台北市中山北路3段40号	林尚志邸
㉖	永静廟(雙連仙公廟)	台北市錦西街9号	永静廟
㉗	浮光書店	台北市赤峰街47巷16巷2F	不詳
8章　台湾ならではの風情を残す家並み　迪化街・圓環周辺			
❶	小藝埕	台北市迪化街1段34号	屈臣氏大薬房
❷	新芳春茶行	台北市民生西路309号	合資会社新芳春茶行
❸	有記名茶	台北市重慶北路2段64巷26号	不詳
❹	陳天來故居(錦記茶行)	台北市貴徳街73号	錦記茶行
❺	仁安醫院(臺北社區營造中心)	台北市延平北路2段237号	仁安小児科医院

		竣工年(月日)	史蹟指定(指定年月日)	見学の目安
	台北市太平町4丁目14番地	1935(昭和10)年頃	歴史建築(2009年4月30日)	3
	台北市太平町	1930年代	歴史建築(2007年9月20日)	4
	台北市永楽町5丁目171番地	1920(大正9)年前後	市定古蹟(1998年10月14日)	2
	台北市港町	1935(昭和10)年	市定古蹟(2018年5月16日)	2
	台北市永楽町	1913(大正2)年	歴史建築(2006年5月17日)	4
	台北市永楽町5丁目	1933(昭和8)年12月28日	市定古蹟(2021年11月3日)	2
	台北市太平町2丁目69番地	1931(昭和6)年1月22日	(史跡指定なし)	2
	台北市永楽町	1890年代	歴史建築(2020年4月28日)	4
	台北市永楽町2丁目53・73番地	1931(昭和6)年	歴史建築(2008年9月17日)	4
	台北市永楽町	不詳	(史跡指定なし)	4
	台北市永楽町	不詳	(史跡指定なし)	4
	太平町3丁目1番地	1928(昭和3)年前後	歴史建築(2005年7月25日)	2
	台北市太平町4丁目73番地	1910年代	(史跡指定なし)	6
	台北市下奎府町2丁目24番地	不詳	(史跡指定なし)	4
	台北市圓山町127番地	1914(大正3)年	市定古蹟(1998年10月14日)	3
	台北市圓山町176番地	1911(明治44)年	市定古蹟(2018年6月29日)	1
	台北州七星郡士林街山子脚146番地	1938(昭和13)年前後	(史跡指定なし)	1
	台北州七星郡士林街山仔脚118番地	不詳	市定古蹟(2020年12月4日)	10
	台北州七星郡士林街福徳洋88番地	1916(大正5)年12月25日	市定古蹟(2017年7月4月25日)	7
	台北州七星郡士林街	1915(大正4)年竣工	市定古蹟(1998年9月1日)	1
	台北市圓山町	不詳	歴史建築(2010年10月8日)	2
	台北州内湖庄	1930(昭和5)年	市定古蹟(1999年6月29日)	3
	台北州七星郡士林街福徳洋132番地	1918(大正7)年	歴史建築(2021年11月10日)	10
	台北州七星郡士林街	不詳	市定古蹟(2021年11月23日)	4
	台北市興雅830番地	1937(昭和12)年	市定古蹟(2002年4月16日)	3
	台北市興雅706番地	1935(昭和10)年	国定古蹟(2015年4月16日)	9
	台北市興雅706番地	1935(昭和10)年	市定古蹟(2000年9月22日)	9
	台北州文山郡深坑庄	不詳	(史跡指定なし)	1
	台北州内湖庄南港	不詳	歴史建築(2015年4月29日)	3
	台北市松山282、284、285番地	不詳	市定古蹟(2006年3月22日)	1

地図番号	現代の名称・住所		竣工当時の名称・住所
❻	順天外科醫院	台北市保安街84号	不詳
❼	森高砂咖啡館	台北市延平北路2段1号	不詳
❽	大稲埕辜顕榮邸宅	台北市歸綏街303巷9号	辜顯栄邸宅(大和行)
❾	李春生紀念教會	台北市貴徳街44号	李春生記念教会
❿	民藝埕・南街得意	台北市迪化街1段67号	茂元葯店
⓫	臺北市義勇消防大隊延平中隊第一分隊	台北市迪化街1段260号	永楽町5丁目警察官吏派出所
⓬	臺北市警察局延平派出所	台北市延平北路1段86号	太平町2丁目警察官吏派出所
⓭	稻舍	台北市迪化街1段329号	不詳
⓮	OrigInn Space・六館街尾洋式店屋	台北市南京西路241、243、245、247、249、251号	六館街(通称)
⓯	AKA Café	台北市民樂街66号	郭烏隆邸
⓰	郭怡美書店	台北市迪化街1段129号	郭烏隆邸
⓱	大千百貨舊址	延平北路2段3,5,7,9,11号	旧亜細亜ホテル
⓲	瓦豆(舊民新歯科診所)	台北市延平北路2段169号2F	不詳
⓳	角公園咖啡	台北市太原路131号2F	不詳
9章　台北郊外でも歴史建築散歩　圓山・士林・内湖			
❶	MAISON ACME　圓山別邸	台北市中山北路3段18-1号	陳朝駿別邸
❷	臨濟護國禪寺	台北市玉門街9号	鎮南山臨済護国寺
❸	圓山水神社・圓山貯水池	台北市中山北路5段圓山風景区内	圓山水神社・圓山貯水池
❹	(旧熱帯医学研究所士林支所)	台北市中山北路5段	熱帯医学研究所士林支所
❺	士林國民小學圖書室	台北市大東路165号	八芝蘭公学校門柱・講堂
❻	士林公有市場	台北市大南路89号	公設士林庄市場
❼	(旧圓山駅長宿舎)	台北市酒泉街9巷13号	圓山駅長官舎
❽	内湖公民會館	台北市内湖路2段342号	内湖庄役場会議室
❾	紙場1918(士林紙廠)	台北市士林区福徳路31号	台湾製紙株式会社士林工場
❿	食尚曼谷・郭家祖厝	台北市士林区大東路54号	郭家邸宅
10章　知られざる郊外の建築遺産　文山・松山・南港			
❶	松山文創意園區	台北市光復南路133号	台湾総督府専売局松山煙草工場
❷	國家鐵道博物館籌備處	台北市市民大道5段48号	鉄道部台北鉄道工場
❸	臺北機廠澡堂	台北市市民大道5段48号	鉄道部台北鉄道工場大浴場
❹	指南山登山歩道	台北市萬寿路115号	指南宮参道
❺	南港瓶蓋工廠	台北市南港路2段13号	国産コルク工業株式会社
❻	松山公有市場	台北市八徳路4段679号	公設松山食料品小賣市場

		竣工年(月日)	史蹟指定(指定年月日)	見学の目安
	台北州文山郡深杭庄	不詳	(史跡指定なし)	3
	台北市中坡	不詳	(史跡指定なし)	1
	不詳	不詳	市定古蹟(1997年8月5日)	1
	台北州松山庄東新庄子	1935(昭和10)年前後	歴史建築(2006年12月7日)	4
	台北市興雅830番地	1937(昭和12)年前後	市定古蹟(2021年4月16日)	4
	台北州七星郡北投街北投54番地	1913(大正2)年6月17日	市定古蹟(1997年2月20日)	3
	台北州七星郡北投街	不詳	歴史建築(2006年7月10日)	3
	台北州七星郡北投街	1934(昭和9)年4月7日(井村胸像除幕式)	(史跡指定なし)	1
	台北州七星郡北投街	不詳	(史跡指定なし)	3
	台北州七星郡北投街	1937(昭和12)年	市定古蹟(2000年11月3日)	2
	台北州七星郡北投街1191番地	1916(大正5)年	市定古蹟(1998年3月25日)	3
	台北州七星郡北投街北投1167-16	1925年前後	市定古蹟(1998年9月1日)	3
	台北州七星郡北投街北投1167-22	不詳	(史跡指定なし)	3
	台北州七星郡北投街北投1159番地	不詳	(史跡指定なし)	3
	台北州七星郡北投街	不詳	市定古蹟(1998年10月14日)	1
	台北州七星郡士林街草山	1930(昭和5)年10月31日	市定古蹟(1998年3月25日)	2
	台北州七星郡士林街草山	1920年代	歴史建築(2005年3月15日)	3
	台北州七星郡北投街	不詳	(史跡指定なし)	1
	台北州七星郡北投街1170-1	1934(昭和9年)	市定古蹟(1998年5月4日)	10
	台北州七星郡北投街60番地	不詳	市定古蹟(1998年9月1日)	3
	台北州七星郡北投街	1912(明治45)年6月	市定古蹟(1998年3月25日)	8
	台北州七星郡士林街紗帽山356番地	1929(昭和4)年6月12日	市定古蹟(2004年4月28日)	10
	台北州七星郡士林街三角埔	1932(昭和7)年	市定古蹟(2004年4月28日)	1
	台北州北投庄	1916(大正5)年4月1日	歴史建築(2018年5月30日)	4
	台北州七星郡北投庄	不詳	(史跡指定なし)	10

地図番号	現代の名称・住所		竣工当時の名称・住所
❼	文山公民會館	台北市木柵路3段189号	台北州深坑庄木柵国民学校校長官舎
❽	龍山洞・松山龍山宮	台北市信義路6段虎山親山歩道	陸軍防空壕
❾	寶蔵巌國際藝術村	台北市汀州路3段230巷23号	寶蔵寺
❿	静心苑	台北市昆陽街164号	台湾総督府松山療養所所長官舎
⓫	不只是圖書館	台北市信義区光復南路133号	台湾総督府専売局松山煙草工場浴場
11章　北投・陽明山温泉郷に残る日本統治時代の建築群			
❶	北投溫泉博物館	台北市中山路2号	北投温泉浴場
❷	梅庭遊客中心	台北市中山路6号	不詳
❸	北投公園	台北市北投公園	北投公園
❹	瀧乃湯浴室	台北市光明路244号	瀧乃湯
❺	北投穀倉	台北市大同街153号	北投信用購買利用組合倉庫
❻	普濟寺	台北市温泉路112号	真言宗鉄真院
❼	北投文物館	台北市幽雅路32号	佳山旅館・陸軍士官倶楽部
❽	少帥禪園	台北市幽雅路34号	新高旅館
❾	北投善光寺	台北市温泉路銀光巷20号	善光寺台北別院
❿	不動明王石窟	台北市幽雅路杏林巷	北投不動明王祠
⓫	臺北市教師研習中心	台北市建国街2号	草山衆楽園
⓬	草山行館	台北市湖底路89号	台湾製糖株式会社招待所
⓭	天台玉皇宮	台北市幽雅路杏林巷3号	不詳
⓮	吟松閣	台北市幽雅路21号	吟松庵旅館
⓯	三軍總醫院北投分院	台北市新民路60号	陸軍衛戍療養院北投分院
⓰	臺灣基督長老教會北投教會	台北市中央南路1段77号	カナダ長老派北投教会
⓱	草山第三水源地・水管橋	台北市温泉路第三水源	草山第三水源地・水管橋
⓲	草山水道(天母送水管)	台北市天母地区〜北投区湖山段	草山水道(天母送水管)
⓳	新北投車站	台北市北投区七星公園内	新北投駅駅舎
⓴	(旧白団官舎・糸賀公一邸)	台北市北投区温泉路	不詳

主な参考文献

『台湾事情』台湾総督府官房情報課編・1944
『台湾大観』中外毎日新聞・1935
『日本地理大系11　台湾』山本三生・改造社・1935
『日本地理風俗大系15　台湾』新光社・1931
『躍進台湾大観』中外毎日新聞社・1930、31、32、40
『台湾現勢要覧』台湾総督府編・1931、33
『市町村便覧』帝国地方行政学会・1939
『大日本全国各地職業別住所入地図』東京交通社・1936
『台湾大年表』台湾経世新報社(南天書局復刻)
『台湾日誌』台湾総督府編(南天書局復刻)・1994
『台湾周遊概要』やまと新聞台湾支局・1927
『台湾交通案内』中外通信社台湾総支局・1931
『台湾紹介最新写真集』勝山写真館・1931
『台湾鉄道旅行案内』1930、35、39、40、41、42
『がじゅまるの追憶』台北市建成小学校同窓会編・2002
『日本人、台湾を拓く。』まどか出版・2013
『台湾　近い昔の旅』又吉盛清・凱風社・1996
『台湾と日本・交流秘話』許國雄監修・展転社・1996
『古写真が語る 台湾 日本統治時代の50年』片倉佳史・祥伝社・2015
(同窓会誌、学術論文、卒業アルバム、新聞記事、非公開文書、自叙伝、個人出版物、文集雑誌記事は除く)

取材協力(敬称略)

行政院新聞局(現外交部内)、台北駐日経済文化代表處、中央研究院地理資訊科學研究専題中心、国立台湾図書館、台北市政府、一般財団法人台湾協会、友愛グループ、建成会・建成同学会、関西樺山会、麗正会、みどり会、なでしこ会、三高女校友聯誼会、黄威勝、林俊昇、簡肇成、徐柏鋒、古庭維、冨永勝、中田芳子、石井勝、故竹中信子、斉藤毅、新元久、嘉村孝、張幹男、故李重耀、故洪祖仁、故黄天横、故柯徳三、張文芳、故郭振純、吉田良平、冨澤賢公、高柳哲、天尾宏、木下晃太、故立石昭三、故岡部茂、故蔡焜燦、市橋栄一、楊燁、松金公正、黄智慧、故李清興、桂焌傑、陳信安、鍾順利、杉中学、権田猛資、故三田裕次、故力丸研二(昭和町会)、故足立元彦、田丸真美(順不同)

片倉佳史（かたくら・よしふみ）

台湾在住作家。武蔵野大学客員教授。早稲田大学教育学部教育学科卒業。台湾に残る日本統治時代の遺構を探し歩き、記録している。地理・歴史、原住民族の風俗・文化、グルメなどのジャンルで執筆と撮影を続けるほか、台湾の社会事情や歴史、旅情報などをテーマに講演活動を行なっている。著書に『台湾に生きている日本』、『古写真が語る台湾　日本統治時代の50年』、『台湾のトリセツ～地図で読み解く初耳秘話』、『旅の指さし会話帳・台湾』、『台湾に残る日本鉄道遺産』、『台湾探見～ちょっぴりディープに台湾体験』（片倉真理との共著）など。台湾生活情報誌『悠遊台湾』を毎年刊行。これまでに手がけた台湾のガイドブックはのべ40冊を数える。

ウェブサイト「台湾特捜百貨店」
http://katakura.net/

台北・歴史建築探訪
日本が遺した建築遺産を歩く　増補版

２０１９年３月20日　初版第１刷発行
２０１９年12月20日　初版第３刷発行
２０２３年７月20日　増補版第１刷発行
２０２３年10月20日　増補版第２刷発行

文・写真　片倉佳史

発行者　江尻 良
発行所　株式会社 ウェッジ
〒１０１-００５２東京都千代田区神田小川町一丁目３番地１
ＮＢＦ小川町ビルディング ３階
TEL.03-5280-0528　FAX.03-5217-2661
http://www.wedge.co.jp/　振替00160-2-410636

ブックデザイン　原田恵都子（Harada＋Harada）
地図制作　atelier PLAN
組版協力　株式会社明昌堂
印刷・製本所　シナノ印刷株式会社

※定価はカバーに表示してあります。ISBN978-4-86310-269-9 C0026